がんばれ！児童図書館員

杉山きく子

東京子ども図書館

本書を、国際子ども図書館でともに歩んだ千代由利さんに捧げます。

はじめに

本書は、図書館の児童サービスの知識や技術を論じたものではなく、児童サービスの楽しさや豊かさを伝えたものです。

子どもだけが、本の世界をはるか遠くまで、はるか高みまで、旅することができます。たまたまその旅に同行を許された大人は、なんと幸せなことでしょう。子ども時代の読書は、大人になってからの読書とはまったくちがいます。もしあなたがその値打ちを知っているなら、ともに児童サービスのともしびを掲げて進んでいきましょう。まだ知らないなら、この本を読んですこしでも知っていただけたらうれしいです。

第一章は、図書館の先達の仕事をふり返り、その仕事がいまもなお本質的に変わっていないことを確認するとともに、私の所属する児童図書館研究会会員に向けてエールを送っています。

第二章では、すぐれた子どもの文学と知識の本を紹介しています。目新しいものはなく、読んだことはないという人でも書名は知っているというような本ばかりです。そんな本をあらためて読んでみると、内容のおもしろいこと、豊かなことには驚くばかりです。ぜひ、これを道しるべに、子どもの本の楽しさを体験してみてください。それは、次々と出版される本からより良いものを選ぶ〝ものさし〟を自分のなかに育てることにもつながると思います。

第三章では、子どものレファレンスに図書館員はどのように答えるか、実例をあげながら考えています。子どもに対するときには、レファレンス・インタビューでも、答えるときでも、大人に対するときとはちがった考えかたや姿勢が求められています。

第四章では、図書館で出会ったたくさんの子どもたちや、わが子、また自分自身の子ども時代から学んだ、子ども特有の本の楽しみかたを述べています。ひとりの子どもが本と出会ったとき、もうひとつの物語が始まっていることを実感していただけることでしょう。

第五章では、子どもに本を手わたす大人を増やすために、図書館員のできることを提案しています。講師を依頼された際に、その第一歩を踏み出すための参考として、三つのシナリオを掲載しています。

がんばれ！児童図書館員　目次

第1章

児童サービスにかかわる人へ

がんばれ！ 児童図書館員

終戦から八年後の一九五三年一〇月に発足した児童図書館研究会は、今年（二〇一三年）創立六〇周年をむかえました。会が発足した一九五三年は、学校図書館法公布、日本児童出版協会設立、「岩波の子どもの本」刊行など、子どもの出版文化が動きだした年でした。それから六〇年、子どもたちは当時より幸せで、豊かに暮らしているでしょうか？　わたしたちは、その問いに胸を張って「イエス」と答えられるでしょうか？　健康の問題ひとつをとっても、医療は格段に進歩したけれど、身近な食品や放射能汚染など不安がつのるばかりです。

そんな正負が混在するなかで、子どもの読書環境に関しては、よくなったといえます。一九五三年に出た『ふしぎなたいこ』『ネギをうえた人』『こぶたとくも』（『シャーロットのおくりもの』）がいまも読みつがれているように、この六〇年間で、子どもの本棚はほんとうに豊かで楽しいものになりました。長年〝開《あ》かずの間《ま》〟だった学校図書館は、ここ十数年、学習の場として、自由な読書の場として、活用されるようになりました。自治体や学校によって格差がありますが、学校司書や司書教諭のかたがたのたいへんな努力の結果、図書館を使った学習が着実に子どもたちを育てています。六〇年代以降、各地の文庫で芽生えたボランティア活動は、その場を学校にも広げ、読み聞かせなどが盛んになりました。ブックスタートが始まり、家庭での絵本の読み聞かせも子育ての一場面として定着し、子どもの読書のたいせつさが社会的に認識されるようになりました。これは、子どもの読書に長年かかわってきた私たちにとっては、びっくりするほどうれしい状況です。

さて、これだけ子どもの読書にかかわる人たちががんばっているのに、公共図書館はどうでしょうか？　図書館数も児童書の貸出冊数も伸び、さまざまな活動が活発に行われています。しかし、そこで働く司書たちは、ほんとうの意味での〝専門家〟として働いているでしょうか？　運営形態や司書の採用形態の多様化によって、児童サービスの企画運営にあたる司書が子どもの本やカウンター現場から離されている。一方、現場で子どもたちとかかわっている司書が十分な研修を受けられない。そのため、個人として成長し、次の担当者へ知識や経験を受けついで発展していくことが、図書館としてもむずかしくなっている。子どもからいちばん学ぶことができる「おはなし会」は、ボランティアのかたにお願いしている――こんな状況が続いているうちに、いまや、「児童サービス担当者」はいても、本物の「児童図書館員」は影を潜めてしまったようです。

公共図書館が学校図書館やボランティア活動を支援することは当然ですが、公共図書館にはそれだけではない独自の存在意義があります。子どもをひとりの利用者として迎え、楽しい本との出会いの場を提供し、「本をとおして良きものに出会いたい、成長したい」という子どもの潜在的要求にこたえていくことです。この仕事をすすめられるのは児童サービスの専門家、すなわち児童図書館員です。

図書館で働いている司書は、現在、正規、非常勤、委託などさまざまな立場にあります。その是非はひとまず置くとして、公的な場で働いている者は、「自分は児童図書館員だ」という意識をもちたいものだと思います。とくに、正規の立場にいる者の責任は重いといえます。

「謙虚」は日本人の美徳なのかもしれませんが、専門家は、自らを専門家であると公言するところから始まります。たとえ、この四月から児童サービス担当になったばかりだとしても、これまで書庫にある古い資料から新刊まで接してきた実績、図書館全体のサービスに熟知していることなど、図書館員の強みを信じましょう。たった一回のおはなし会の経験からでも、普遍的な子どもの姿がとらえられるはずです。研修の講師を依頼されたら原則として引き受けるなど、児童図書館員として積極的な姿勢をもちましょう。ときにはそれが〝ビッグマウス〟であってもいいと思います。

とはいえ、児童図書館員は一朝一夕になれるものではなく、すくなくとも一〇年程度の経験が必要ではないでしょうか。一〇年間、その立場でいられる人はけっして多くありません。日本では未だに根づかない「児童図書館員」をもっと実体のあるものに育てるには、どうしたらいいでしょうか？答えのひとつに児童図書館研究会があると、私は思います。

児童図書館研究会の会員には、児童図書館員がたくさんいます。日本図書館協会の児童図書館員養成専門講座の受講生もいます。職を離れたとしても、児童図書館員であることに変わりはありません。だれもが、「自分は、児童図書館員なのだ」という気持ちをもち続け、学び続けることができます。自分の経験や知識を発表することもできます。

六〇周年にあたって、会員のみなさんに、また自分自身に、「目指せ！　児童図書館員」そして「がんばれ！　児童図書館員」と呼びかけたいと思います。

（『こどもの図書館』二〇一三年一〇月号　児童図書館研究会）

子どもと本との出会いの場、図書館

私は、長いあいだ図書館の児童サービスにたずさわり、子どもと本との出会いを見る幸せな機会に恵まれてきました。

先日も、小学校に本の紹介に行きました。三年生のクラスで「きょうのブックトークのテーマは『自分のものなのに、ほかの人がいちばんつかうもの』です」というと、子どもたちは「えっ、わからない！」「もう一回、いって！」と、真剣に考えはじめました。「わかった人、いる？」と聞くと、そこは三年生、答えに確信がなくても元気よく手があがります。なかにひとり、真剣な顔でまっすぐこちらを見ている女の子がいました。思わずその子を指すと、「名前」と答えました。正解です。わかったのはこの子だけだったようで、「○○ちゃん、すごい！」と、友だちから称賛の声があがりました。

なぞなぞから始まった「名前」のブックトークは、あばら骨がとび出るほどやせた野良犬に「アバラー」と名づけて飼うようになった『がんばれヘンリーくん』[1]に続きます。子どもたちは、自分と同じ三年生のヘンリーくんに大いに興味をそそられたようです。何冊かの本を紹介し、最後はいつものように「図書館には楽しい本がたくさんあります。あそびにきてくださいね」ということばで締めくくりました。

日本に子どもたちが自由に本を読んだり借りたりできる公共図書館が生まれて、一〇〇年になります。明治四一年（一九〇八）に東京市立日比谷図書館が開館し、東京ではじめての公的な児童室が誕生しました。翌日の新聞は、「児童室が一番繁昌[2]」との見出しで、その盛況ぶりを報じています。定員わずか二四人の児童室には入りきらず、廊下も湯呑所も子どもでいっぱいになりましたが、「何れも嬉しそうに、自分の好きなお伽話抜《とぎばなしぬき》ては、内外の絵入り雑誌、絵画、其他種々なる読物を手にして押し合いへし合いして居る[3]」「中には絵本を中央に四、五人首を突っ込んで盛んに眺めて[4]」いるとあります。それを迎えるふたりの館員は、「温言《おんげん》を以ってお客に接するという態度で親切に児童等を待遇[5]」していたと報じています。

これほどの人気は、図書館側でも予想外だったようです。当時の館員がのちに、「開館するや否や収容人員の数倍十数倍という児童が押懸けて来て、どれほど断をいっても帰らないという勢であった[6]」のには驚かざるをえなかったと述べています。入館料は、子ども（七歳以上）が一銭。お金を払ってでも本を読みたいという、熱意と好奇心あふれる子どもたちでした。この人気は翌年も続き、一月の一日平均閲覧者五八九人中、児童は一六九人でした。一月は学校の休日が多かったことや、年若い奉公人が藪入《やぶい》りで休みをもらって図書館に遊びにきたことも、一因のようです。

活発な利用に押されるように次々と図書館が新設され、児童室では盛んに先駆的な試みが行われました。そのようすを、当時の東京市立図書館の広報誌『市立図書館と其事業[7]』からご紹介します。

大正に入って改修工事が行われ、うす紅に白いタイルを配した外観が「お伽噺にでてくる王城」のように美しい児童室が誕生しました。三つの円卓はケヤキづくりで幼年用と少年用にわかれ、日比谷公園から届く四季の花が飾られています。子どもたちが座っているイスは黒い革張、雑誌棚の前には赤い布張の長イスが置かれました。壁面には、風景画や歴史画、動植物画や風俗画などを飾り、一週間ごとにとりかえています。子どもたちは、室内に並んだ絵本や読みものを自由に読んだり、書庫の本を出してもらうこともできました。無料の貸出も始まっています。

本や図書館へ興味をもたせるために、さまざまな行事も行われました。現在、図書館が行っているほとんどの行事が実施されたといっても過言ではありません。おはなし会、科学者を招いて話を聞く「少年科学者の集い」、ホテルや新聞社、印刷所の見学、子どもの作品の展覧会、広報誌への子どもの書評の掲載など、あらゆることを試みています。

もっとも盛んに行われたのはおはなし会で、大正一〇年（一九二一）に中和図書館で開かれた児童講演会には、一五〇〇人以上の子どもが集まっています。プログラムは、松美佐雄氏のお話「三つの人形」と安倍季雄氏の「巴里からアラスカへ」、ヴァイオリンとピアノの演奏、ふたりの少年による「あわて床屋」の二部合唱でした。

広い講堂に着物姿の子どもたちがぎっしり詰まっている写真が残っています。現在のような音響やライトの設備がない室内で、一〇〇〇人を越える子どもが床に座ってひたすら人の声に耳をすます、その集中力に驚きます。

深川図書館では、「騎士会」を結成しています。これは、「児童室閲覧人中の尋常三年以上の有志を以て組織し、館員指導の下に児童室内の諸設備、整理、図書の出納及一般児童との連絡に当らしむ。利用及経営の両面より図書館事業に深き理解を得せしめ将来優良なる閲覧人となるべき素質を養成せんとす。これにより館員側に於て各種の便宜を得ること少からざるは論なし」というものでした。また、小さい子どもたちのために毎日三〇分の「オ話ノ時間」を設けています。

浅草図書館では、優良な図書を読んだ子どもに賞品を授与しています。幼稚園、小学校、実業学校、工業学校など、団体の図書館訪問も多数受け入れています。

『市立図書館と其事業』に掲載された子どもの書評も、興味深いものです。高等小学校二年生の男子は、次のように書いています。

私は、『ロビンソン漂流記』を好みます。読んでいる内でも愉快でたまらなかった。時々「ロビンソン」のはたらきぶりや「フライデー」の忠実なるありさま、島に漂流した時の心持などが今でも頭にきざみこまれています。「ロビンソンクルソー」が海賊等と戦った様、木の上で一夜を明し悪い土人をころしたり又は海亀の卵を食べたり、鳥を射ったり、岩屋などを造りてそこへ羊を飼て居る事などは此の都会ではできない事であろう。

いまの子どもと変わらない感想です。

子どもを対象とした活動だけでなく、親や学校への働きかけも積極的に行っています。とくに、「優れた本を選ぶことがたいせつだ」と訴えて、大正一二年（一九二三）に「児童用図書百種」を発表したのを皮切りに、さまざまなブックリストを作成、配布しています。大正一五年（一九二六）には、図書館員竹内善作が「推奨児童雑誌五種（図書館から家庭へ）」と題した文章で、多数の雑誌のうち『コドモノクニ』『子供之友』『小学少年』『小学少女』『赤い鳥』を推奨しています。そのなかで彼は、『コドモノクニ』を「端麗」、『子供之友』を「雄健」と評しています。

活動は、図書館の外へも広がっています。寺の日曜学校や子ども会、臨海学校への貸出文庫の提供、学校図書館に関する論文の掲載、教育会や中学校の展示会への図書の出品、上野動物園での動物文庫の開催など。また、多様な角度からの調査を行っています。各図書館ではしばしば「児童図書閲覧順位」を公表し、浅草図書館では昭和二年（一九二七）に「児童は図書館をどう見ているか」を、下谷図書館では昭和八年（一九三三）に「児童室の御定連調査」を発表するなど、利用者調査にも取り組んでいます。

大正一二年（一九二三）九月一日、相模湾沖を震源に発生した関東大震災は、東京、神奈川などに甚大な被害をおよぼしました。東京市立図書館では、救護活動にあたるとともに、屋外新聞縦覧所を設けて情報を提供し、罹災を免れた別の図書館も、鋭意再開につとめました。

日比谷図書館では、九月二〇日に、罹災者が集まっている日比谷・芝両公園と付近の各小学校内のバラックにチラシを配布しています。

「今回の震災に就いてはお慰め申す言葉も御座いません。併し幸に日比谷図書館は災害を免れましたので御子様方の傷ついたお心をやわらげるに十分な図書を持ち合わせて居ります。就いては幾分なりと皆様のお手を省く為め毎日午前十時から午後四時迄の間、児童部を開放致します。どうぞ御遠慮無くお遊びにおよこし下さい。日比谷図書館児童部[8]」

悲惨な混乱の時期に、本が子どもにとって大きな慰めになることを信じ、本によって人を支援することに徹した図書館の冷静な判断に、感服します。

子どもたちが図書館という公の場で公の本を読むようになって一〇〇年、子どもをとりまく環境も生活も激変しました。しかし、子どもが生来もっている好奇心や心の冒険を求める心は、当時もいまも変わりありません。本は、ほかのメディアにはできない、本だけができる独自のやりかたで子どもの好奇心や心の冒険を満たしてきました。このバトンは、子ども時代に本と幸せな出会いを果たしたおとな、残念ながら十分な出会いはなかったけれど本の力を信じるおとなから次の世代である子どもたちへ、しっかりと手わたしていきたいものだと思います。

（1）ベバリイ・クリアリー作　松岡享子訳　学研
（2）「東京朝日新聞」明治四一年一一月二三日
（3）前掲（2）
（4）「報知新聞」　明治四一年一一月二二日
（5）前掲（2）
（6）渡邊又次郎著「児童図書館に就いての偶感」『図書館雑誌』No.6　明治四二年七月
（7）東京市立図書館編・発行　大正一〇年一〇月～昭和一四年三月
（8）前掲（7）
※引用にあたっては、歴史的仮名遣いおよび旧漢字を現代用語に改めました。
（特別展図録『本にえがかれた子どもたち　町の子ども・村の子ども』所収　白根記念渋谷区郷土博物館・文学館発行　二〇〇九年）

子どもの読書を見つめて　日比谷図書館児童室

顔を本のなかにつっこむようにして読みふけっている子ども、お母さんにぴったり身を寄せて絵本を読んでもらっている子ども——子どもが本を読んでいる姿ほど、満ち足りて心安らぐ光景はありません。

その幸せな光景を、戦前・戦後の九〇年にわたって見守ってきた図書館があります。東京都立日比谷図書館児童室です。

都立日比谷図書館は、明治四一年（一九〇八）に東京市立図書館として日比谷公園内に開館しました。当初から一階部分に独立した児童室を設けていましたが、これは、女性や子どもたちが一段低く扱われ、「女・子ども」というくくりで呼ばれていた時代には画期的なことでした。

二四席あった児童室は、たくさんの子どもたちでにぎわい、ときには廊下にまであふれるほどでした。児童室の活動は、子どもたちの大きな支持を得て、さらに新しい試みが次々と始まりました。

本の貸出、児童読物展覧会、作家や科学者の講演会やおはなし会の開催……など。当時の写真を見ると、三〇〇人、四〇〇人もの着物姿の子どもたちが会場を埋めつくし、マイク設備もない時代に、いっしょうけんめいお話に聞き入っている様子がうかがえます。夏休みには図書館員が子どもたちを海水浴に連れていくなど、いまでは考えられないような活動もありました。これらの活動は、日比谷図書館だけではなく東京市立のほかの図書館にも広がり、全国の児童サービスの先駆的な役割を果たしました。

大正時代に児童室を利用した童話作家の柴野民三は、その楽しい雰囲気を次のように書いています。

「(児童室の庭には)プラタナスの樹がしげり、樹の下にはベンチが置かれてあって、そこでも自由に本が見られたのである。芝生もあった。葉もれ陽の下で、ベンチに腰かけたり、芝生に足を投げだしたりして、本を開くことは、何かよその国にいるようだったり、貴族的な雰囲気につつまれているようだったりした。本に飽いた子は、鬼ごっこなどもしてかけまわることもできた」

(『館報ひびや』通巻一一二号　一九七三年一〇月)

震災のとき児童室は

大正一二年(一九二三)、関東地域を襲った大震災によって、東京市立図書館のうち一二館が、一〇万冊余の蔵書とともに焼失しました。

幸いにして難を逃れた日比谷図書館は、被災者の避難所となって救護活動にあたる一方、屋外に新聞閲覧所を設けて、混乱状態にある市民に独自に収集した情報を知らせています。また、震災発生二〇日後には、同じく避難所となった付近の公園や小学校にチラシを配り、子どもたちと親に児童室の利用を呼びかけています。

「今回の震災に就いてはお慰め申す言葉も御座いません。併し幸に日比谷図書館は災害を免れましたので御子様方の傷ついたお心をやはらげるに十分な図書を持ち合わせて居ります。就いては幾分なりと皆様のお手を省く為め毎日午前十時から午後四時迄の間、児童部を開放致します。どうぞ御遠慮無くお遊びにおよこし下さい。日比谷図書館児童部」（『市立図書館と其事業』一八号、大正一三年三月）

敗戦と戦後の出発

昭和二〇年（一九四五）五月二五日、日比谷図書館は三〇万冊の蔵書とともに灰燼《かいじん》に帰《き》しました。戦後の財政難が続く昭和三二年（一九五七）に、多くの人の熱意と努力がみのって現在の三角形の図書館が開館します。その一角には円形のこども室が設けられ、戦後生まれの子どもたちの声であふれました。

総ガラス張りで、テーブルも椅子も、さらに書架まで丸いこども室は、東京の名所となり、児童雑誌に「誌上修学旅行」として「建物も、本だなも、つくえもいすもまるい形です」と紹介されたほどです（「こども家の光」一九五九年一月号）。

新しい役割を担って

東京では、一九六〇年代から七〇年代にかけて、日野市立図書館をはじめ優れた活動を展開する図書館が次々と生まれました。それにともなって、都立図書館は市区町村図書館を支援する「センター図書館」という新しい役割を担うことになります。

児童室も、子どもが利用する「こども室」と、おとなの調査研究を支援する「資料室」というふたつの部屋にわかれ、名称も「児童資料室」となって、新しい活動を展開します。いまの子どもたちが読む本だけでなく、古い児童書、基本的な海外の児童書を収集して、永久保存しています。

また、児童書に関しては日本一と評価されるほど正確で詳細なデータを作成して、利用者や図書館の要望にこたえてきました。

九〇年の灯火が、いま消えようとしています

私はかつて、児童資料室に五年間勤務しました。残念ながら開館当初のようなにぎわいはありませんが、子どもたちはいまも昔も本が好きです。

もうおとなになった人が、子どものころに読んだ本を探しに訪れることもよくあります。「『イワンのばか』で、表紙がトランプのような模様だった」「ねずみが朝起きたら、家族がいなくなってしまう話」「動物たちが温泉に入っている絵がある絵本」など、子どものころの鮮烈な記憶を手がかりに探します。

おどろくほどたくさんの人が子ども時代の一冊を探しているのは、本が、それを読んだ幼い日々と深くつながっているからです。いっしょに読んだきょうだいのぬくもりや、まだ年若いころの父母の懐かしい声がよみがえってくるからです。

子ども時代に読んだ本がその人の一生を支えてくれるのは、それを手わたし、読んでくれた、たいせつな人がいたからこそなのです。

子ども時代の読書を保証する図書館。いま、財政悪化のため、日比谷図書館の児童室は九〇年の灯火を消そうとしています。二〇〇二年三月、日比谷図書館児童資料室は、都立多摩図書館に移管されようとしています。

※引用にあたっては、原文にしたがって歴史的仮名遣いを用いました。旧字は新字に置き換えました。

（『暮しの手帖』三世紀第九六号通巻三一八号　二〇〇二年二月号　暮しの手帖社）

心に刻まれる読書

私たちは、子どもたちに楽しく本を読んでもらいたいと願っています。というのも、私たち自身が、子ども時代に本を読んですばらしい体験をしたからです。子どものときに出会った本は、いまでもよき友であり、自分の考えの根っこをつくっています。

また、仕事柄、本を楽しむ大勢の子どもを見てきました。本に顔をつっこまんばかりに読んでいる子。大きな絵本を広げて、自分にお話をしている子。読み聞かせが終わるや、ひったくるように本をもっていく子……。環境さえ整えば、どの子も「これは、わたしの本」といえる本に出会えるのです。

とはいっても、「いまの子は、本なんて読まない」というささやきが聞こえてきます。テレビ、ゲーム、インターネットなどビジュアルな仮想世界にかこまれ、調べものはネットでできる。タブレット端末の子ども向けソフトが充実すれば、データの検索や収集ができて、子どもにもずっと便利になるという意見もあります。

でも、貴重な時代を生きている子どもにとっては、おとなのように「便利」のひとことではすまされないことがあります。生命の発生は、進化の過程を再現するといわれています。赤ちゃんはお母さんの胎内で、原生動物、脊椎動物、哺乳動物と、進化の道筋をたどりながら成長していきます。この世に生まれてからも、子どもは同じように人類の文明の歴史過程を経験する権利があるのではないでしょうか。〝本〟という素朴なかたちは、人間の成長にかなったものです。経験も知識も未熟な子どもがいきなりネット社会でおとなと同じ体験をするのではなく、バーチャルではない〝実体験〟を積むことから始めるべきではないでしょうか。

ですから、「子どもにとっては、いまこそ〝不便な本〟が必要だ」と、私たちは考えます。

子どもは、体全体を使ってものごとを知り、考える力を伸ばしていきます。具体的に見えるもの、触れるものから学びます。ちょうど赤ちゃんが、「リンゴ」という〝ことば〟ではなく、リンゴをもって食べることによって、リンゴという〝もの〟を知りはじめるように。

読書も同じことです。本棚から本をひっぱり出して、表紙をながめ、ページをめくる。つまらないので本を閉じて棚にもどし、別の本を出す。「これだ！」と思って読みはじめる。ページをくって本の世界に入り、終わりまで読んで、現実の世界にもどる。読書という目に見えない心の体験が、「本を運ぶ」「ページをめくる」という行為で実体化されるのです。

本は、いま自分がどこを読んでいるのかが目に見えてわかります。いま半分まで読んだ、残りはあとすこし、前の箇所が読みたくなって元にもどる……という一覧性があります。厚い本であれば、これを読みきったという手ごたえも得られます。

不思議なことに、おとなになって子ども時代の読書を思い起こすと、おぼえているのはストーリーだけでなく、本の重さや手ざわり、色です。ふたたびその本を手にすると、読んでくれたり、手わたしてくれたおとなの面影が、一気によみがえります。子どもは、知らず知らずのうちに全身で読書を体験しているのです。

タブレット型端末では、スクロールの代わりにページをくる模擬行為ができたとしても、その本の重さや手ざわりを残すことはできません。いまどこを読んでいるのか、全体像もつかめません。おとなだったら、表示された数字でいま何ページを読んでいるのかがわかるのでしょうが、子どもには実感はとらえられません。すべてにわたって、読書という行為がうすっぺらになり、「子ども時代の読書体験」として心に刻まれることはすくなくなるのではないでしょうか。

本から知識を得るという点ではどうでしょう。よくできた知識の本では、著者がことの本質をつかんで、過不足ない知識を子どもの視点でわかりやすく書いています。知識を羅列したり、情報として小わけせずに、ひとつの体系として示しています。子どもは、どこに自分の知りたいことが書いてあるか、あっちのページこっちのページとめくって探す経験をとおして、本の構成や知識のありようを身につけていきます。

子どもが「それでどうなったの？」と物語に引きこまれるように、知識の本でも、好奇心にしたがって著者のつくりだした道をたどり、ときには知識を得る以上の体験をすることができます。読後、それまでとはちがった新鮮な目で身のまわりの世界をながめ、ものの見方や考えかたを広げ、本によって心にまかれた種を育てていきます。

一方、インターネット上では、日々新しい情報が提供され、自分の好奇心にしたがって、クリックひとつでそれを手にすることができます。便利である一方、おとなにとってさえ〝ことの真偽〟を見極めるのはきわめてむずかしく、その〝情報〟は複数の人のチェックを経た本とは信頼性が異なります。

体系だった構成を備えた本は、整理整頓された居心地のいい家です。一方、インターネットは、どんな住人が住んでいるかわからない大きな街を、地図なしで歩くようなものです。

知識も経験も未熟な子どもには、インターネットをさまようまえに、まず本の世界で存分にあそび、迷う権利があります。

子ども時代に心に刻まれる読書は、紙とインクでつくられた本でこそ得られるのだと、私たちは考えています。

（キラキラ読書クラブ編『キラキラ子どもブックガイド』の「あとがき」を改題。著者の原案をもとに、共編者と協議して作成。玉川大学出版部　二〇一二年）

児図研の「周助くん」へ

私の図書館の乳幼児向けおはなし会では、毎月、保護者のかたに、お誕生日を迎えるお子さんの名前の由来をお聞きしています。そしてあるとき、こんな話をききました。「周助くん」という元気な男の子の誕生月に、お母さんが、「周りの人を助ける人になってもらいたいから」名づけたのだといわれたのです。いまはまだ人の助けがなければ生きられない幼いわが子にそんな将来の夢を託したご両親の姿勢に、私は胸が熱くなる思いでした。

ところで、「あなたはなぜ、児童図書館研究会の会員なのですか?」と問われたら、何と答えますか? 「会報から情報や知識を得られるから」「学習会や研修に参加できるから」と答えますか? でもそれなら、いまの時代、本でもインターネットでも情報や知識はいくらでも手に入れることができます。わざわざ会費を払って会員であり続けるのはなぜ? きっと多くのかたが、全国の会員と顔をつきあわせて交流できること、遠く離れていても会員同士つながっていることに魅力を感じているからと答えるのではないでしょうか。私自身、学習会に参加するたびに、全国に子どもの読書に心を寄せている人がこんなにいるのだと、励まされたり共感したりしています。

それをもうすこし俯瞰《ふかん》してみると、「あなた自身が児図研の会員であることから何かを得ているように、あなたが会員であることからほかの人が何かを得ている、得る可能性がある」ということです。そこにこそ、同じ志を抱く公共の団体に所属する意味があります。あなたの存在そのものが児図研を支え、その会員を助け、ひいては子どもの読書環境をよくすることにつながっているのです。

子どもの読書にかかわる人たちのすそ野は広がっているのに、児図研の会員数は年々減っています。さらに、会員の高齢化もすすんでいます。この危急存亡のときに、会員のみなさん、どうか力を貸してください。まだ会員でない身近なかたに児図研を紹介する、学習会に誘う、会報に原稿を寄せる、総会に参加する、近くの会員と協力して会報の編集に携わる、全国学習会の開催を引き受ける、会員であり続ける。とくに、長年会を支えてくださって「そろそろ引退を」と考えていらっしゃるかたには、会員であり続けていただきたい。それこそが、後輩を助けることです。編集と学習会は、支部のない地域でも数人の有志がいれば担当することができます。そのための応援は、運営委員会では惜しみません。

先輩から引き継いだたくさんの財産を次の世代に手わたしたい。そのために、みなさん、どうかおひとりおひとりが、児図研の「周助くん」になってください。

（『こどもの図書館』二〇一二年四月号　児童図書館研究会）

※児図研　児童図書館研究会の略称。一九五三年より児童図書館にかかわる研究を行い、子どもの読書環境の充実発展をはかることを目的に活動。図書館員、学校司書、文庫関係者、子どもの本、読書にかかわる会員で構成。機関誌「こどもの図書館」（月刊）、年報「こどもの図書館」編集。

第2章

子どもの本を知るために

幼年文学

幼年文学とは、「五、六歳から小学校一、二年生くらいまでの子どもを対象とした物語」であると、図書館ではとらえられている。絵本が絵と文の両者でひとつの世界をつくるのにたいして、幼年文学では、主として文がお話を語り、挿絵は読者の理解を助けて想像力の〝火種〟をあたえる役割を果たす。

幼年文学に求められる条件は、昔話や絵本とほぼ共通である。起承転結がはっきりしたわかりやすい構成で、ストーリーは、途中で過去にもどったりせずに、一本の道を走るように前へ前へと運ばれていく。始まりの部分でその物語に必要なものすべて——時間、場所、登場人物、テーマ、出来事の発端など——が紹介され、すぐに冒頭で示された事件が動きだし、クライマックスに達して、課題は解決され、満足のいく結末にいたる。昔話の要素であるくり返しや「行って帰る」パターン（たとえば、主人公が課題を解決するために家を出ていき、いろいろな出来事に遭い、課題を解決し、ふたたび家へ帰ってくるようなストーリー）がしばしば使われる。

「それでどうなったの？」と聞きたがる幼年期の子どもは、動きのある事件の連続には身をのりだすが、因果関係や複雑な心理描写にはあまり関心をしめさない。素材とテーマは、子どもの身近にあって親しみのもてるものや、想像力をふくらませられるものがふさわしく、観念的なものや社会的な背景のあるものは、なかなか受け入れられない。子どもは主人公に一体化して読むので、主人公は、子どもが同化できる個性をもち、その個性が具体的な行動と会話によって表されることがたいせつである。この具体性はあらゆる場面で求められ、絵になって見えるように描かれていなければならない。たとえば、「遠い」ではなく「一つ、二つ、三つ山を越えて」とより具体的に描くことによって、子どもは実感をもち、ときには内面や目に見えないものを受けとめることもできるのだ。

この年代は、字を覚えてひとりで読めるようになる時期でもあり、読み聞かせを楽しみながら、次第にひとり読みへと移行していく。読み聞かせてもらって楽しむ本と自分で読む本には、難易度に大きな差がある。

1　読んでもらって、楽しむ

幼年文学には、幼児の認識や論理に即したおもしろさをもち、その年齢で読んでこそ楽しめる作品がある。

たとえば『もりのへなそうる』（渡辺茂男作　福音館書店）で、主人公の「てつたくん（五歳）」と「みつやくん（三歳）」が森へ行くと、へんな動物「へなそうる」に出会う。日常のなかで空想の生きものとあそんでいる幼児には、このお話は等身大で楽しめるが、自分で読めるようになったころには子どもっぽく思えるかもしれない。

適齢期に楽しむには、身近に読んで聞かせてくれるおとなの存在が不可欠である。子どもは、おとなに読んでもらえば、かなり長い話も十分に楽しむことができる。おとなが自分のイメージを描きながら読んであげると、子どもは、声にこめられた細やかなイメージや感情に導かれて物語の世界に入ることができる。このような「耳から聞く読書」が、子どもの本を楽しむ力を育て、その後の読書生活をたしかなものにしてくれる。

日常を描いた物語

幼い子どもにお話をねだられたときにおとなが自然に語るのは、その子を主人公にしたお話であろう。子どもは、生まれた日のことやお気に入りのおもちゃ、動物が登場する話などを、くり返し楽しむ。その延長に日常生活を題材にした幼年文学があり、そこでは主人公の体験を〝自分のこと〟として楽しむことができる。

『チャールズのおはなし』(ルース・エインズワース作　上條由美子訳　福音館書店)は、あそびやお母さんとのやりとり、友だちとの交流といった、チャールズの毎日の暮らしを描いている。大きな袋に松かさを集めたり、自分だけの庭をつくったりと、幼い子どもが熱中するあそびが素直に語られている。

『きかんぼのちいちゃいいもうと』(ドロシー・エドワーズ作　渡辺茂男訳　福音館書店)は、妹がひき起こすいたずらや事件を、おねえさんが語っている。妹は、カーテンや布をハサミで切り刻んだり、よその家のケーキをこっそり食べたりと、数々のいたずらをして読者をはらはらさせる。しかし、妹には妹なりの主張があった。周囲のおとながそれに耳を傾けて、最後にはほっとする結末が訪れる。

『イップとヤネケ』(アニー・M・G・シュミット作　フィープ・ヴェステンドルプ絵　西村由美訳　岩波書店)は、隣りあった家に住む男の子と女の子の毎日が、短いお話になっている。ごっこあそびに熱中したり、四季の変化を楽しんだりと、どこにでもある子どもの毎日を描いている。モノクロの影絵のような挿絵が、躍動感ある独特の雰囲気をつくっている。

『くまの子ウーフ』（神沢利子作　ポプラ社）は動物が主人公だが、その行動や考えは、まさに子どもそのものである。ウーフは、卵を割るといつも黄身と白身がまちがえずに出てくることに感心したり、自分は何でできているのかを考えたりする。子どもは、ウーフと同じようにしばしば根源的な疑問を抱き、答えを探し求めている。

日常を描いた作品に、『ちいさいロッタちゃん』（アストリッド・リンドグレーン著　山室静訳　偕成社）、『ミリー・モリー・マンデーのおはなし』（ジョイス・L・ブリスリー作　上條由美子訳　福音館書店）、『ベーロチカとタマーロチカのおはなし』（L・パンテレーエフ作　内田莉莎子訳　福音館書店）などがある。

また、主人公があそびながら〝空想と現実の境〟を越えていくような物語がある。毎日のあそびのなかでも「うそっこの世界」と「現実」とを行き来している子どもには、たやすく楽しめる物語だ。

保育園を舞台に、いたずらっ子のしげるくんやまぬけなオオカミが活躍する『いやいやえん』（中川李枝子作　福音館書店）は、著者の保育士としての体験から生まれた。子どもたちが積み木でつくった船で海に乗りだし、くじらをつかまえてくる「くじらとり」では、あそびが自然に本物の冒険になっていく。

前述した『もりのへなそうる』では、てつたくんとみつやくんが森でへなそうると出会い、「かくれんぼ」や「かにとり」をしてあそぶ。みつやくんが何度も「たまご」を「たがも」といいまちがえたり、体の大きなへなそうるがてつたくんを「おにいちゃん」とたよりにする。そんな幼い主人公に、読者は笑いと共感と優越感を抱く。子どもの心とあそびを知りつくした作家にして描くことができた世界である。

『くまのテディ・ロビンソン』（ジョーン・G・ロビンソン作・絵　坪井郁美訳　福音館書店）は、ぬいぐるみのテディ・ロビンソンとその持ち主の女の子デボラの物語である。テディ・ロビンソンは、現実には動いたり話したりできないが、デボラの視点で描かれているため、読者はデボラの空想の世界を自然に受け入れることができる。

冒険物語

絵本や昔話を楽しんできた子どもは、やがて主人公が広い世界を冒険する物語を楽しめるようになる。アニミズム的な考えをもっているため、ウサギやクマ、妖精やオバケ、クッキーから鉛筆まであらゆるものが活躍し、不思議なことが起きる物語を、受け入れることができる。

『チム・ラビットのぼうけん』（アリソン・アトリー著　石井桃子訳　童心社）は、村の草刈り場に住む子ウサギのチムと、お母さん、お父さん一家を描いた、詩情豊かな作品である。田園を舞台に、なぞなぞや歌をたくみにとり入れながら自然のなかで暮らすよろこびを伝えてくれる。「チム・ラビットのうん」では、カッコウが、「遠い国から〝うん〟を運んできたので、自分が鳴いているときにものをひっくり返すと倍になる」と、チムに話してくれる。チムはさっそく一〇円玉をひっくり返すのだが、うっかりしてなくしてしまう。がっかりしたチムがお金のかわりにヒナギクをひっくり返すと、翌日、野原一面に花が咲いている——。アトリーには、『グレイ・ラビットのおはなし』（石井桃子、中川李枝子訳　岩波書店）、『こぎつねルーファスのぼうけん』（石井桃子訳　岩波書店）などたくさんの優れた幼年文学作品がある。

『番ねずみのヤカちゃん』（リチャード・ウィルバー作　松岡享子訳　福音館書店）は、声が大きいために「やかましやのヤカちゃん」と呼ばれている子ネズミが泥棒を退散させる、痛快なお話である。おかあさんネズミが何度「しーっ、しずかに！」と注意しても大声で返事をしてしまうヤカちゃんに、読者は大笑いしながらも親近感を抱き、その大声がついに役に立ったことに満足する。

『エルマーのぼうけん』（ルース・スタイルス・ガネット作　渡辺茂男訳　福音館書店）は、エルマーが、どうぶつ島にとらわれているかわいそうなりゅうを助けるために、リュックサックにチューインガム、磁石、歯ブラシと歯みがき、むしめがね六個、よく切れるナイフなどを入れて出かけ、動物たちをだましてりゅうを救出する。エルマーのもちものはどれも、子どもたちが憧れたり親しんでいるもので、それがぴったりの場で役に立つところに、驚きと満足を感じる。

『ちびっこカムのぼうけん』（神沢利子作　理論社）は、お母さんの病気を治すためにイノチノクサをとりに出かけたカムの冒険である。大男との戦いでカムは、三日月に乗り、空の北斗七星のひしゃくを傾ける。著者は、勇壮で明快な世界を、昔話の要素を生かして描いている。

そのほか、『おそうじをおぼえたがらないリスのゲルランゲ』（ジャンヌ・ロッシュ＝マゾン作　山口智子訳　福音館書店）、『きつねものがたり』（ヨゼフ・ラダ作・絵　内田莉莎子訳　福音館書店）、『ながいながいペンギンの話』（いぬいとみこ作　理論社）などがある。

2　自分で読む

字を覚えた子どもは、小学校入学前後に〝自分で読む〟ことに挑戦する。まだ読む力が未熟なため、見た目で自分が読めると判断できるような本——挿絵が多く、大きな活字で、厚くない——に手を出す。この年齢を対象にした多くのシリーズものが出版されているが、なかには必然性のないままストーリーが展開し、手軽な魔法やしかけで課題が安易に解決したり、ステレオタイプの主人公が決まりきったパターンで行動する作品もある。アニメ調の挿絵が目をひき、一度読んで手軽に楽しめると知った子どもは、同じシリーズを読み続けることも多い。

絵本から本格的な物語へと移るたいせつな時期には、粗雑な作品ではなく、力のあるよくできた作品に出会ってほしい。短いお話のなかに子どもを満足させるしっかりしたストーリーがあり、この時期の子どもにわかるやさしいことばややさしい構文を使った文章、物語を伝える生き生きした挿絵などが、とくにたいせつである。

『ふたりはともだち』（アーノルド・ローベル作　三木卓訳　文化出版局）は、ちょっとわがままな「がまくん」と友だち思いの「かえるくん」とのとぼけたつきあいを、ユーモラスに描いている。ページごとに挿絵があるため、お話をたやすくたどっていくことができる。同様に絵本に近い作品に、元気な子ネコがネズミの国をさがす『あおい目のこねこ』（エゴン・マチーセン作・絵　瀬田貞二訳　福音館書店）、大きい子どもたちのキャンプに参加したちいさな「なほちゃん」の『はじめてのキャンプ』（林明子作・絵　福音館書店）、アーサーと妹の日常をあたたかく描いた『アーサーのくまちゃん』（リリアン・ホーバン作　木島始訳　文化出版局）、メロンあめが地面の下で活躍する『みどりいろのたね』（たかどのほうこ作　福音館書店）がある。

一歩すすんで文が主体になった作品には、男の子の「たんた」が誕生日に受けとった地図を持って探検に行く『たんたのたんけん』（中川李枝子作　学研）、女の子がなぞなぞでまぬけなオオカミをだしぬく『なぞなぞのすきな女の子』（松岡享子作　学研）、寒がりやのすずめのために男の子が靴下をつくってあげる『すずめのくつした』（ジョージ・セルデン文　光吉郁子訳　大日本図書）、人形つくりのおじいさんとお人形をユーモラスに描いた『赤ちゃんをほしがったお人形』（ディミーター・インキオフ作　栗原万修訳　偕成社）、タグボートが一人前になるまでを描いた『ちびっこタグボート』（ハーディー・グラマトキー作　渡辺茂男訳　学研）などがある。

昔話的な要素のある作品には、やかましい音がだいすきな王子が小鳥の歌声に気づく『世界でいちばんやかましい音』（ベンジャミン・エルキン作　松岡享子訳　こぐま社）、子どもらしい生活をうばわれていた王子が幸せになる『みしのたくかにと』（松岡享子作　こぐま社）、半分の体になったおんどりと男の子の冒険『はんぶんのおんどり』（ジャンヌ・ロッシュ＝マゾン作　山口智子訳　瑞雲舎）がある。

子どもの日常をリアルに描いた作品には、学校で自分の宝物を友だちに紹介する『あのね、わたしのたからものはね』（ジャニス・メイ・ユードリィ作　川合知子訳　偕成社）、ジェインの成長をだいすきな毛布とともに語る『ジェインのもうふ』（アーサー・ミラー作　厨川圭子訳　偕成社）、見知らぬ子ども同士のほほえましい事件を描いた『ターちゃんとルルちゃんのはなし』（たかどのほうこ作・絵　アリス館）がある。

3　中学年向けの物語

中学年になると、個性的な主人公が活躍し、伏線がストーリーを盛りあげるなど、独創的で奥行きのある物語を楽しめるようになる。さまざまな昔話を楽しめる年代であり、物語にも同様の要素を求めて、年長の子どもを対象としたファンタジーとはちがった、一種の「おとぎ話」のような味わいをもつ作品を楽しむ。しかし、主人公に一体化することや、「それでどうなったの？」にひかれて読みすすむなど、幼年文学の読者と変わらない点もあり、登場人物の深い心理や因果関係、複雑な構成や社会的な背景などを理解するのはむずかしい。

中学年は、ひとりで読む習慣が確立できるかどうかのたいせつな時期である。まず「おもしろそう」と興味をひきつけ、すばやいストーリー展開で読みだしたらやめられないタイプの物語が求められる。最初は退屈でもがまんして読みすすめるとおもしろくなるような本をじっくり楽しめるようになるのは、もうすこしあとである。

『大どろぼうホッツェンプロッツ』（オトフリート・プロイスラー作　中村浩三訳　偕成社）は、かしこい少年たち、まぬけな大泥棒、ずるがしこい魔法使い、願いをかなえる妖精など定番のキャラクターが演じる活劇風のストーリーで、途中にしかけられた伏線が見事に生かされて大団円にいたる。

リンドグレーンの『長くつ下のピッピ』（大塚勇三訳　岩波書店）、『やかまし村の子どもたち』（同前）も、ファンタジーとリアリズムのちがいはあるが、この年齢の子どもがもつ憧れを満たしてくれる。『火のくつと風のサンダル』（ウルズラ・ウェルフェル作　関楠生訳　童話館出版）は、ちびでふとっちょのチムが、夏休みに、靴屋のお父さんと靴を修繕しながら田舎を歩く旅を経験する。旅のおもしろさとともに、チムと両親の細やかな愛情が自然に伝わり、チムの心の成長に共感できる。

『ぼくは王さま』（寺村輝夫作　理論社）は、勉強がきらいであそびのすきな王さまが騒動を起こす、奇想天外な物語である。王さまは、ゾウの卵を見つけてこいと家来に命じたり、シャボン玉の首飾りをほしがる。子どものような言動がおもしろく、不思議なシャボン玉や宝石箱に憧れを抱く読者も多い。

中学年対象のものには、松井さんが運転するタクシーにキツネの兄弟や山猫など不思議な動物が乗りこんでくる『車のいろは空のいろ』（あまんきみこ作　ポプラ社）、はずかしがりやのジェニーがキャットクラブの一員になるまでを描いた『黒ネコジェニーのおはなし』（エスター・アベリル作・絵　松岡享子、張替恵子共訳　福音館書店）、みみずくに捕まえられたひきがえるのウォートンの冒険『火曜日のごちそうはヒキガエル』（ラッセル・E・エリクソン作　佐藤凉子訳　評論社）、一人前の魔女になろうと修行する『小さい魔女』（オトフリート・プロイスラー作　大塚勇三訳　学研）、突然スプーンのようにちいさくなってしまう『小さなスプーンおばさん』（アルフ・プリョイセン作　大塚勇三訳　学研）などがある。

子どもの日常を描いた作品には、『すえっこOちゃん』（エディス・ウンネルスタッド作　下村隆一、石井桃子訳　フェリシモ出版）、『ソフィーとカタツムリ』（ディック・キング=スミス作　石随じゅん訳　評論社）がある。

（『児童図書館サービス2』所収　日本図書館協会　二〇一一年）

児童文学

一〇歳前後になると、子どもは経験も知識も蓄え、「それでどうなったの？」という態度で本を読むだけでなく、記憶と判断力を必要とする「なぜ？」や「いかに？」にも関心を広げるようになる。因果関係や伏線が生きてくる複雑な物語に手ごたえを感じ、美しい情景に心をうばわれ、個性豊かな登場人物に共感する。しかし、主人公に一体化して読む態度は失われず、本を読んでいるときには現実を遠く離れて主人公とともに遠く本の世界を旅することができる。豊かな想像力と驚異の念が子どもを遠く高く羽ばたかせ、本から得たよろこびがその人の生涯をとおして忘れられない記憶となることも多い。

そのような物語の条件は、何よりもまず子どもを夢中にさせるおもしろさをもっていることである。読者を納得させる信憑性・必然性を備え、実際に体験したような手ごたえが求められる。貧困、差別、死、戦争といった人生や社会のマイナス面をとりあげる場合でも、厳しい現実をそのままに切りとって示すのではなく、その先にある人間の愛情や尊厳、希望の存在を照らしてみせることが、おとなが子どもに手わたす児童文学にとっていちばんたいせつなことだといえよう。

1　リアリズム児童文学

リアリズム児童文学とは、私たちが生きている現実と同じ秩序と法則をもつ世界を舞台にした作品である。

冒険小説

冒険小説では、主人公が日常とは異なった未知の場所へ行き、命に関わる危機や困難と出会ってそれを克服していく過程に、興味の中心をおいている。

海洋冒険小説

一七一九年にイギリスで出版されたデフォーの『ロビンソン・クルーソー』は、もともとおとなが対象の作品だったために著者の人生観が披瀝されるなど冗長なところもあるが、出版直後からいまにいたるまで世界中で愛読されている。孤島に漂着したロビンソンの二八年間が、一人称で、数字や日記を使って具体的に語られる。読者にとって、主人公が助かるかどうかというサスペンスと同時に、ロビンソンが自力で生活を築いて充実させていく過程に魅力がある。

一八八三年刊行の『宝島』（R・L・スティーブンソン）は、動きのあるストーリーと論理的なプロットでロマンとサスペンスを盛りあげ、新しい冒険小説の流れをつくりだした。ジム少年は、偶然、海賊に伝わる宝島の地図を入手し、地主さんや医師のリブジー先生らといっしょに船で島に向かう。しかし、船には密かにコックのジョン・シルバーを筆頭に海賊の一味が乗りこんでおり、宝をめぐって激しい戦いが展開される。ジムの一人称で語られるため、読者は、甲板のりんご樽の中で海賊たちの密談を聞く場面などで、臨場感あふれる恐怖とスリルを味わう。読後の印象に残るのは、義足の足できびきびと動き、人の心を巧みにあやつる魅力的な悪党、ジョン・シルバーである。

『ロビンソン・クルーソー』も『宝島』も子どもたちには経験できない世界だが、それを身近に引き寄せたのが、アーサー・ランサムの『ツバメ号とアマゾン号』（神宮輝夫訳　岩波書店）のシリーズである。夏休み、ウォーカー四兄妹は小型帆船ツバメ号を帆走させて、湖の孤島で憧れのキャンプ生活を始める。そこへ現れたのが、アマゾン号に乗ったブラケット姉妹。島の探検、釣り、泳ぎ、帆走競走など、子どもたちの野外生活が語られる。主人公たちは、冒険小説に範を求めてたがいに「船長」「航海士」と呼びあい、海賊旗をあげ、〃攻守条約〃を結ぶ。ランサムは、たくみな会話で子どもたちの個性を際立たせ、読者はすきな人物に自分を投影することができる。帆走方法や釣り、料理にいたるまでを詳細に描き、手旗信号や地図など具体的なものを示し、読者の冒険心を満足させる。

そのほか、『十五少年漂流記』として知られる『二年間の休暇』（ジュール・ベルヌ作）、孤島でただひとり一八年間生き抜いた少女を描いた『青いイルカの島』（スコット・オデル著　藤原英司訳　理論社）、中国へ新茶を運ぶ帆船を舞台にした『ニワトリ号一番のり』（J・メイスフィールド作　木島平治郎訳　福音館書店）、アラスカで遭難した捕鯨船を助けるために雪原を横断する『オオカミに冬なし』（クルト・リュートゲン作　中野重治訳　岩波書店）がある。

日常の冒険

子どもたちの〃日常にある冒険〃を描いているのは、マーク・トウェインの『トム・ソーヤーの冒険』である。ミシシッピ河畔のちいさな村を舞台に、壁塗りの手伝いをたくみに友だちに押しつけるいたずらから、殺人の目撃、洞窟からの生還など、トムがまき起こすかずかずの事件が語られる。自由で荒々しい暮らしに憧れながらも、時には良心の呵責にかられたり、すきな女の子の前で自分をみせびらかすトムを、著者は率直にユーモラスに描いている。

『地下の洞穴の冒険』（リチャード・チャーチ作　大塚勇三訳　岩波書店）では、偶然見つけた洞穴を、ジョンが四人の仲間と探検する。探検の途上で事故が起き、ジョンはふだんの生活では気づかない仲間の真の姿を知る。リーダー風を吹かすアランがパニックに陥り、控えめなジョージが沈着で大胆な行動をとるのだった。危機からの脱出、個性的な少年たち、神秘的で美しい洞穴などが、緊迫感、臨場感のある筆致で描かれている。

冒険の行く先が都会の人工的な世界でも可能なことを証明した作品に、『クローディアの秘密』（E・L・カニグズバーグ作　松永ふみ子訳　岩波書店）がある。一〇歳のクローディアは、親の不公平なあつかいや退屈な毎日にうんざりして、弟を仲間にメトロポリタン美術館に家出する。夜は展示品のベッドに寝て、噴水で水浴びをし、快適な生活をおくるうちに、展示品の天使の像にひかれ、その秘密の解明に取り組んでいく。

推理・探偵小説

数多くの推理・探偵小説が出版されているが、個性的な主人公が論理的で必然性のあるストーリー展開のなかで謎を解いていく、手ごたえのある作品はすくない。

ケストナーの『エーミールと探偵たち』（高橋健二ほか訳　岩波書店）では、エーミールは、ベルリンのおばあさんの家に行く車中で山高帽子の男に金を盗まれる。途方にくれるエーミールの前に登場したのが、グスタフをはじめとする大勢のベルリンっ子たち。彼らは作戦会議を開いて組織的に行動し、大都会で泥棒を追いつめていく。子どもたちが自分たちで考え、団結して、おとな顔負けの活躍をする様は、痛快である。著者独特の長い前書きや登場人物の紹介が楽しさを演出し、活力ある文章が読者に親しみと励ましをあたえる。

『名探偵カッレくん』（アストリッド・リンドグレーン作　尾崎義訳　岩波書店）では、探偵に憧れるカッレくんが、田舎町に突然現れた友だちのおじさんの怪しい行動を探り、ついに彼が宝石泥棒であることを見破る。夏休みを仲間と自由にあそぶかたわら、カッレくんが論理的な思考を重ね、地道に調査することで謎を解いていく、本格的な推理小説である。

日常の物語

日常のよろこびを描く

日常を描いた作品は、同時代には受け入れられても、その後も長く読み続けられることはまれである。社会的な常識が変化して、登場人物の問題や考えが時代遅れになってしまうからだ。しかし、生き生きとした主人公が活躍し、いまも変わらない興味や普遍的なよろこびを描くことに成功したとき、その作品は時代を超えて読まれていくことになる。

『若草物語』（L・M・オルコット作）は、アメリカ南北戦争を背景に、四人姉妹の暮らしやあそび、いさかいなど日々のエピソードをつないだ家庭小説である。個性的な姉妹のなかでも活発でさっぱりした気性のジョーは、いつの時代も変わらぬ少女のひとつの理想像である。日々を明るく勤勉に暮らすことのたいせつさがうたわれているが、著者のユーモラスで暖かな視線が、教訓性を和らげている。

アルプスの山での生活を描いた『ハイジ』（ヨハンナ・シュピリ作）では、読者はアルプスの美しい自然、干し草のベッド、山羊のチーズなどに憧れを抱き、素直で愛情豊かなハイジに魅了される。全編を流れる著者の信仰や文字への信頼、自然への畏敬の念など、時代を超えて共感を呼ぶ。

ワイルダーは、自身の子ども時代を題材に、『大きな森の小さな家』（ローラ・インガルス・ワイルダー作　恩地三保子訳　福音館書店）に始まるシリーズを書いた。主人公のローラがちいさな女の子だったときから成人して家庭をもつまでを描き、それはアメリカの開拓の歴史とも重なる。ローラの年齢があがるにしたがって作品の雰囲気もおとなびていくため、読者は自身の成長にあわせて読み継いでいくことができる。シリーズ中の傑作『長い冬』（谷口由美子訳　岩波書店）では、猛吹雪が七か月も続いて大草原の町は孤立してしまう。一家は、干し草を燃やして暖をとり、コーヒー引きで小麦を粉にして耐えぬく。苦しいときにも心を寄せて励ましあう場面では、家族への愛や日常のよろこびがいまも変わらない価値をもっていることを伝えてくれる。

『がんばれヘンリーくん』（ベバリイ・クリアリー作　松岡享子訳　学研）は、ヘンリーくんと飼い犬のアバラーがまき起こすゆかいな事件を描いている。著者は、「ゆかいなヘンリーくん」シリーズでヘンリーの成長をたどったのち、ヘンリーの友だちのビーザスと妹のラモーナを主人公にした一連のシリーズを描き続けている。ヘンリーくんの悩みは「お小遣いがたりない」「飼い犬が近所に迷惑をかけた」など子どもらしいものだったが、ラモーナの悩みは時代を反映して、父親の失業など、複雑で深刻なものになっている。感受性が鋭く、独創的なラモーナは、学校でも家でも周囲と衝突する。事態がどんどん悪くなり、絶望的な状況にまで追いつめられるが、両親に救われたり誤解がとけたりと、必ず幸せな結末が訪れる。著者は、家族や友だちに認められたい、大きくなりたいというラモーナのけなげな望みを理解し、複雑な社会を生き抜くいまの子どもを支持してくれる。

日常の事件

日常に起こる事件や謎、主人公の願望が全体を貫くプロットになった作品もある。

一九一一年に出版された『秘密の花園』（バーネット作）は、それまでの児童書の常識を破るわがままでひねくれた子どもを主人公に据えた。両親をなくしたメリーは叔父のお屋敷にひきとられるが、偶然、高い塀に囲まれた花園の鍵を手に入れる。メリーは、禁断の庭にこっそり入りこみ、バラの木の生い茂る庭に魅了される。やがて、わがままで病弱ないとこのコリンと荒野を愛する野生児のディッコンと力をあわせて、荒れ果てていた庭をよみがえらせる。花園が美しく復活していく様子に、メリーとコリンが心身ともに健康をとりもどしていく過程が重なり、読者に大きな満足をあたえる。

『ふたりのロッテ』（エーリヒ・ケストナー作　高橋健二ほか訳　岩波書店）は、両親の離婚のためにおたがいの存在を知らなかった双子が、夏のキャンプで偶然に出会う場面から始まる。たがいにそっくりのロッテとルイーゼは、両親の離婚を知り、相手になりすまして、それぞれの家に帰っていく。ふたつの家で起こる悲喜劇が同時進行で語られ、ドラマはクライマックスへとすすむ。

『百まいのドレス』（エレナー・エスティス作　石井桃子訳　岩波書店）は、思春期に向かう女の子たちの心理を静かに描いている。いつも同じ服を着てくる貧しいポーランド移民の子ワンダが「百まいのドレスを持っている」といったことから、女の子たちのあいだでワンダをからかう「ドレスごっこ」が始まる。女の子たちに美しい百まいのドレスの絵を贈って、ワンダは突然引っ越していく。だれもが身近に経験する差別や偏見、良心、勇気を問いかけ、心に残る作品である。

『まぼろしの小さい犬』（フィリパ・ピアス作　猪熊葉子訳　岩波書店）は、一見平凡な日常のなかででも子どもの内面には大きなドラマが生じていることを語っている。ベンは、誕生日に祖父から犬をもらえると信じていたが、届いたのはチキチト・チワワという犬の絵だった。失望したベンは、やがて目をつぶるとチキチトの姿が見えるようになり、次第にその幻のちいさい犬にのめりこんでいく。「自分の犬がほしい」という渇望がほんとうに満たされるまでの、ベンの葛藤を描く。

『風の又三郎』（宮沢賢治作）は、山のちいさな学校に転校してきた不思議な又三郎をめぐる物語である。牧場で馬を走らせ、谷川で泳ぐ山の子どもたちの素朴な姿が、方言でかわされる会話から浮かびあがる。又三郎をとりまく幻想的な世界と明るい子ども集団が、独特の雰囲気をかもしだしている。

『夏の庭』（湯本香樹実著　徳間書店）は、「死人が見たい」という好奇心を抱いた六年生の男子三人組が、近所のひとり暮らしのおじいさんが死なないか、毎日見張ることにする。おじいさんはかえって元気になり、三人を使って掃除を始め、たがいに親しくなっていく。その過程で外見からはうかがえないおじいさんのほんとうの姿を知った三人は、自分や周囲を見る眼を培い、おとなへの一歩を踏みだしていく。

動物物語

主人公の動物は、野生に生きた本物の動物として、尊敬の念をもって描かれることがたいせつである。読者は、運命を受け入れて力の限り生き抜く動物の姿に共感する。

『シートン動物記』（アーネスト・T・シートン文・絵　今泉吉晴訳　童心社）は、挿絵画家、博物学者であったシートンが野外の動物観察で体験したことをもとに描いている。厳しい自然のなかで生き抜く動物のよろこびや智恵がうたいあげられ、読者は動物の視点で大平原や森、空気や光を感じる。動物と人間との共生や環境問題を一〇〇年前に指摘している。

『荒野の呼び声』（ジャック・ロンドン作　阿部知二訳　偕成社）では、飼い犬だったバックがアラスカに連れ去られ、そりを引く犬として酷使される。零下五〇度にも達する雪道を走り、熾烈な犬同士の争いに勝ちぬき、バックはたくましく、ずるがしこい犬に変貌していく。やがて、バックのなかには先祖から伝えられた魂がよみがえり、オオカミの群れに加わっていく。荒々しい野性の世界を、理屈ぬきに描いている。

そのほかの動物物語としては、『名犬ラッシー』（エリック・ナイト作　飯島淳秀訳　講談社）、『名犬ラッド』（アルバート・ペイソン・ターヒューン作　岩田欣三訳　岩波書店）、『タチ　はるかなるモンゴルをめざして』（ジェイムズ・オールドリッジ作　中村妙子訳　評論社）などがある。

〝人間とともに生きる仲間〟として動物をとらえた作品もある。『ぼくとくらしたフクロウたち』（ファーレイ・モワット作　稲垣明子訳　評論社）は、二羽の個性あふれるフクロウとぼくとの愉快な交友録である。『はるかなるわがラスカル』（スターリング・ノース著　亀山龍樹訳　小学館）は、アライグマと暮らした少年の日々を、美しい自然とともに語っている。『山のトムさん』（石井桃子作　福音館書店）は、戦後、山の開墾地に入植した家族が、ネズミに悩まされ、はじめてネコを飼う。ネコのトムは、山中を走りまわってネズミやキジを捕まえる一方、家の人たちに犬のようについて歩いて甘える。力をあわせて暮らす人たちの視線をとおして、トムの愉快な暮らしを明るく描いている。

戦争児童文学

戦争を題材にした作品は、著者の反戦への思いが執筆の動機であるが、一方的に考えを押しつけたり、被害・加害を図式的に扱ったり、感傷的な描きかたであってはならない。戦争を社会的・歴史的に広い視野でとらえ、悲劇のなかにも人間性の存在を信じられる作品であってほしい。

『あらしの前』（ドラ・ド・ヨング作　吉野源三郎訳　岩波書店）は、第二次世界大戦時の、オランダのちいさな村に住むファン・オールト一家を描いている。学生の長女から赤ん坊まで六人の兄弟、さらにユダヤ人の亡命者の少年をむかえて、両親を中心に穏やかに暮らしている。末っ子のいたずらや、年長の子どもたちの将来への希望と不安が重層的に語られる。隣人を愛し、正しいことを信じる一家のあたたかい日々の営みの底には、戦争への不安が流れている。オランダの降伏が伝えられる最終場面で、正しいことを信じる信念の力で自分たちを守っていこうと呼びかけるお母さんのことばが印象深い。

『あのころはフリードリヒがいた』（ハンス・ペーター・リヒター作　上田真而子訳　岩波書店）は、同じアパートで生まれたドイツ人の「ぼく」とユダヤ系ドイツ人のフリードリヒがすごした一七年間を描いている。両家は仲よく助けあいながら暮らしていたが、徐々にユダヤ人への過酷な差別が始まる。著者は、ふつうの人びとの不満がナチスの政策によってユダヤ人に向けられ、残酷になっていくありさまを、冷静に語っている。物語はフリードリヒの死で終わるが、加害者に属した「ぼく」が、事実を淡々と追いながら、人間の愚かしさと同時に過酷な時代にも存在した人間性を描き、希望を示している。

歴史小説

歴史小説とは、史料や記録などをとおして特定の時代を知りつくした作家が、その時代に主人公を生きさせ、どんな出来事や事件が起きるか、想像力をめぐらした物語である。読者は、主人公の運命に胸を躍らせると同時に、現在とはちがう過去の雰囲気や人びとの暮らし、考えかたにふれ、本をとおしてその時代の実感を得る。

『銀のうでのオットー』（ハワード・パイル作　渡辺茂男訳　童話館出版）は、中世の暗黒時代にちいさな光をともした少年の物語である。領主たちが「戦いこそ正義」と信じていた時代、修道院育ちの領主の息子オットーは、敵の手に落ちて片腕を切り落とされる。しかし彼は復讐を望まず、和解の手を差し伸べる。著者自身による挿絵とともに、中世に生きた人びとの哀歓を力強く描いている。

サトクリフの『太陽の戦士』(ローズマリ・サトクリフ作　猪熊葉子訳　岩波書店)は、青銅器時代、片腕のきかない少年がオオカミ殺しの試練を経て一人前の戦士として氏族に受け入れられるまでの物語である。サトクリフは、ほかの作品でも、さまざまな重荷を背負った若い主人公がどう生き延びていくかを軸に、時代の光と闇を細部まで眼に見えるように描いている。

『肥後の石工』(今西祐行作　岩波書店)では、江戸時代、肥後の石工頭の岩永三五郎が、薩摩藩の依頼で橋をつくる。完成後、弟子たちは秘密を守るためという理由で殺されるが、命びろいをした三五郎は、罪悪感に苦しみつつ美しい橋をつくり続ける。誠実に生きる人びとを襲う残酷な運命と、それを受け入れる強い意思を描いている。

物語の背景に特定の時代を借りた時代小説として、中世を舞台にした『アリスの見習い物語』(カレン・クシュマン著　柳井薫訳　あすなろ書房)、『王への手紙』(トンケ・ドラフト作　西村由美訳　岩波書店)、一八世紀のロンドンの若い見習いたちを描いた『見習い物語』(レオン・ガーフィールド作　斉藤健一訳　岩波書店)がある。

2　ファンタジー

ファンタジーとは、現実には起こりえないことが生じる空想物語であり、時には現実には存在しないものが活躍し、ありえない場所が舞台になる。その空想が見えるように語られ、作品独自の法則と秩序にかなったリアリティがあるため、読者は本の世界を実際に体験したかのようなよろこびを感じる。

昔話を土壌とした作品

長いあいだ公の文学として認められなかった伝承文学は、一八世紀のロマン主義の文学運動によって再認識され、またグリムの昔話の収集によって学術的な立場からも支持を得た。伝承文学では、竜や小人、妖精、鬼などが活躍し、動物が口をきき、主人公は地中や月や別世界に旅して、不思議な出来事が起きる。ファンタジーは、このような伝承文学から構成や様式、登場人物を得て発展してきた。

伝承文学からファンタジーを生みだした最大の功績者は、デンマークのアンデルセンである。一八三五年にはじめての童話集を出して以来、一五〇余編の童話を著し、いまも世界中で読まれ続けている。『おやゆび姫』『はだかの王さま』『人魚姫』など、ストーリーだけを追った抄訳本が多数出版されているため、アンデルセン童話はちいさい子ども向けと思われがちである。しかし、人間の抱えている矛盾や葛藤を洞察し、あるがままの人生の悲喜劇を皮肉やユーモアを交えて描いた作品は、中学年以上が楽しめる世界である。アンデルセンは、平明な文章で不思議な情景や人物をありありと描きだす。『火打箱』の三匹の大きな目の犬や『人魚姫』に登場する不気味な魔女など、読者に忘れがたい印象を残す。

ドイツのハウフ童話集『冷たい心臓』（ヴィルヘルム・ハウフ作　乾侑美子訳　福音館書店）には、『隊商』など三つの童話が収められている。人の運命の転変をとりあげてアラビアンナイトを髣髴《ほうふつ》させる話など、いずれも二重構造の枠物語であり、読者にお話の不思議な力を堪能させる。

児童文学の黎明期《れいめいき》には、各国で伝承文学に影響を受けた素朴な創作物語がつくられている。チェコの『長い長いお医者さんの話』（カレル・チャペック作　中野好夫訳　岩波書店）は、独特のユーモアが漂う話にモダンな挿絵が添えられた短編集である。郵便屋さんのコルババさんが宛名のない手紙を一年と一日かけて届ける「郵便屋さんの話」は、話のおもしろさと同時に、愛の普遍性を描き、幅広い読者に支持されてきた。

　フィンランドの『星のひとみ』（サカリアス・トペリウス作　万沢まき訳　岩波書店）、中国の『月からきたトウヤーヤ』（肖甘牛作　君島久子訳　岩波書店）、ドイツの『ふしぎなオルガン』（リヒャルト・レアンダー作　国松孝二訳　岩波書店）、日本の『龍の子太郎』（松谷みよ子作　講談社）も、それぞれの民族性を感じさせる。ファージョンは、『ムギと王さま』（エリナー・ファージョン作　石井桃子訳　岩波書店）や『年とったばあやのお話かご』（同前）などで、マザーグースの一編や昔話の登場人物をたくみに生かし、不思議な味わいのある多様な話を描いている。

日常生活のなかに起こる不思議な世界

　日常生活のなかに不思議な出来事が起きたり、不思議な人物が現れる物語はたくさんある。

『風にのってきたメアリー・ポピンズ』（P・L・トラヴァース作　林容吉訳　岩波書店）は、バンクス家の新しい乳母メアリー・ポピンズをめぐる不思議なお話である。メアリー・ポピンズは、階段のてすりを滑りあがったり、笑いガスで空中に浮かぶ親戚がいたり、月を飛び越えた牛と知りあいだったり、いつも子どもたちを驚かせる。しかし、不思議な体験を一切認めず、何事もなかったようにふるまうのだった。読者は、おとぎ話にとびこんだような鮮やかで心躍る冒険を堪能し、同時にメアリー・ポピンズその人――一見厳しいけれど、子どものことをわかってくれる人柄――に魅了され、バンクス家の子どもたちと秘密をわけあったように感じる。

『空とぶベッドと魔法のほうき』（メアリー・ノートン作　猪熊葉子訳　岩波書店）は、修行中の魔女から空間や時間を飛ぶことのできる魔法のベッドを手に入れた三人姉弟が、南の島や過去の世界に飛び、危機一髪の冒険をする。人間性あふれる魔女には思いがけない幸せな結末が用意され、あたたかな読後感をもつ。同様に四人兄妹が魔法の船に乗って場所や時間を越えた旅をする話に、『とぶ船』（ヒルダ・ルイス作　石井桃子訳　岩波書店）がある。

『ほんとうの空色』（バラージュ・ベーラ作　徳永康元訳　岩波書店）では、貧しいファルコー少年が、友だちから借りたあい色の絵の具をなくし、かわりに野原の花で空色の絵の具をつくる。その絵の具で空を描くと、絵のなかで本物の太陽や月や星が輝き、雨が降り、雲が流れる。絵に描かれた美しい空が、忘れられない印象を残す。

サハラ砂漠に不時着した飛行士と星の王子さまのふれあいを描いた『星の王子さま』（サン＝テグジュペリ作　内藤濯訳　岩波書店）は、人生のありかたを問う寓意性の高い作品である。

宮沢賢治は、郷土の自然や昔話に親しみ、実際に子どもに話を語ることによって独自の空想と世界観をくり広げ、『どんぐりと山猫』『注文の多い料理店』『狼森《おいのもり》と笊森《ざるもり》、盗森《ぬすともり》』『雪渡り』など多くの作品を描いた。岩手のことばを活かした独創的な擬音とリズムのある文章が、山々やそこに生きる生き物たちの息づかいを伝え、巧みな表現が思わぬユーモアを生み出している。

動物ファンタジー

主人公の動物が擬人化されているものから現実の動物に近い習性をもつものまでさまざまであるが、いずれの場合でも、主人公に存在感があり、自然への深い洞察と賛美の精神が感じられることがたいせつである。

先駆的な作品『たのしい川べ』（ケネス・グレーアム作　石井桃子訳　岩波書店）では、春の大掃除から抜けだしたモグラが、生きているように流れる川に心を奪われ、そこで知りあったネズミと暮らしはじめる。一方、友人のヒキガエルは、自動車に熱狂し、次々と騒ぎを起こす。ヒキガエルの逃亡劇とネズミたちの牧歌的な暮らしを交互に語りながらクライマックスへといたる。動物たちは、居心地のいい家で暮らし、服を着ているが、個性的な人物像がくっきりと浮かびあがる。

『ドリトル先生物語全集』（ロフティング作　井伏鱒二訳　岩波書店）では、動物語を話すことができる医者のドリトル先生が、オウムのポリネシアやアヒルのダブダブ、犬のジップ、サルのチーチーたちと愉快に暮らしている。先生が研究のために旅に出ると、旅先で思わぬ事件にまきこまれる。正直で正義感あふれる先生は、敵に一矢報い、動物たちの命を助け、時には動物たちに助けられて、危機を脱する。動物の郵便局やサーカス、海カタツムリの殻に入っての海底旅行など、奇抜で楽しい発想とストーリーで多くの愛読者をもつ。

『シャーロットのおくりもの』（E・B・ホワイト作　さくまゆみこ訳　あすなろ書房）では、農場の娘ファーンによって育てられた子ブタのウィルバーは、大きくなると納屋で暮らしはじめる。ひとりぼっちのウィルバーと友だちになってくれたのが、クモのシャーロット。かしこいシャーロットは、ウィルバーをハムになる運命から救ってくれる。納屋の動物たちの牧歌的で率直な言動と、それを見守るファーンのひと夏の成長を描き、自然と命のよろこびを伝える。

『くらやみ城の冒険』（マージェリー・シャープ作　渡辺茂男訳　岩波書店）では、ネズミたちが無実の罪で牢屋に入れられた囚人を救出する。三匹のネズミは、智恵をしぼって地下牢に忍びこみ、ネコや看守を出し抜いて使命を果たす。体のちいさいネズミの視点で語られるところにおもしろさがある。同様にネズミたちが仲間の危機を救う物語に、『冒険者たち　ガンバと十五ひきの仲間』（斎藤惇夫作　岩波書店）がある。両作とも、正義や勇気にたいする賛美の精神が流れている。

動物ファンタジーには、いつも大騒動をまき起こす天衣無縫な『くまのパディントン』（マイケル・ボンド作　松岡享子訳　福音館書店）、新天地を求めて苦難の道を歩む『ウォーターシップ・ダウンのうさぎたち』（リチャード・アダムズ著　神宮輝夫訳　評論社）がある。

人形やおもちゃを主人公にしたファンタジー

人形やおもちゃを主人公にした作品は、主人公たちが人間のように自由に行動できないという制約におもしろ味がある。古典としては、コッローディ作『ピノキオの冒険』やアンデルセンの『しっかりものの錫の兵隊』、ホフマンの『くるみ割り人形』などがある。

『人形の家』（ルーマー・ゴッデン作　瀬田貞二訳　岩波書店）では、人形は自分から何かを「する」ことはできず、「願う」だけである。エミリーとシャーロットの姉妹がもっている人形の家族は、長いあいだの願いがかなって、年代ものの美しい人形の家を手に入れる。楽しい日々もそこそこに、美しいが心のひねくれたマーチペーンがやってきて、一家の平安は破られる。人形のおいたちや材料がおのずとその個性をかたちづくり、たがいに感情をぶつけあい、持ち主の姉妹の気持ちを動かして、物事が進行していく。人形の社会を描きながら、愛と傲慢、犠牲と勇気など人間の普遍的な問題を浮き彫りにしている。

『木馬のぼうけん旅行』（アーシュラ・ウィリアムズ作　石井桃子訳　福音館書店）は、おもちゃ屋のピーダーおじさんにつくられたちいさな木馬が、おじさんのためにお金を稼ごうと広い世界に出ていく物語である。木馬は、口をきいたり動いたりできるが、壊れれば修理してもらうなど、おもちゃらしい性質を備えている。ピーダーおじさんへの一途な愛が木馬を困難な仕事に駆り立てて、読者は木馬になりきって楽しむ。

『クマのプーさん』（A・A・ミルン作　石井桃子訳　岩波書店）は、著者のミルンが息子のクリストファー・ロビンに、ぬいぐるみを主人公に語って聞かせた話がもとになっている。子どもの空想のなかでぬいぐるみが自由にふるまうように、プーたちには何の制約もない。気はいいけれどちょっと頭の悪いプーさん、臆病なコブタ、ゆううつ屋のイーヨー、指揮をとるのがすきなウサギ、かしこいと評判のフクロなどが、愉快で楽しい事件をまき起こす。プーたちのまじめくさった行動にはユーモアとペーソスがあり、独特の魅力ある世界をつくりだしている。

小人物語

最初に成功した小人物語は、一七二六年の『ガリバー旅行記』（J・スウィフト作）である。船乗りのガリバーは、難破して小人の国リリパット国に漂着する。本来はおとなを対象にした風刺文学だが、小人たちの暮らしぶりや巨人であるガリバーへの対応などが具体的におもしろく描かれていたため、たちまち子どもの本として受け入れられ、現在にいたっている。

スウェーデンの草創期の作品『ニルスのふしぎな旅』（セルマ・ラーゲルレーヴ作　菱木晃子訳　福音館書店）では、妖精のトムテにいたずらしたため小人にされたニルスが、ガチョウの背に乗り、ガンの群れとともにラップランドまで旅をする。地理教育を目的に書かれたものだが、その意図を超えて世界中で読まれている。ニルスの旅を縦糸に、野性のクマやヘラジカなどの動物物語や大地の創造神話、鉱山や農場での人びとの暮らしなどたくさんの物語が織りこまれた、重層的な作品である。

『床下の小人たち』（メアリー・ノートン作　林容吉訳　岩波書店）は、立派なお屋敷の床下に住んでいるアリエッティ一家を描いている。彼らは、何もかもを人間からこっそり借りている「借り暮らし」の小人。石炭の粉で火をたき、ゆびぬきを鍋に、糸巻きを椅子にして暮らす様子が細部にいたるまで語られ、身近に小人がいるのではないかとの想像をかきたてられる。

一九五九年に出版された『だれも知らない小さな国』（佐藤さとる作　講談社）は、日本の戦後児童文学の幕開けを告げる記念碑的な作品である。主人公の「ぼく」は、偶然、鬼門山と呼ばれる小山の頂上に気持ちのいい三角形の空き地を見つける。自分だけの秘密にして足しげく通っていたある日、小川をくだってきた靴の中に数人の小人が入って手をふっているのを見た。鬼門山にはこぼし様という小さな人がいるといういい伝えがあり、「ぼく」は、小人の謎を追ううちに、やがて山の開発問題へと発展していく。

時間と空間を軸にしたファンタジー

時間と空間を軸にしたファンタジーとは、歴史のある屋敷や場所を舞台に、その同じ地で、異なった〝時〟を生きてきた人びとがかかわる物語である。読者は、主人公とともに過去の人びとと遭遇し、手探りでその時代を生き、時の謎に直面する。そして、幅のある時間の存在や人間の営みのつながりを実感し、過去の人びとの過酷な運命を受けとめる勇気に共感を覚える。時間と空間の広がりを感じさせる、スケールの大きな物語である。

その代表作『トムは真夜中の庭で』（フィリパ・ピアス作　高杉一郎訳　岩波書店）は、時間とは何かを真正面からとりあげている。トムは、弟の病気のため、叔父夫婦のアパートに隔離される。そこは大きなお屋敷を改造したアパート。あそび相手もなく、眠れぬ夜をすごすうちに、トムは真夜中に階下のホールの大時計が一三時を打つのを聞く。トムは大時計を調べにいき、ホールの外に大きなすばらしい庭園があるのを見つける。しかし、昼間行ってみると、そこはただの汚い路地だった。トムは毎晩庭に行き、花壇や温室、畑を歩きまわるうちに、自分と同じようにひとりぼっちの少女ハティと友だちになる。ハティ以外のお屋敷の人にはトムはまったく見えず、庭は行くたびに季節も時代も変わっている。古くさい服を着ているハティは幽霊か、自分の生きている時とハティの生きている時はどうつながっているのか――最後まで興味をひきつけ、緻密で壮大な建築のような構成で見事な結末へ導いている。

ボストンの『グリーン・ノウ物語』も、グリーン・ノウのお屋敷を舞台に、時間を超え、民族を超えて人びとが交流し、よろこびに満ちた不思議な体験をする物語である。『グリーン・ノウの子どもたち』(L・M・ボストン作　亀井俊介訳　評論社)では、大おばあさんの住む古いお屋敷にはじめてやってきた七歳のトーリーが、三〇〇年前に住んでいた三人の兄妹と不思議な交わりをする。暖炉の火にちらちら浮かびあがる石づくりの居間、どこへ動いても視線が追ってくる肖像画の子どもたち、あちこちにある木馬やおもちゃ、動物の形に刈りこまれたイチイの木など、グリーン・ノウそのものが主人公といえるほど、魅力に満ちた場である。

『時の旅人』(アリソン・アトリー作　松野正子訳　岩波書店)は、古いサッカーズ農場にやってきた少女ペネロピーが、一六世紀と現代を行き来する物語である。ペネロピーが入りこんだのはバビントン一族が支配する荘園で、一族の当主アンソニーは、囚われのスコットランド女王メアリーを救出しようと計画している。ペネロピーは、事件の悲劇的な結末を知りつつ、どうすることもできない。同じ建物を共有する異なった時代の人びとの世界が二重に見え隠れし、読者をじょじょに一六世紀の事件へと導いていく。

別世界のファンタジー

別世界のファンタジーでは、独創的な想像力によって構築された世界に、信憑性や真実性が感じられなければならない。自然の美しさや神秘性、善と悪との戦い、人間の真実など壮大なテーマが著者の哲学をとおして織りこまれ、読者をその本でしか味わうことのできない世界へと連れていく。

『ライオンと魔女』（C・S・ルイス作　瀬田貞二訳　岩波書店）に始まる『ナルニア国ものがたり』は、ライオンのアスランが創出したナルニア国の歴史を語っている。背景には著者のキリスト教の思想があり、そこに違和感を覚えるおとなもいるが、子どもは、劇的で不思議なお話をまっすぐに楽しむ。『ライオンと魔女』では、四人兄妹が、古いお屋敷にある大きな衣装だんすを通ってナルニアへ行き、アスランたちと力をあわせて魔女と戦い、平和をもたらす。気のいいフォーンやかしこいビーバーさんなどの魅力的な登場人物や、雪の森を照らす街灯、居心地のいいフォーンの家などが、眼に見えるように語られる。ナルニアの魅力のひとつに、主人公たちの別世界への行きかたがある。『ライオンと魔女』では、ルーシィたちは衣装だんすの中から雪の森に行く。『朝びらき丸東の海へ』では、三人の子どもたちが大海原を航海する帆船の絵を見ているうちに波にさらわれ、絵の中の船に助けあげられる。

現実の世界とはまったく切り離された、独自の世界を舞台とした物語もある。『ホビットの冒険』（J・R・R・トールキン著　瀬田貞二訳　岩波書店）の主人公ビルボ・バギンズは、平穏な生活を愛する小人のホビット族。ビルボは、魔法使いの推薦を受けて、心ならずも竜に奪われたドワーフ小人たちの宝をとり返す旅に同行する。ビルボは、ちいさな体で機転をきかせて困難を切り抜け、ついに使命を果たして帰還する。著者は、独自に創造した世界に荒々しい伝承や勇壮な英雄物語を盛りこみ、奥行きのある物語をつくりあげている。本書の続編が『指輪物語』（瀬田貞二訳　評論社）である。

『ムーミン谷の彗星』（トーベ・ヤンソン作・絵　下村隆一訳　講談社）をはじめとする『ムーミン童話全集』は、ムーミン谷の不思議な住人を綴った詩的なファンタジーである。著者が北欧の神話や自然から創造したムーミントロールやスナフキン、スニフ、フィリフヨンカといった主人公たちは個性的で、自由な魂をもち、頑固なまでに自分を曲げない。彼らは、仲間と交わりながら、自然ななりゆきで出来事をうまく運んでいく。今日を生きることを楽しんでいる姿に、著者のあたたかいユーモアや哲学、現代社会にたいする風刺が感じられる。

年長の読者を対象にしたスケールの大きな物語に、アースシー世界での魔法使いゲドの冒険と成長を描いた『影との戦い』（ル＝グウィン作　清水真砂子訳　岩波書店）、少年が自分の読んでいた本の世界に入り、使命を果たして帰還する『はてしない物語』（ミヒャエル・エンデ作　上田真而子、佐藤真理子訳　岩波書店）、ドイツの伝説を素材にした『クラバート』（オトフリート・プロイスラー作　中村浩三訳　偕成社）がある。

日本の作品では、アジアの民俗や日本の古代を題材にした上橋菜穂子の『精霊の守り人』（偕成社）、荻原規子の『空色勾玉』（徳間書店）がある。

徹底したナンセンスで別世界を描いたのが、『ふしぎの国のアリス』（ルイス・キャロル作）である。アリスは、懐中時計を見ているウサギを追いかけて穴に落ち、不思議な世界でおかしな体験をする。全編にことばあそびや警句や伝承童謡が盛りこまれているが、翻訳ではそのおもしろさが伝わりにくい。しかし、子どもは奇抜な状況や登場人物のユニークな発想を楽しみ、アリスのまじめな意見に常識をかき乱されるおかしさを味わう。

※古典的作品については、岩波少年文庫、福音館古典童話シリーズ、福音館文庫、偕成社文庫などで完訳のものが出されているので、訳者・出版社を特定していない。

（『児童図書館サービス2』所収　日本図書館協会　二〇一一年）

ノンフィクション　知識の本

1　概　説

ノンフィクションとは何か

ここでは、伝承や文学作品、物語絵本をのぞいたすべての子どもの本をとりあげる。図書館の日本十進分類法でいえば、0類の総記から9類の文学（文学論などの一部）までにわたる分野の本であり、「知識の本」と呼ばれることもある。

子どもの本の場合、一冊の本を「ノンフィクション（注）」と判断するか否かは、著者の意図のちがいによる。著者が読者に「知識」を伝えたいと思っている場合、その本はノンフィクションになり、読者に「物語」を伝えたいと思っている場合は文学になる。同じ本でも、見方によってノンフィクションかフィクションか、判断がわかれることもある。

＊　＊　＊

（注）ノンフィクション：映画や文学などのジャンルで、つくりものでない散文文学、歴史、伝記、紀行文、記録報告、ドキュメンタリーなど。本書では、児童書の分野に対して、従来のノンフィクションより広義の意味で使っている。

たとえば、『こいぬがうまれるよ』（ジョアンナ・コール文　ジェローム・ウェクスラー写真　坪井郁美訳　福音館書店）は、子犬が誕生してから二か月間の成長を、女の子の語りをとおして描いた写真絵本である。これを、子どもに犬の誕生と成長の知識を伝える本ととらえればノンフィクションとなるし、女の子が自分の犬を手にするまでのよろこびを描いた物語だととらえればフィクションとなる。同時に、それは読者（子ども）の側がその本をどう受けとめたかによっても異なるであろう。

児童書出版の三割を占めるノンフィクション

ノンフィクションは、現在の児童書（マンガをのぞく）の出版点数のほぼ三割を占めている。子どもの本というと物語や絵本を想定しがちだが、おとなが考える以上に子どもたちは、ノンフィクションに親しんでいる。図書館では、星や宇宙、恐竜、虫や動物などの生きもの、乗りもの、料理、スポーツなどに関する本が多く利用されている。

子どもは、この世界の森羅万象の不思議、地球誕生からいまにいたるまでの歴史の歩み、身のまわりや社会のありよう、世界の人びとの暮らしなどに好奇心を抱き、知りたいと思っている。そのとき、子どもの身近にあって役に立つのが、ノンフィクションである。読んで好奇心を満足させるだけでなく、実際に本に書かれたことを試してみたりあそんでみたりして、自分の世界を広げることができる。同時に、ノンフィクションは教育現場からもますます求められており、学習指導要領に沿った資料も多数出版されている。

ノンフィクションにおけるフィクション的手法

図鑑などの一部の本をのぞくと、ノンフィクションであってもフィクション的な手法で表現していることが多い。『アリの子ツク』（矢島稔著　有藤寛一郎絵　ポプラ社　改訂）では、卵から誕生したアリのツクが働きアリとして成長していく過程を、物語仕立てにしている。また、『ドロバチのアオムシがり』（岩田久二雄著　岩本唯宏絵　文研出版）では、子どもの理解と興味を得るためにドロバチの行動を克明に描きながら、ハチの生態を解き明かしている。このようにさまざまなフィクション的手法を用いているが、とくに知識の絵本では、対象となる幼い読者を考慮して、好奇心をひきだし、理解をうながす工夫がされている。

「調べる本」と「読みとおす本」

ノンフィクションには、大きくわけると、「調べる本」と「読みとおす本」がある。百科事典や図鑑といった参考図書が「調べる本」の代表であるが、現在学校での調べ学習用として出版されている本もふくめて、読者が調べたいページだけを読むという使われかたを想定した本のことである。一方、「読みとおす本」とは、最初から最後まで読みとおすことを想定して書かれた作品で、個人の著作であることが多い。最後まで読むことで読者は、対象となる事柄を理解し、身近なことに新たな知識や視点をあたえられ、ときには思いもおよばなかった広く深い世界を経験する。知識を増やすだけでなく、読むまえとあととでは世界がちがって見えるような本である。本書では、「調べる本」はひとまずのぞいて、「読みとおす本」を中心にとりあげる。

世代を超えて読み継がれるノンフィクション

絵本や文学作品には、長年子どもに支持され、おとなからも評価されてきた本があり、なかには一〇〇年を超える命を保ち、世代を超えて読まれているものもある。しかし、ノンフィクションでは時代を超えることができる本はまれである。科学や技術、学問の進歩は著しく、一〇年もたてば最先端の知識や技術も古くなって、新たな発見や発明がなされる。社会のありかたや社会通念、問題意識、世界の情勢などの変化も激しいからである。

しかしながら、ノンフィクションのなかにも読み継がれている本は存在している。ひとつは、科学の原理原則や自然現象をとりあげた本で、その内容が時代によって変化することがないからである。『よわいかみつよいかたち』（加古里子著　童心社）では、官製はがきと一〇円玉を使ったかんたんな実験をとおして、子どもは〝強いかたち〟の存在を発見する。その強いかたちが街の工事現場などで使われていることを知って驚く。旧版の出版年は一九六八年だが、ほぼ半世紀たった現在でも、この本を読んで実験を楽しむことができる。

『シートン動物記』や『ファーブル昆虫記』などの古典的な作品をはじめ、動物や昆虫の観察記録も、息長く読まれ続けている。豊かな自然を舞台に、著者の鋭い観察眼がとらえた動物の世界は、古い時代の作品のほうが新刊よりもはるかに魅力的で、生き生きしている。

さらに、人間の生きかたや考えかたをめぐる考察のなかには、古い本であっても、世代を超えて新しい読者が手にするたびに新しいメッセージとして受けとめられる作品もある。

『君たちはどう生きるか』（吉野源三郎著　ポプラ社）は、中学生のコペル君が、おじさんとの対話や手紙をとおして社会と個人のありかたに目覚め、広い視野を獲得していく物語である。初版は戦前だが、親が子にすすめる、教師が生徒にすすめるというように世代を超えて読まれ続け、いまなお版を重ねている。『サンタクロースっているんでしょうか？』（フランス・P・チャーチ執筆　中村妙子訳　偕成社）は、一〇〇年以上前に、あるアメリカの女の子が新聞社に「サンタクロースはいるのか」という問いを寄せ、新聞社が疑問に真摯に答えたその文章を本にしたものだが、季節がめぐるたびにマスコミなどでとりあげられ、新しい読者を獲得し続けている。

ノンフィクションの著者

ノンフィクションの著者は、大きくふたつにわけられる。ひとつは、その分野の専門家である。専門家として新しい研究成果をふまえながら、俯瞰的な視野に立って、本質的なことを過不足なく書くことができる。専門家ならではの研究対象にたいする熱意がおのずと伝わり、ある子どもにとっては、自分の夢や将来の希望を決めるきっかけになるかもしれない。もうひとつは、専門家ではないけれど子どもと同じ視点に立って素朴な疑問や好奇心をもつことができる作家である。独自の調査や専門家への取材などをとおして好奇心をはたらかせ、いくつにもわかれた専門分野にこだわることなく、複数にわたる学問領域を自由な発想で結びつけることができる。

著者に求められる姿勢

ノンフィクションは、書かれた時点でもっとも新しい事実や知見をとりあげているのは当然だが、たいせつなのは、対象にたいする著者の姿勢や情熱である。最先端の知識を羅列しただけの新しい本よりも、内容は最先端でなくても、テーマにたいする著者の愛情や情熱が感じられる本こそが、子どもにはふさわしい。また、学問は常に新しい研究によって進歩発展していることを示唆する姿勢も必要である。

『人類の長い旅　ビッグ・バンからあなたまで』（キム・マーシャル著　藤田千枝訳　さ・え・ら書房）は、原著刊行後三〇年以上たち、現在の新しい研究成果は載っていないが、ビッグバンから始まった生命の歴史を、学問領域を超えた広い視野で見せてくれる。物語のような生命の流れを目前にして、読者は長い命のバトンがいま自分に手わたされたと感じることができる。また、著者がこの本に書いているのはその時点での「事実」であり、今後研究がすすんで新たな事実がわかるときがくると明記している点も評価できる。

人は、子ども時代に得た知識だけで生涯をすごすわけではなく、そのつど新しい知識を獲得していく。そのことを視野に入れると、単純に新しい研究成果が反映されているか否かだけでノンフィクションの評価をすることはできない。

読者対象への配慮

児童文学が、読者対象によってテーマやストーリー展開、表現などが異なっているように、ノンフィクションでも、対象年齢による配慮が求められる。同一のテーマを扱っていても、幼児から小学校低学年を対象とした『たんぽぽ』（平山和子文・絵　福音館書店）と中学年以上を対象とした『タンポポ観察事典』（小田英智文　久保秀一写真　偕成社）では、内容、構成、表現方法などが異なっている。『たんぽぽ』では、幼い読者が身近な場所に咲くタンポポに好奇心を抱いて実物で確認できるように、基本的なことをとりあげている。ちいさな花が集まってひとつの花をつくっている様子を説明するのにちいさな花を二四〇も並べるなど、子どもの理解に即した具体的な描きかたをしている。一方『タンポポ観察事典』では、写真を豊富に使って、タンポポの特性を多方面にわたってとりあげている。

2　分野別資料紹介

以下、図書館での本の分類法にしたがって、さまざまな分野のノンフィクションを紹介していく。

0類＝総記　1類＝哲学　2類＝歴史・伝記・地理　3類＝社会科学　4類＝自然科学　5類＝技術・工学　6類＝産業　7類＝芸術　8類＝言語

0類＝総記

学問全般にわたる本がここに分類され、百科事典、年鑑、調べかたの本などが該当する。『本のれきし5000年』（辻村益朗作　福音館書店）は、パピルスの巻きものや粘土板、木簡から近代印刷による本の誕生まで、本の歴史を美しい写真と絵でたどる。同様に本をテーマにした『本はこうしてつくられる』（アリキ作・絵　松岡享子訳　日本エディタースクール出版部）では、ひとりの作家が思いついた話が、出版社や印刷所、書店、図書館など多くの人の働きを経て読者に届くまでを、ネコが主人公のコマ割りの絵本で描いている。一見やさしそうだが、校正の手法や印刷の仕組みなど、かなりむずかしい内容をふくんでいる。

1類＝哲学

『君たちはどう生きるか』のような哲学、生きかたや美談、占い、心霊、宗教などがある。子どもが興味をもつ占いをとりあげた『コックリさんを楽しむ本　占いと超能力の授業』（荒木葉子、塩野広次著　国土社）は、教育研究家の板倉聖宣が提案した「コックリさん」の授業実践から生まれた本である。小中学生がしばしば熱中する「コックリさん」を、危険だからと禁止するのではなく、その正体を科学的に調べようと提唱している。

2類＝歴史

小中学校で日本の歴史を学ぶことから、現在では多くの歴史関係の本が出版されている。遺物や遺跡など写真中心の本が多いなかで、『Jr.日本の歴史　全七巻』（小学館）は、ていねいに書かれた文章やコラムに導かれながら、通史として興味深く読むことができる。各巻ごとに専門家が分担執筆しているので、最新の研究成果が盛りこまれ、それぞれの時代が浮かびあがってくる。歴史学者の網野善彦の『日本の歴史をよみなおす』（筑摩書房）は、村や町、文字、貨幣などが中世にどのような転換期を迎えたかを興味深く語り、読者に新しい歴史の見方を示してくれる。

歴史上の興味深い事柄や事件をとりあげた本は、好奇心の強い子どもたちに歓迎される。『海にしずんだ島　幻の瓜生島伝説』（加藤知弘文　福音館書店）は、歴史研究家の著者が、四〇〇年前に地震と津波で沈んだと伝えられる別府湾の瓜生島を調査した記録である。史料や現地を取材して調べ、さらに地球物理学や地質学などの専門家と共同研究を行い、歴史から始まった話がスケールの大きな地殻変動のテーマへと発展している。『ベスビオ火山の大噴火』（サラ・C・バイセル著　柴田和雄訳　リブリオ出版）は、火山の噴火に襲われてご主人の赤ちゃんを抱いて逃げまどう奴隷の少女の物語と、二〇〇〇年後にその少女の骨から科学的手法によってさまざまな事実を明らかにしていく研究者の物語を交互に描いた、ユニークなつくりの本である。ものいわぬ遺物から、体温をもつ人びとの存在が浮かびあがってくる。

『エジプトのミイラ』（アリキ文・絵　神鳥統夫訳　あすなろ書房）は、エジプト人の死生観やミイラのつくりかたを絵と文で描いている。『ならの大仏さま』（加古里子文・絵　復刊ドットコム）では、仏教の誕生と日本への伝来から、大仏建立、開眼、大仏の破損と炎上、修復工事、そして現代の修理まで、一三〇〇年あまりの歴史をたどっている。

『エジプトのミイラ』も『ならの大仏さま』も、文とぴったり合ったイラストによる説明が見事である。たとえば『ならの大仏さま』では、建立にはいかに多くの人びとの働きが必要であったかを、「造東大寺司の工人たち」の仕組みとしてイラストで表している。「造仏所」「鋳所《いものどころ》」など仕事の種類を絵によって示し、さらに責任者、技術者、工人、作業者と階級をわけて、その仕事の具体的な内容と人数も描きこんでいる。

戦争をテーマにした本も多数出版されている。日本が参戦した第二次世界大戦をテーマにした本をあげると、原爆の仕組みや原爆投下後の広島を克明な絵で時系列に追い、核兵器の問題を幅広くとりあげた『絵で読む広島の原爆』（那須正幹文　西村繁男絵　福音館書店）、幼い日に経験した自身の沖縄戦を描いた『白旗の少女』（比嘉富子作　講談社）、ナチの組織する青年団の若者とその後を追った『ヒトラー・ユーゲントの若者たち　愛国心の名のもとに』（S・C・バートレッティ著　林田康一訳　あすなろ書房）などがある。世界中で読まれている『アンネの日記』（アンネ・フランク著　深町真理子訳　文藝春秋）は歴史の本ではないが、過酷な隠れ家生活をおくりながらも信念をもち続けたアンネのみずみずしい感性が、時代や国を超えていまも若い人に支持されている。

伝記

子どもは、人の一生にどんなことが起きたかに興味をもつ。とくに、数奇な運命や過酷な冒険、崇高で強い信念のもち主に憧れ、主人公になりきって楽しんだり、自分の生きかたや将来の夢を重ねることもある。

伝記に興味をもちはじめる低中学年を対象にした伝記が、これまでもたくさん出版されてきた。しかし、人の一生を理解するには、その人が生きた時代や背景、業績のもつ意味などを知る必要がある。

低中学年ではそれを理解するのはむずかしく、どうしてもうわべの出来事だけをとりあげて、単純化された薄っぺらな人物を描きがちである。安易な伝記が多数出版され、子どもたちもよく読んでいる現象は、昔もいまも続いている。しかし、点数は多くないが、高学年や中学生にこそふさわしい優れた伝記も出版されている。

人の一生は冒険であるとするなら、『夢を掘りあてた人　トロイアを発掘したシュリーマン』（ヴィーゼ著　大塚勇三訳　岩波書店）はその代表であろう。シュリーマンは、幼い日に読んだトロイア滅亡の物語を終生信じ続け、商人として大成功したのち、莫大な財産を使って「トロイア」を発掘した。まさに物語の主人公のような波乱万丈の生涯だが、それが実際にあったということが、子どもの心をとらえる。

崇高な生きかたも、子どもたちの心を打つ。『クリミアの天使　ナイチンゲール』（セシル・ウッダム＝スミス著　吉田新一訳　学研）は、看護や病院を改革し、看護婦の地位を確立したナイチンゲールの生涯を描いている。低学年向けの伝記では献身的でやさしい人というイメージで終わりがちだが、本書で描かれるナイチンゲールは、家族との壮絶な戦いをくり返して自由な生きかたを獲得し、クリミア戦争下では傷病兵のために保守的な軍や政治家と戦う。残りの生涯をほぼ病床ですごしながらも看護や病院の改革に邁進した、強い信念のもち主である。

発明や発見に関わった人の生涯も、魅力にあふれている。『ライト兄弟　空を飛ぶ夢にかけた男たち』（ラッセル・フリードマン著　松村佐知子訳　偕成社）は、失敗をくり返しながら飛行機の製作にとり組む兄弟を、豊富な写真とともに紹介している。マリー・キュリーもしばしば伝記にとりあげられるが、『マリー・キュリーが考えたこと』（高木仁三郎著　岩波書店）は、前半を伝記、後半を原子力の専門家である著者とキュリーとの対話の二部構成にしている。対話は架空だが、キュリーの思想や生きかたに共感した著者が、核の問題を真摯に問いかけている。『海辺の宝もの』(ヘレン・ブッシュ著　鳥見真生訳　あすなろ書房)は、化石採集家として古代生物学の発展に寄与したメアリー・アニングの子ども時代を描き、物語として楽しめる。

日本人の伝記としては、中江兆民をとりあげた『TN君の伝記』(なだいなだ作　福音館書店)、田中正造を描いた『果てなき旅』(日向康著　福音館書店)があり、どちらも読みごたえがある。

現代人の自伝としては、『ぼくはマサイ　ライオンの大地で育つ』(ジョゼフ・レマソライ・レクトン著　ハーマン・ヴァイオラ編　さくまゆみこ訳　さ・え・ら書房)がある。ケニアのマサイ族の戦士として一族とともに暮らす一方で、寄宿舎生活をしながら勉学に励む「ぼく」の豊かな生きかたが、興味深く語られる。

近年は、絵本による伝記も数多く出版されている。被伝者の雰囲気を伝え、読者の興味を起こさせることに成功している本としては、『雪の写真家ベントレー』(ジャクリーン・ブリッグズ・マーティン作　メアリー・アゼアリアン絵　千葉茂樹訳　BL出版)がある。雪の結晶に魅せられ、長年の研究の末、写真に収めることに成功したベントレーの生涯を、素朴な木版画で描いている。

地理

地理は、状況の変化が激しく、常に新しい本が求められる。ここでは、比較的長く読まれ続ける探検がテーマの本を紹介する。

『エンデュアランス号大漂流』(エリザベス・コーディー・キメル著　千葉茂樹訳　あすなろ書房)では、一九一四年に南極を目指して出発したエンデュアランス号が難破し、隊長シャクルトンのもと、隊員たちは過酷な漂流を続け、不屈の精神でついに生還するまでを淡々と描いている。隊員のひとりが撮影した写真が、彼らの生活をありありと伝えている。『いま生きているという冒険』（石川直樹著　イースト・プレス）は、アラスカの山と川、北極と南極、七大陸最高峰など極限での冒険に挑戦した写真家の著者が、生きていることこそが冒険ではないかと若者に問いかけている。やはり写真家である星野道夫の『森へ』（星野道夫文・写真　福音館書店）は、北米の原生林の厳しい自然とそこに生きる動物を、写真と短い文章によって静かにとらえている。

3類＝社会科学

社会科学も変化の激しい分野で、常に新しい本が求められる。子どもの本としては、世界の社会状況、自治体や国の仕組み、家族、仕事、福祉、民俗学などがある。

『君たちの生きる社会』（伊東光晴著　筑摩書房）は、初版が一九七九年なのでやや古い事例もあるが、食料問題、エネルギー問題、お金の仕組みなどをテーマに、私たちの生きる社会を見つめ直し、うわさやマスコミの言動に惑わされることなく、問題のありかを根本的に問う著者の姿勢は、いま読んでも新鮮である。

『ローザ』（ニッキ・ジョヴァンニ文　ブライアン・コリアー絵　さくまゆみこ訳　光村教育図書）は、アメリカの公民権運動のきっかけをつくったローザ・パークスと、彼女を支持する人びとの静かな信念に満ちた行動を描いている。形式は絵本だが、人権や自由をテーマにした内容は年長者向きである。『ちいさな労働者　写真家ルイス・ハインの目がとらえた子どもたち』（ラッセル・フリードマン著　千葉茂樹訳　あすなろ書房）は、一九世紀から二〇世紀にかけて鉱山や農場、工場で働かされる子どもの写真を撮ってアメリカ社会に発表した写真家ルイス・ハインの生涯と作品を紹介し、「子どもの権利」がつい一〇〇年前からようやく認められてきたことを伝えている。

福祉をテーマにした本も多数出版されている。心身障がい児の姉妹の日常を写真で紹介した『だれがわたしたちをわかってくれるの？』（トーマス・ベリイマン写真・文　ビヤネール多美子訳　偕成社）、子犬が盲導犬として訓練を受け、やがて家族の一員にむかえられるまでを写真で描いた『もうどうけんドリーナ』（土田ヒロミ作　福音館書店）、耳の聞こえない妹ができることとできないことをモノクロの絵と文章で簡潔につづった『わたしの妹は耳がきこえません』（ジーン・W・ピーターソン作　デボラ・レイ絵　土井美代子訳　偕成社）などがある。

外国の習慣や風習のちがいをとりあげて読者の興味を世界へ広げる本としては、『はがぬけたらどうするの？　せかいのこどもたちのはなし』（セルビー・ビーラー文　ブライアン・カラス絵　こだまともこ訳　フレーベル館）がある。乳歯が抜けたとき、世界各地の子どもたちはどんなことをしているかを教えてくれる。『世界あちこちゆかいな家めぐり』（小松義夫文・写真　西山晶絵　福音館書店）は、モンゴルのゲルや、草と竹でつくられたインドネシアの家など、世界各地の独特な家を写真と内部を描いた絵の両者で見せている。どの国の人びともその土地の風土に合った家を工夫していることに気づかされる。

日本の伝統や伝承をテーマにした本としては、『つな引きのお祭り』（北村皆雄文　関戸勇写真　高頭祥八絵　福音館書店）がある。運動会のつな引きや日本各地のつな引きのお祭りを紹介し、つな引きに豊作や繁栄、子どもの成長などといった人びとの願いを見出している。伝承の生きものをとりあげた『テングの生活図鑑』（ヒサクニヒコ文・絵　国土社）は、のどかでおおらかなテングの暮らしぶりを、ユーモラスに楽しく描いている。

古くからの風習だけではなく、いまを調べようと提案しているのが、『町のけんきゅう　世界一のけんきゅう者になるために』（岡本信也、岡本靖子文・絵　伊藤秀男絵　福音館書店）である。食べもの屋のショーウィンドウのカレーや町のなかののぼりを観察して記録をするなど、「考現学」への第一歩を教えてくれる。

4類＝自然科学

福沢諭吉が物理学の初歩を解いた『訓蒙窮理図解《きんもうきゅうりずかい》』を皮切りに、科学の本は、明治以来の長い歴史をもっている。一九二四年に創刊された「子供の科学」（誠文堂新光社）がいまなお刊行され続けていることからもわかるように、科学の本の需要は昔もいまも大きい。

一九六九年創刊の月刊科学雑誌「かがくのとも」（福音館書店）は、幼児を対象に、動物、植物、宇宙、衣食住など子どもをとりまく自然や社会の事柄を一冊一テーマで刊行している。創刊号の『しっぽのはたらき』（川田健文　薮内正幸絵）、二二号の『ちのはなし』（堀内誠一文と絵）、三五号の『こっぷ』（谷川俊太郎文　今村昌昭写真）など、のちに多くの作品が単行本化され、いまも読まれている本がたくさんある。

翌一九七〇年に刊行を開始した「科学のアルバム」（あかね書房）は、動植物や天文、地学など自然をテーマに、美しいカラー写真を使って、基礎的な知識を動植物のライフサイクルや子どもが理解できる体系にしたがってわかりやすく描いている。『月をみよう』（藤井旭著）、『モンシロチョウ』（矢島稔著）、『雲と天気』（塚本治弘著）など、「科学のアルバム」を執筆した作家の多くが、その後、科学の本の著者として活躍している。「かがくのとも」「科学のアルバム」ともに海外で高く評価され、多くの国で翻訳されている。

図書館や児童館などで科学の本を使った科学あそびが活発になり、優れた科学あそびの本が刊行されている。『よわいかみつよいかたち』をはじめ、メビウスの輪を楽しむ『まほうのわ』（折井英治、

折井雅子作　藤嶋かおる絵　大日本図書）、紫キャベツを使って酸性・アルカリ性の実験をする『ふしぎないろみず』（大竹三郎著　岩波映画製作所写真　岩波書店）、ドライアイスで楽しい実験ができる『ドライアイスであそぼう』（板倉聖宣、藤沢千之著　丹下京子絵　仮説社）がある。これらの本は、身近な材料でだれでもできる科学あそびをていねいに紹介している。また、さ・え・ら書房の『空気の実験をしよう』（小林卓二著）、『塩のおもしろ実験室』（高梨賢英、半田昌之共著）などの実験のシリーズは、高学年から楽しめる実験をとりあげている。理科の自由研究のまとめかたを解説した、『理科の自由研究のまとめ方　基本編』（高梨賢英、馬場勝良共著　さ・え・ら書房）は、これらの実験をする際にすすめたい一冊である。

幼い子どもが、「どうして？」「なぜ？」と知りたがる素朴な疑問には、しばしば深い真理が潜んでいる。それにこたえる優れた本としては、紙面に一本の線を引いて地面の上と下を図式的に描き、植物と動物の成長と食物連鎖を明快に教えている『じめんのうえとじめんのした』（アーマ・E・ウェバー文・絵　藤枝澪子訳　福音館書店）、おばさんのバケツからとび出した水のしずくが、空に昇ったり、雨になって川を流れたり、つららになったり、数々の冒険をしながら循環する水の仕組みを描いた『しずくのぼうけん』（マリア・テルリコフスカ作　ボフダン・ブテンコ絵　内田莉莎子訳　福音館書店）がある。『しずくのぼうけん』ではちいさなしずくがユーモラスに描かれ、物語の本としても楽しめる。同じテーマの『ひとしずくの水』（ウォルター・ウィック作　林田康一訳　あすなろ書房）は、一滴の滴が水面に落ちる瞬間など、目で見ることのできない水の姿を美しい写真でとらえ、水の性質や循環について知ることができる。

子どもにとって、自分の体も〝不思議〟のひとつである。その疑問にこたえると同時に、体の存在に気づかせる本もある。『あなたのはな』（ポール・シャワーズ文　ポール・ガルドーン絵　松田道郎訳福音館書店）、『はははのはなし』（加古里子文・絵　福音館書店）、『はなのあなのはなし』（柳生弦一郎作　福音館書店）など深刻になりがちな体の知識をユーモラスに伝えている。

算数、数学といえばむずかしく考えがちだが、絵のなかにある仲間はずれのものをさがしたり、小人の数を数えたり、絵を読み解くうちにそこに隠された秘密を発見する、そんな楽しさをもっているのが安野光雅の『はじめてであうすうがくの絵本　全三巻』（福音館書店）である。子どもとおとなが同じ目線で楽しむことができる。

宇宙に関しては、新事実の解明や高性能な望遠鏡の出現などによって、美しい写真が掲載された本が次々と出版されている。ここでも単に新しい情報が載っているからよしとしないで、子どもの視点で描かれているかどうかを考慮したいものである。

『星座を見つけよう』（H・A・レイ文・絵　草下英明訳　福音館書店）は、『ひとまねこざる』シリーズの著者H・A・レイがユーモラスな絵で図説した星座の本である。説得力のあるイラストと説明が、写真よりわかりやすい。刷を新たにするたびに巻末の「わく星早見表」を刷新している点も、評価できる。『なぜ、めい王星は惑星じゃないの？　科学の進歩は宇宙の当たり前をかえていく』（布施哲治著　くもん出版）は、惑星からはずされた冥王星をテーマに、惑星発見の天体史をひもといたものである。

地球や地学に関する本としては、『モグラはかせの地震たんけん』（松岡達英作・絵　ポプラ社）がある。男の子と動物たちが地下にあるモグラはかせの研究所で地震の仕組みを学ぶという物語仕立てで、複雑な地球内部やプレートの動きをわかりやすく説明している。『新・地震をさぐる』（島村英紀著　さ・え・ら書房）は、専門家の立場から最新の研究成果を述べている。『石ころがうまれた　ビロード石誕生のひみつ』（渡辺一夫著　宮崎耕平、岩崎保宏絵　ポプラ社）では、著者が海岸で拾ったすべすべのきれいな石がどこからきたかを、読者とともに探索する。

恐竜をはじめとする古生物学は子どもにもっとも人気の分野で、本もたくさん出版され、新しい学説も出ている。研究成果を反映して恐竜のイラストが変わってきている点にも注意して、本を選びたい。『恐竜研究室1　恐竜のくらしをさぐる』（ヒサクニヒコ文・画　あかね書房）は、読者自身に恐竜の研究をしようと呼びかけ、化石からどのように恐竜の姿や生活を推定していくかを教えてくれる。これまでにわかっている事実をもとに、たとえばティラノサウルスに羽毛があったとしたらどのような姿が考えられるか複数の復元を示すなど、学問の考えかたを理解することもできる。

進化に関する本として、『せいめいのれきし　地球上にせいめいがうまれたときからいままでのおはなし』（バージニア・リー・バートン文・絵　石井桃子訳　岩波書店）は、地球の誕生から現在までを芝居仕立てで描き、長年子どもの支持を得てきた。出版年が古いために新しい学説は反映されていないが、『人類の長い旅　ビッグバンからあなたまで』同様、その欠点を超える魅力をもっている。『こうら』（内田至文　金尾恵子絵　福音館書店）は、恐竜の時代から生きていたカメがなぜそんなにも長く生き続けられたのか、その謎を甲羅の仕組みからといている。同様に生きている化石と呼ばれているカブトガニの研究家が描いた『カブトガニからのメッセージ　生きている化石』（惣路紀通著　ヒサクニヒコ絵　文研出版）も、進化の観点とカブトガニの生態の両者を論じていて興味深い。

植物は、全般を扱った本や、アサガオやサクラなどひとつの種類の植物をテーマにした本、山の植物、庭の植物のように特定の場所の植物をとりあげた本などさまざまな角度から描かれている。

植物など生きものに関する本は、子どもの身近にある典型的なものからとりあげるべきであろう。植物でいえば、めずらしい食虫植物よりも、まず基本となる被子植物の本を読むことから始めたい。

休耕中の畑を五年間にわたって観察した『雑草のくらし　あき地の五年間』（甲斐信枝作　福音館書

店）、ブナの森の一年を追いながら山の保水力を論じた『ブナの森は緑のダム　森林の研究』（太田威文・写真　あかね書房）、国東半島の植物を組み写真にまとめて子どもからおとなまで幅広く楽しめる『植物記』（埴沙萠著　福音館書店）など、多様な視点で描かれた本がある。『身近な植物となかよくなろう　標本づくりと図鑑の見かた』（田中肇著　さ・え・ら書房）は、植物の標本づくりをていねいに解説している。

動物をテーマにした本は、出版点数も多く、子どもたちに人気の分野である。貝やクモ、ミミズ、昆虫などの無脊椎動物から、爬虫類、両生類、鳥類、哺乳類まで多種類の動物がおり、またとりあげかたも、動物全般から一種類の動物をテーマにしたもの、特定の環境の動物誌、動物の相互関係、観察記録など多岐にわたる。描きかたも、絵や写真を多用したものから記述中心のものまで、さまざまである。

動物全体をとりあげてその生命力や不思議にふれる本としては、しっぽを見てなんの動物の尾かをあてるクイズ形式の『しっぽのはたらき』（川田健文　薮内正幸絵　福音館書店）、すべての動物の絵を実物の二二・五分の一に縮尺して動物の大きさを実感できる『巨大生物図鑑』（デイビッド・ピータ一ズ作　偕成社）、渡り鳥がなぜ方向をまちがえずに長い距離を飛行できるのか、その謎にとり組んだ『渡り鳥　方向感覚のふしぎ』（倉橋和彦文　桑島正充絵　佑学社）、自然の動物の相互関係を謎解きの形式で語った『ミイラになったブタ　自然界の生きたつながり』（スーザン・E・クインラン著　ジェニファー・O・デューイ絵　藤田千枝訳　さ・え・ら書房）などがある。

観察記録は、読者自身も観察をしているような臨場感と、動物の生命力にふれることができる。小学二年の太郎くんが捕まえたクワガタムシのクワジが三回の冬を越した『クワガタクワジ物語』（中島みち著　偕成社）は、母親による記録である。読者は、はじめてクワガタを捕まえた太郎くんに共感し、興味をもって読むことができる。同様に、六年生の子どもたちがホタルを飼育した記録を先生がつづった『ホタルの歌』（原田一美著　未知谷）からは、ホタルが何を食べるかさえ知らない状態から一歩一歩観察をすすめる様子が、生き生きと伝わってくる。

都会でもできる観察としては、ニワトリの卵を調べた『たまごのひみつ』（清水清著　あかね書房）、特定のノラネコの行動をじっくり観察して記録する『ノラネコの研究』（伊沢雅子文　平出衛絵　福音館書店）、ドングリの穴を調べてどんな虫があけた穴かを解明していく『どんぐりの穴のひみつ』（高柳芳恵文　つだかつみ絵　偕成社）がある。

興味深い野生動物の生態を詳細にとりあげた本もおもしろい。好みの家を求めて次々と引っ越しをくり返す『やどかりのいえさがし』（武田正倫文　浅井粂男絵　新日本出版社）、海中で発見したサメの卵を観察し、生まれたてのサメをとらえた『サメが生まれた』（中村宏治写真と文　新日本出版社）、父親が子育てをする『タツノオトシゴ　ひっそりくらすなぞの魚』（クリス・バターワース文　ジョン・ローレンス絵　佐藤見果夢訳　評論社）など、どの動物の生態も驚くことばかりだ。

研究者や専門家が書いた本は、知識だけでなく著者の生涯をかけた情熱に圧倒される。『クジラ大海をめぐる巨人を追って』（水口博也著　金の星社）では、クジラの尾びれの模様が人間の指紋のように一頭ずつ異なることに着目し、尾びれの写真を撮って、クジラの回遊を調査する壮大な構想にとり組んでいる。『風にのれ！　アホウドリ』（長谷川博著　フレーベル館）は、無人島でたったひとり絶滅寸前のアホウドリを観察し続け、島の環境を整えて、アホウドリの復活に成功した日々がつづられている。

絵本もたくさん出版されているが、『どうぶつのおかあさん』（小森厚文　藪内正幸絵　福音館書店）のように、動物を写実的に生き生きと描いた絵から、『ウナギのひみつ』（カレン・ウォレス文　マイク・ボストク絵　百々佑利子訳　岩波書店）のようなデザイン性の高い絵までさまざまである。『アリからみると』（桑原隆一文　栗林慧写真　福音館書店）では、写真技術の発達によってアリの目に映る巨大な世界をとらえていて、興味深い。

5類＝技術・工学　6類＝産業

技術・工学の分野では環境、建築、電車、車、飛行機、手芸、料理などが、産業の分野では農業、園芸、乗りものなどがあり、実用書や短期間で使えなくなる本も多い。

さ・え・ら書房のシリーズ「人間の知恵」は、『台所のはなし』（佐々木和子著）をはじめ、接着剤、こよみ、下水、あかり、メガネ、時計など暮らしに必要なものがどのようにつくられ、使われているか、その原理をふくめて記述している。

『いっぽんの鉛筆のむこうに』（谷川俊太郎文　坂井信彦ほか写真　堀内誠一絵　福音館書店）では、スリランカで黒鉛を掘り出す人、アメリカで木材を伐採する人、船で日本へ資材を運ぶ人、工場で鉛筆をつくる人など実際に仕事に携わっている人や家族を紹介し、一本の鉛筆の向こうには世界中の人びとが関わっていることを実感できる。

乗りものの本はたくさんあるが、『ぼくは「つばめ」のデザイナー　九州新幹線800系誕生物語』（水戸岡鋭治著　講談社）では、九州新幹線のデザイナーが、自身の子ども時代や新幹線を設計するうえでの考えかたなど、ものづくりの基本を教えてくれる。随所に挿入された著者のデザイン画も楽しい。

第一次産業に関する本には、息長く読まれる本が多い。『ジャガイモの花と実』（板倉聖宣著　藤森知子絵　仮説社）は、めったに咲かないジャガイモの花を切り口にして植物の仕組みを述べ、ジャガイモの品種改良をした人間の知恵を語っている。『ポップコーンをつくろうよ』（トミー・デ・パオラ作　福本友美子訳　光村教育図書）は、二人の男の子がポップコーンをつくりながら、ポップコーンの種類や原産地のアメリカから世界に広がった歴史を調べていく楽しい本である。『森はだれがつくったのだろう?』（ウィリアム・ジャスパソン文　チャック・エッカート絵　河合雅雄訳　童話屋）は、人びとが去った農地で二〇〇年の時をかけて広葉樹林が出現するありさまを、繊細なペン画で描いている。『おじいちゃんは水のにおいがした』（今森光彦著　偕成社）は、琵琶湖のほとりで漁をして暮らすおじいちゃんの日常を静かに伝えている。『世界を動かした塩の物語』（マーク・カーランスキー文　S・D・シンドラー絵　遠藤育枝訳　BL出版）は、人間の生活に不可欠な塩がどのように歴史を動かしてきたかを、絵とともに教えている。

7類＝芸術　8類＝言語

芸術は、絵画、工作、音楽、演劇、スポーツ、あそびなどがあり、実用書がかなりの割合を占めている。

絵画を自由な発想で楽しもうと提案する本がたくさん出ている。女の子が憧れのモネの庭を訪ねて印象派の絵画とその舞台を味わう『リネア　モネの庭で』（クリスティーナ・ビョルク文　レーナ・アンデション絵　福井美津子訳　世界文化社）、九州国立博物館が、絵巻や屏風などの所蔵資料を素材にして作成したシリーズ「きゅーはくの絵本」（フレーベル館）、世界各地の民芸をその用途やつくりかたとともに紹介した『少年民芸館』（外村吉之介著　用美社）など、多様な視点の本が刊行されている。

演劇では、使い走りの「おいら」を狂言まわしにして江戸時代の歌舞伎を紙面に再現した『絵本夢の江戸歌舞伎』（服部幸雄文　一ノ関圭絵　岩波書店）や、噺家が手ぬぐいと扇子を手に高座で話しだすと熊さんやご隠居がありありと見えてくる落語の仕組みや魅力を、桂米朝が自在に語る『落語と私』（ポプラ社）などがある。

子どもが自分でできる工作や折り紙、手づくりおもちゃの本は多数出版されているが、『工作図鑑 作って遊ぼう！ 伝承創作おもちゃ』（木内勝作・絵 田中皓也絵 福音館書店）は、一七〇種のおもちゃのつくりかただけでなく、工具の解説や使いかた、難易度なども書いてあり、便利である。スポーツの本では、エベレストの登山史を貼り絵で描いた『地球のてっぺんに立つ！ エベレスト』（スティーブ・ジェンキンズ作 佐藤見果夢訳 評論社）や、冬の富士登山を写真で記録した『富士山にのぼる』（石川直樹著 教育画劇）がある。

言語は、辞書や方言、外国語などが該当する。学習指導要領にとらわれない小学校一年生の国語の教科書を想定して編集された『にほんご』（安野光雅、大岡信、谷川俊太郎、松居直著 福音館書店）は、ことばの楽しさ、深さを感じさせる。メールや電話ですませてしまう子どもたちに、ユニークな楽しい手紙のアイディアを教えてくれる『てがみはすてきなおくりもの』（スギヤマカナヨ著 講談社）など、新しい手紙を提案している本もある。

（川端有子著『児童文学の教科書』所収 玉川大学出版部 二〇一三年）

第3章

児童サービスのレファレンス

公共図書館のレファレンス

1　はじめに

私は、長年にわたって都立図書館で児童サービスにたずさわり、また日本図書館協会主催の児童図書館員養成専門講座ではレファレンスの講義を担当してきました。都立図書館には、市区町村立図書館で回答できなかった質問が「協力レファレンス」として寄せられます。日常、子どもから寄せられるレファレンスは市区町村立図書館ほど多くはありませんが、協力レファレンスに答えたり、全国の図書館員のレファレンスのとり組みに関わりながら考えたことや感じたことを、ご報告します。児童サービスのレファレンスを考えるには、どのような質問にどう答えるかという技術的な側面だけでなく、日本の子どもの読書状況、子どもと本との関わりをも視野に入れる必要があります。その両者に目を配りながら、考えていきたいと思います。

この三〇年間に、子どもの本の出版状況も子どもの調べものも大きく変化しました。いまでこそ子どものノンフィクションは潤沢で、こんなテーマの本まで出版するのかと驚くほどですが、三〇年前は、料理の本といわれれば『お料理しましょう』（日本放送出版協会）を、日本の地理なら「ポプラ社の県別シリーズ」を手わたすというように、選択肢は多くありませんでした。また学習指導要領の変遷にともなって二〇〇〇年前後から「総合的な学習」や「情報教育」が始まり、今回の改定では「自ら課題を発見し解決する力」の育成として、「調べ学習」がさらに定着してきています。

しかし、環境は変わっても子どもの質問そのものや質問のしかたはあまり変わっていないのではというのが、私の実感です。いまも昔も、途方もない難問を出してくる子どもがいます。「一年はなぜ一二か月なの？　一三か月ではいけないの？」「ハチは毒をもっているのに、ハチの集めたハチミツが食べられるのはなぜ？」「赤ということばをつけたのは、どこのだれ？」……。「戦争」など単語だけを図書館員に発してすましている子どもも、相変わらずいます。戦争といってもどの戦争なのか、戦争の何を調べたいのかという問い返しに、ポツリポツリとしか答えなかったり、そんなに聞かれるなら面倒とばかりにどこかへ行ってしまうこともあります。一方、ほんとうに知りたいことにはとことん自力で探しだす子どももいます。

2　レファレンスの種類

児童サービスに関するレファレンスには、質問者が子どもの場合とおとなの場合のふたつのケースがあります。子どもには、自分の趣味や興味から調べる場合（牛乳パックを使った椅子のつくりかた、ザリガニの捕まえかた、モルモットの育てかた、錆びたコインを光らせる方法など）と、学校の課題で来館する場合（米の品種、日本はなぜ中国から野菜を輸入しているか？　世界の地震など）があります。

一方、おとなには、児童書に関する研究や調査と、子どもの読書に関するレファレンスの二種類があります。前者は、たとえば「『王への手紙』の作者トンケ・ドラフトに関する情報を得たい」「昔話の「文福茶釜」には狸が恩返しをする話と逃げだす話の二種があるが、どちらが正しいのか？」などといった内容です。後者には、「孫にプレゼントをしたいが、おすすめの本は？」「高学年に読み聞かせをすることになったが、どんな絵本がいいか？」などがあります。質問者が子どもかおとなか、またそれぞれの質問内容によって、図書館員の対応は異なってきます。図書館員は資料によって答えるのが鉄則ですが、子どもの読書に関するレファレンスには、図書館員の経験と知識で答えるべきでしょう。個人の考えではなく、長年図書館員が培ってきた知識や情報の蓄積をもとに答えるのです。

3　子どものレファレンス

公共図書館が学校図書館と連携して、子どもの調べものを資料的・人的に支援する活動が活発に行われています。それはそれで意義のあることですが、まず公共図書館では、来館した子どもをひとりの独立した個人としてむかえたいものです。春になって、子どもが米について調べにきたら、「○○小学校の五年生」とは思わず、ひとりの利用者としてていねいに接する。そこには、学校の課題ではじめて図書館にきたという子どももいるはずです。子どもにとって、知らないおとなに聞く、公的サービスを受けるということは、なかなかハードルの高いことです。「図書館ではそんなにむずかしいことはいわれない」「本って役に立つ」と思ってもらうチャンスです。図書館に調べものにきた子が先生にほめられてまた利用するというういい循環を、ぜひつくりだしたいと思います。

レファレンス・インタビュー

子どもが自分の趣味や興味にもとづいて調べている場合には、知りたいことがはっきりしているので、書架を案内するだけで目的の本を上手に探すことができるし、見つからなかったら職員に申し出てくれます。

むずかしいのは、学校の課題で来館したケースです。「お米の種類」「点字のあいうえおを知りたい」など質問も回答も明確な場合は、聞くほうも答えるほうも満足のいく結果になります。しかし、子どもは広すぎる概念で聞いてくるか、逆に狭すぎる概念で聞いてくるか、両極端な傾向があるようです。「アメリカ」など単語だけをいってくる子がいる一方で、「ドイツのリサイクル工場の写真」など限定された質問をしてきたりします。広い概念なら、具体的に聞いて質問を絞っていく。反対に狭すぎて資料がない場合には、課題を広げられないか、資料を見せながらいっしょに考える。「ドイツのリサイクル工場の写真」はないけれど、「ドイツのゴミ工場の絵」はある、「ドイツのリサイクル」に関する本はあるというように、ほかの資料で代替できないかなどを聞いてみます。

本人も何を調べるかわかっていないようなら、質問をていねいに重ねて、何を調べたいのかを聞きだす。自由研究の場合などは、こちらから提案してもいいと思います。資料を提供するよりも何を調べたいのかを聞きだすほうに時間がかかる場合も、往々にしてあります。

どの教科の課題かを聞くことも有効です。「世界のシンデレラ」について調べたいといってきた子どもに、「おとな用の研究書しかないし……」と迷いながら教科を聞くと、「英語」と答えました。結局、英語でシンデレラの話を書くのが課題だと判明しました。学習指導要領や教科書に目をとおしておくのも役立ちます。いずれにしても、おとなより一歩ふみこんで、おせっかいに聞き出すことが肝心です。

レファレンスに答える

ことをむずかしくしない

私たちが子どもに本を紹介したり読み聞かせをするときには、年齢にふさわしい本を選びます。同じように、レファレンスの回答も年齢に配慮します。けっしてことをむずかしくしてはいけない。子どもの本で答えられることは、子どもの本で答える。また、図書館員はついありったけの本を積みあげがちですが、そんなことをされると、たいていの子どもはへこんでしまいます。その子にふさわしいと思われる本を数冊出す程度にとどめておきましょう。

ある夏休みに、母子が「オジギソウがおじぎをする仕組みを知りたい」といってきました。『植物は動いている』（清水清著　あかね書房）を見せると、母親がほっとしたように「この本がいちばんわかりやすい」といってよろこびました。聞けば、一般の書架をさんざん探したけれど、どれもむずかしくてわからず、ようやく子ども室にたどり着いたとのこと。そのころには、子どもはオジギソウへの興味をすっかり失っていました。

その子なりに納得する資料を

子どもの質問は尊重すべきですが、質問にたいして回答が対応したものでなくてはならないとガチガチに考えず、柔軟に対応しましょう。子どもは、調べているうちに興味が変わっていくこともあります。その子なりに納得すればいいのです。

「ちりも積もれば山になる」と「継続は力」の意味を調べにきたふたり組の女の子がいました。前者はことわざ辞典で探せましたが、後者は何を見ても出てきません。児童書だけでなく一般の辞典類にもなく、ギブアップになりました（あとになって、これは国会図書館の「レファレンス協同データベース」

にも掲載されている事例で、『成語林』（旺文社）にしか出ていないことがわかりました）。私には残念な思いがありましたが、ふたりは「先生が『ちりも積もれば山になる』と同じ意味だっていっていたから、『継続は力』もわかったからいいの」とにこにこして帰っていきました。

一歩踏みこんで対応する

図書館員は宿題に答えてはならないという鉄則がありますが、それに縛られて、「あまり親切に答えてはいけない」と思いこんでいる図書館員もいます。私は、子どものレファレンスへの対応には親切すぎるということはないと思います。「あなたの調べたいことは、この本のここに書いてある」と教えても、実際に文章を読みこんでノートに写したりまとめたりするのは、子ども自身なのですから。

子どもは「見ていても見えない」ということがよくあります。二年生の子どもがもののめずらしい数えかたを調べにきたので、『もののかぞえ方絵事典』（ＰＨＰ研究所）を手わたしましたが、すぐに「この本には載っていない」といってきました。そんなことはあるまいといっしょに見ていくと、イカは「杯」、タンスは「竿」と、めずらしい数えかたが次々に出てきました。探さなければ答えは出てこないことを、知らなかったのです。

調べかたは一度にひとつ

何かを調べるときに、「調べかたを教えると身につく」というのは一理あります。でも、しかたなく図書館にやってきているという子どもには、まず本そのものに注意を向けさせることがたいせつです。どうしても教えるなら、一回についてひとつ程度で十分です。やみくもに本を開いていたら「目次を見ると全体がわかる」ということを、事典類を手にしたら索引の引きかたを教えるなど、アドバイスはひとつだけにすると効果的です。

本の仕組みを伝える

最近の傾向として、そのものズバリの書名でないと納得しない子どもが増えているように思います。アスパラガスについて調べにきた子に、『アスパラガスの絵本』（もときさとる編　農山漁村文化協会）が貸出中だったので野菜の本を手わたしたのですが、納得しません。ちゃんと大きくアスパラガスが載っているのに、書名に「アスパラガス」ということばが入っていないと受け入れられないようです。

インターネットの窓に「アスパラガス」とキーワードを入れて検索するとぴったりの情報がヒットする感覚なのでしょうか。図書館の資料検索はインターネットと異なり、書名や件名の検索であって、本文ではないということ。本の書名にはなくても書名の下位概念がふくまれているということを、なかなか理解できないようです。また、米の種類でも、県名の由来でも、自分の知りたいことが一覧表になっていないと、なかなか本を手にとろうとしません。

本には、自分の調べたいこと、知りたいことが都合のいいパッケージになって載っているとは限りません。あっちこっちを見比べたり、文章を読みこんだりして、だんだんわかっていく。その過程こそが「調べる」ということです。現在多数出版されている「調べやすい調べ学習の本」の弊害かもしれません。

むずかしいことだけれど、このように本の仕組みを知って根気よくつきあうことのおもしろさも、伝えていきたいと思います。

（『こどもの図書館』二〇一一年六月号　児童図書館研究会）

レファレンス記録から

1 「スイカにはなぜ縞模様があるの？」

「スイカにはなぜ縞模様があるの？」

市立図書館から寄せられた協力レファレンスですが、答えられないだろうということはすぐにわかりました。スイカの縞模様の緑が葉緑素であることは『科学の質問箱13』（誠文堂新光社）に出てきましたが、なぜ縞模様があるのか、その理由は『スイカの絵本』（たかはしひでお編　農山漁村文化協会）にも、一般書の果樹や園芸の本にも、書いてありません。

これは、単に回答が出てこないということではなく、「なぜ」と問うことそのものに無理があり、いかにも〝子どもらしい〟質問といえます。おとなは自然現象を「あたりまえ」と受け入れますが、子どもは「なぜ？」と問わずにはいられないし、答えが出てくると信じてもいるのです。

今回のスイカの質問は夏休みの自由研究のようなので、もしもその子がスイカについていろいろ調べているなら、「縞模様の理由はわからなかった」という回答でもかまわないと思います。スイカ全般についてなら、産地や種類、栽培法などさまざまなことを調べられるからです。でも、縞模様だけを調べているなら、どこかに着地点を見つけてあげる必要があります。

「なぜ?」を「どんな?」に変えるのは、うまい解決方法です。「なぜ」縞模様があるのかではなく、「どんな」縞模様があるかにすれば、とり組むことができます。『スイカの絵本』には、さまざまな模様のスイカや、縞のないスイカなどが載っています。

以上のようなことを、質問をしてきた市立図書館にはお答えしました。


同じような事例に、「なぜ、リンゴは皮をむくと色が変わるのか?」があります。たいてい、リンゴの変色に気づいた小学校低学年の子が質問してきます。

『身近な科学の大研究』(PHP研究所)や『かがくなぜどうして 二年生』(久道健三編著 偕成社)などに「ポリフェノールが酸素とくっつくため」といった説明がありますが、この年齢の子に化学的な説明をしても、まったくちんぷんかんぷんです。でも、「皮をむくと色が変わるものと変わらないものがある。どの野菜や果物の色が変わるのか?」ということならわかります。「ゴボウは変わるけれど、ニンジンは変わらない」「リンゴは変わるけれど、梨は変わらない」ということを調べるようにすすめることはできます。


子どもから、世界の図書館の児童書の貸出ベストワンを知りたいという質問が寄せられました。しかし、国内に限っても、全国の図書館の児童書の貸出ベストワンなどわかりません。ましてや、外国の図書館の事情などは、『ユネスコ文化統計年鑑』(一九九九年終刊、以後Web上で発表)に図書館数などの統計があるくらいです。また、たとえ外国の図書館のホームページに貸出ベストワンが載っていたとしても、それがどんな本なのかはわからないし、調べる意味があるのでしょうか？
この質問も他館からの協力レファレンスでしたが、本来なら直接質問を受けた図書館で回答は無理と判断して、子どもの質問を変えるように働きかけてほしかったと思います。回答が出ないと判断できるものはいたずらに長引かせず、上手に質問の内容を変えるように導いてあげたいものです。

夏休みの最終日にやってきた男の子から、「日本でいちばん大きいとかいちばん速いとか、動物の日本一」を調べたいといわれました。各種図鑑を探しても、日本の野生動物限定となると見つかりません。時間もなくなり、せっぱつまって、「こんな本があるけど」と『どうぶつなんでも世界一』（タラス・テイラー、アネット・ティゾン著　佐藤見果夢訳　評論社）を見せて、世界一を調べることで納得してもらいました。いまになっても、もうすこしねばって探すべきだったか、方向転換させてよかったのか、迷いの残る事例です。

（『こどもの図書館』二〇一一年七月号　児童図書館研究会）

２　「葉っぱでイチョウのオスメスがわかるってほんとう？」

ここ七、八年、インターネットの情報を確認するレファレンスが増えています。はじめて受けたのは、「ひとつのことばでけんかして、ひとつのことばでなかなおり」で始まる詩の出典についてでした。「谷川俊太郎の詩」ということでしたが、同氏の詩集には見つからず、あらためて質問者にたずねると、ネットで見たといいます。たしかに同じような文言の詩が、とくに学校現場でとりあげられており、作者も、谷川俊太郎以外に北原白秋、宮沢賢治、中国の高僧などがあげられています。いまでは慣れましたが、異なった情報が一気に画面に並んでいるのは、受け入れがたい不安感をあおられるような気がしました。結局、出典は不明でしたが、いまでもネット上には北原白秋作といった情報も載っています。

グリムの「カエルの王様」で、お姫様がカエルを壁に叩きつけるのではなく、キスをして王子にもどる話はないかという質問も、数回受けました。これも、ネットでは堂々とグリムのお話として紹介されていました。世界の昔話集を調べても、ヘビが女性からキスを受けて人間にもどったという話はあっても、カエルにキスの話はどうしても見つかりません。でも、リンドグレーンの『やかまし村はいつもにぎやか』（岩波書店）では、リーサとアンナがカエルにキスして王子になるかどうか試しているので、このようなお話があることはたしかなようです。

小学生が、「友だちが、イチョウの葉に切れこみがあるのがオスで、ないのがメスだといっていたが、ほんとうか？」と聞いてきました。この出所もネットで、「切れこみがあるのがズボンでオス、ないのがスカートでメス」という説明が〝ベストアンサー〟に選ばれていました。もちろんまったくの俗説ですが、ちょっと信じたくなるような回答です。

事典や『原色牧野植物大図鑑』（北隆館）など植物の本を見ても、実や花以外で雌雄を知る方法は書かれていませんが、切れこみが雌雄を表すことを否定する文章もありません。唯一見つけたのが瀬田貞二さんの『児童百科事典』（平凡社）で、「おすとめすとでは、枝の張り方がちがうとか、葉のおちるのがおすのほうがおよそ一カ月早いとか、いわれるが、はっきりしたことはわからない」と書いてあります。「ない」ことを証明することはほんとうにむずかしいのです。

この質問はギンナンの実るころに受けたので、実際はどうなのか、近所の植木畑で調べてみました。しかし、一本の木でもいろいろな形の葉が混在しているし、一枚の葉がスカートかズボンか判定することもなかなかむずかしい。これを書いた人はちゃんとイチョウを見たことがないのではと思ってしまいました。

小学生が数人、辞典の棚で騒いでいます。なにごとかと思って声をかけると、ひとりの女の子がノートにきれいに書かれた文章を見せて、「なんて読むのかわからない」といいます。見ると、「樹上に営巣」とか「繁殖期のオスは」「頬から頸部にかけての羽毛」「嘴」などむずかしいことばが並んでいます。インターネットで調べて、丹念に一字一字書き写したというのです。

「オシドリ」について調べる宿題で、漢字が読めないからまず漢字辞典で読みを調べ、次に国語辞典で意味を調べようと奮闘しているのです。コピーアンドペースト（文章やデータなどをコンピュータの操作により、複写し、別の場所に貼りつけること）をしてすませてしまう大学生に比べて、小学生の何と律儀なこと。私が「本で調べたほうがわかるよ」と、学研や小学館の図鑑を出すと、子どもたちはすぐにとびついてきました。

そういえば、私も小学生のころ、買ってもらったばかりの辞書で意味を調べたら説明にわからないことばがあり、それを調べるとさらにわからないことばが出てきて、芋づる式に調べるうちにわけがわからなくなったことがありました。おとなには便利なインターネットも、子どもには迷宮だなあと実感しました。それにしても、辞典を調べる知恵のある子どもたちがなぜ図鑑を調べようとしなかったのか、不思議でなりません。そこにこそ図書館員の出番があるのだと思います。

（『こどもの図書館』二〇一一年一〇月号　児童図書館研究会）

3 「戸をあけると何かがいる」

いまも昔も、おぼろなストーリーの記憶をたよりに、なつかしい本を探しに図書館を訪れる利用者がたくさんいます。

しばらく前までは、「多くの人の記憶に残る話」がけっこうありました。堤防の穴を指でふさいだオランダの少年の話。いまでこそネットでかんたんに探せますが、二〇年前の図書館ではカードに記録していました。『銀のスケート　ハンス・ブリンカーの物語』（M・M・ドッジ作　石井桃子訳　岩波書店）の挿話が出典と思われますが、『愛の学校　二年生』（東洋書館　一九五一）、『ほんとうにあった世界の美しい話　二』（講談社　一九六三）、『有名な話・よんでおきたい物語　一年』（西山敏夫著　偕成社　一九七二）といった人生訓の本に「国をまもった小さいうで」などの題で収められており、これで読んだ読者が多いようです。どの本も出典にはまったくふれておらず、世界の偉人たちと同列に、「事実」として書かれています。

同じオランダを舞台にした『あらしのあと』（ドラ・ド・ヨング作　吉野源三郎訳　岩波書店）では、堤防の穴を指で防ぐことはできないと否定していますが、しばらく前までは、年に一度は出会った質問でした。人生訓の一話一話は、図書館の目録では検索できませんが、実際に手にとると思わぬ話が収められており、興味深いものがあります。

このように気高い行動を書いた話は、正義感の強い子どもの心に残るのでしょうか。自分の体の宝石をツバメにたのんで貧しい人たちにあたえた『幸福な王子』（オスカー・ワイルド著）、わが身を火に投じてお釈迦さまにご馳走しようとするウサギの話――「ウサギの施し」といった題で『ジャータカ物語』に収められている――など、ほんとうによく聞かれます。

一方、怖い話も印象深いようで、『鼻の小人』（ヴィルヘルム・ハウフ著）はその代表格です。男の子が見知らぬ老婆に連れ去られ、不気味な台所で働かされているうちに何年もたってしまう話で、子どもをとらえて離さない怖さがあります。

アンデルセンの『火打箱』も、多くの人が「茶碗くらいも大きい目」「風車くらいも大きい目」の犬を覚えています。

あるとき、「なんだかわからないものが暗い廊下のようなところを歩いていて、戸をあけるとヘビか何かがいる話」という質問をいただきました。あまりにも茫漠とした記憶でどうしていいかわからないでいたら、同僚が『火打箱』ではないかといいだしました。試しに紹介してみると……正解でした！

イメージをかきたてる不思議なお話も、心に刻まれるようです。箪笥のひきだしをあけると、最初の段では小人たちが田植えをしており、二段目は緑の田んぼ、三段目では稲穂が実っていて小人たちが稲刈りをしている――という話。くり返し聞かれましたが、どうも「うぐいすひめ」（『オールカラー版世界の童話八　日本の民話』小学館）が求められているお話に近いようです。これは「みるなの蔵」「みるなの座敷」などの系列の昔話で、男が山奥で美しい女の人に出会い、立派な屋敷でもてなされるのですが、「見てはいけない」という禁忌を破ってしまって、屋敷は一瞬のうちに失われます。このお話だけが何度も聞かれるのは、子どもの心をとらえるのが、蔵や座敷を開けるたびに広がる美しい四季の風景ではなく、小人がひきだしのなかで田んぼを耕している、しかも、しだいに稲が実っていくという不思議さゆえなのでしょう。

少年のズボンについた青い絵の具が空になって、雨が降ったり星空が広がったりする『ほんとうの空色』（バラージュ）も、問い合わせの常連でした。現在とはちがって人工的なビジュアルな世界が乏しかっただけに、本が子どものイメージを強烈に膨らませたにちがいありません。いまの子どもたちがおとなになったときに「もう一度読みたい」と思うのは、どんな本なのでしょうか。

（『こどもの図書館』二〇一一年十二月号　児童図書館研究会）

4　昔話のレファレンス①「ジャックと豆の木」の大男の三つの宝って何？

昔話のレファレンスはほんとうにむずかしく、ときには「調査」から「研究」に発展してしまうこともあります。といっても私は研究者ではないので正統的な研究ができるはずもなく、なかなか利用者が納得するような決定的な回答はできません。

長年の経験からいうと、昔話のレファレンスでは、「伝承」と「書承」のふたつを意識して調べることがたいせつだと思います。

伝承とは、人から人へ世代を超えて伝えられてきたもので、それを記録した資料——たとえば全国にわたるものでは『全国昔話資料集成』（岩崎美術社）や『日本昔話記録』（三省堂）、『日本昔話大成』（角川書店）、『日本昔話通観』（同朋舎出版）など。また各地域では、研究者による採話や個人の語り手によるものなど——が、これまでたくさん出版されています。同じ昔話でも地域によって、語り手によって、ストーリーの展開や細部が異なっています。これらの資料は、ひとつの昔話がどれだけの広がりをもって伝わってきたのかという、昔話の「共時性」を示しています。

一方の書承とは、書物に収められた昔話のことです。日本の古典でいえば『日本書紀』『古事記』『御伽草紙』『今昔物語』など、外国の古典では『ジャータカ』『千夜一夜物語』『イソップ』など。これらは、その時代に流布していた昔話が書物にとり入れられて固定化したものです。つまり、ひとつの昔話がどの時代にまでさかのぼれるかという「通時性」を示しています。

一八世紀にドイツでグリム兄弟が昔話集を出版し、多くの家庭で昔話が本をとおして親しまれるようになりました。これをきっかけに、自国の昔話を収集して出版しようという気運が高まります。イギリスではジェイコブズ、ロシアではアファナーシエフやトルストイ、ノルウェーではアスビョルンセンとモー、イタリアではカルヴィーノなどが、この仕事にとり組みました。

たとえばカルヴィーノは、「イタリアにおける一大蒐集を刊行したい」という出版社の要請に応えて、「膨大な資料をあさり異校をつき合わせて、イタリア全土から典型的な」昔話二〇〇編を選びました。同じような方法を採用したのが『日本のむかしばなし』（のら書店）で、著者の瀬田貞二は、「おなじ種類のお話をあれこれ読みくらべて、いちばん整った形のお話を伝える、ある地方の聞き書きを土台として、別のお話の部分をうめこんだり、重ね合わせたりし」、また「会話の部分に、土地のことばを残すように」し、「わたしなりの見当をたてて、これなら幼稚園の人たちにも、小学校の一、二年生の人たちにもおもしろく聞いてもらえるという話を」選んでみたと、解説に書いています。各人が昔話への見識をもちながら再話した昔話集は高い評価を受け、いまも読み継がれています。

このように、書承には子どもを意識して編まれた本があります。日本では、明治以降、巌谷小波、高木敏雄、楠山正雄、藤沢衛彦、坪田譲治、松谷みよ子、大川悦生、小澤俊夫などが子どものために昔話を再話していますが、海外のように決定的なテキストは生まれていません。近年、ストーリーテリングが盛んになり、語られる昔話として『日本昔話百選』（稲田浩二、稲田和子編著　三省堂）や

『子どもに語る日本の昔話』（稲田和子、筒井悦子著　こぐま社）などが定番のテキストになっています。しかし、なかには昔話を本来の姿からかけ離れたものにしてしまう作家もいます。レファレンスの回答に書承の昔話や再話された昔話を使う場合には、その本が信頼に値するか、再話者の姿勢などをきちんと把握する必要があります。

以上をふまえて、具体的な事例を紹介します。

テレビ局から、「ジャックと豆の木」でジャックが大男から盗んでくる三つの品物は何かと、電話で聞かれたことがありました。私が、『イギリス民話集』（岩波書店）に収められたジェイコブズの「ジャックと豆のつる」によると、金貨の袋、黄金《きん》の卵を生むメンドリ、黄金《きん》の竪琴の三つであると答えると、質問者は「金貨の袋、黄金の卵を生むメンドリ、黄金の竪琴ですね」と、ジェイコブズも『イギリス民話集』もすっとばして確認してくるのです。どうもクイズの答えを探しているようで、手っとりばやく「正しい答え」を手に入れたい様子がありありとみてとれました。

テレビのクイズなのだからこだわることもないのかもしれませんが、私としては「イギリスでもっとも信頼され、流布しているジェイコブズの再話によると」という枕詞をつけたいと思いました。イギリスにはちがったかたちでの「ジャックと豆の木」が伝承されている可能性が否定できないからです。

昔話には「正しい答え」を求めることはできません。ただ出典を明確にすることによってのみ回答できるのだと思います。

ストーリーの記憶から昔話を探すレファレンスもあります。「神様が寿命を決めたとき、人間は動物の寿命をもらって長生きするようになったという昔話を聞いたことがあるが、どんな話か、どこの国の話か知りたい」という質問がありました。

『日本昔話通観　28巻　昔話タイプ・インデックス』の索引を「寿命」で引くと、「寿命定め」（ＩＴ10）があり、探している昔話だとわかりました。神様が動物たちの寿命を定め、人と馬と猿を三〇歳と決めるのだが、馬と猿は「長く生きても苦しいばかりだ」と、馬は一〇歳、猿は二〇歳だけ減らしてもらう。人間はよくばって、馬と猿が返した年をもらって六〇歳の寿命となる。ただし、三〇歳までは人間らしいけれど、以後は馬や猿のようにつらい余生をおくることになるという話です。山形や福島、新潟、鹿児島に伝承があります。

　ところで、ここでいう〈ＩＴ〉というのは、日本の昔話をタイプ別に分類して付した番号＝タイプインデックスです。昔話の調査には、このタイプインデックスを使うと便利です。世界の昔話のタイプインデックスはＡＴ番号、グリムの昔話はＫＨＭ番号など数種あり、相関索引でおたがいの関係を調べることができます。

　ＩＴ番号は『日本昔話通観　28巻　昔話タイプ・インデックス』にあり、ＡＴ番号やＫＨＭ番号との相関表や対照表があって、ＩＴ10番の「動物の寿命」はＡＴ８２８番に対応することがわかります。また『日本昔話通観　研究篇2　日本昔話と古典』では、どの古典に収録されているかが検索できます。ＩＴ10番「動物の寿命」は『イソップ寓話集』の「馬と牛と犬と人間」に、グリム昔話集ではＫＨＭ１７６の「寿命」に該当することがわかります。

　グリムのＫＨＭ番号は『グリム童話を読む事典』（高木昌史著　三交社）にＡＴ番号は、『世界の民話　25巻　解説編』（小澤俊夫著　ぎょうせい）に載っています。『世界の民話』のＡＴ番号にはとんでいる番号もあり、完全ではありません。しかしここからは、ＡＴ番号から『世界の民話』全24巻中の話を検索できます。たとえば「ジャックと豆の木」はAT番号328。「少年が巨人の宝を盗む」タイプの昔話で、類話にはモンゴルの「深い森の狩人」やコーカサスの「魔女カルトとチルビク」があります。

「寿命」のレファレンスにもどると、日本には「寿命定め」という昔話があり、これは山形や福島、新潟、鹿児島などに伝承されています。またグリムの昔話には「寿命」、『イソップ寓話集』には「馬と牛と犬と人間」という話で収められているという回答になります。

このように、昔話のレファレンスには、伝承と書承、またその相互の関係をとらえることがたいせつです。

（『こどもの図書館』二〇一二年一月号　児童図書館研究会）

5　昔話のレファレンス②「母と子が鏡の光になかなおり」

ある図書館から受けた、たいへん興味深いレファレンスを紹介します。『鳥取のわらべ歌』（酒井董美、尾原昭夫著　柳原書店）に次のような手まり歌が載っています。

一つとや　人の知ったる桃太郎　桃太郎　桃から生まれて鬼退治　鬼退治
二つとや　ふるさとはるばる立ち出でて　立ち出でて　父母たずねて阿波のお鶴　阿波のお鶴
三つとや　深山育ちの金太郎　金太郎　熊をお供に山遊び　山遊び
四つとや　世にもめでたい物語　物語　見やれ枯れ木に花が咲く　花が咲く
五つとや　いつも負けない弁慶も　弁慶も　牛若丸には降参よ　降参よ

六つとや　武者の鑑の頼光が　頼光が　鬼の首取る大江山　大江山
七つとや　波を渡りし竜宮へ　竜宮へ　浦島太郎は亀の背に　亀の背に
八つとや　山の向こうに旗を立て　旗を立て　兎と亀さんかけくらべ　かけくらべ
九つとや　心尽しのもてなしに　もてなしに　すずめのお宿のおもしろき　おもしろき
十とや　遠く離れて母と子が　母と子が　鏡の光になかなおり　なかなおり

質問は、「十とや」は何の話かというものです。解説には、「自然発生的な歌というより、特定の作家による創作と考えられる」とあります。問い合わせてきた図書館では、各種のわらべうたや昔話の本、鳥取の昔話や鏡の研究書まで調べ、さらに『おもしろ落語図書館　その一』（三遊亭円窓著　大日本図書）の「松山鏡」の内容も確認して、これではないといってきています。

歌われているのは、だれもが知っている昔話から伝説、イソップまでさまざまあって、必ずしも鳥取限定ではなさそうです。日本の昔話や伝説で、鏡といえば「松山鏡」しか思いあたりません。

そこでまず、『日本昔話事典』（弘文堂）で「松山鏡」を調べてみました。

鏡を知らない男が、江戸見物や伊勢参りのみやげに、あるいは殿様からの褒美に鏡を手に入れ、そこに死んだ父親がいると毎日なつかしんでいる。夫の行動を怪しんだ妻がのぞくと女がいるので「こんなところに女を隠して」と、夫婦喧嘩になる。そこに尼が通りかかり、鏡を見ると頭を剃った女が映るので、相手の女は頭を剃って尼になったといってなだめ、喧嘩がおさまるという話です。「尼裁判」とも呼ばれ、鏡を知らない人を笑った笑い話です。

これは落語にもなっています。落語では、殿様が親の墓参りを欠かさない孝行息子に「褒美に何がほしい」と問うと、「亡き父親に会いたい」といわれて鏡をあたえる発端になっています。『日本昔話ハンドブック』（三省堂）にも『ガイドブック日本の民話』（講談社）にも同様の解説しかありませんが、ちがう話があるような気がしてなりません。というのは、ちりめん本の『The Matsuyama mirror』の表紙に仲睦まじそうな母娘が描かれていた記憶があったからです。

都立多摩図書館の蔵書を「松山鏡」で検索すると五〇冊あまりがヒットし、その一冊ずつの内容を確認していきました。すると、「尼裁判」系列以外の話が出てきました。

母を失った娘がかたみの鏡に亡き母の面影を見つけるお話で、越後の松山または松の家、松の山が舞台で、いくつかのバリエーションがあります。母の死後、父は後妻をもらうが、後妻は、娘がときどき部屋に入っていくのを不審に思って、娘につらくあたる。しかし、じつは亡き母を慕って鏡に映る顔を見ていたのだとわかり、娘を不憫に思ってふたりは和解する。これが、鳥取のわらべ歌で「母と子が鏡の光になかなおり」と歌われた物語です。そのほか、父親が娘に、鏡は前にあるものを映すのだと教える謡曲の「松山鏡」を下敷きにした話、娘が池に映る姿を母だと思って池に身投げする話、娘の父親を大伴家持の身をやつした姿だとする話などがあり、昔話というよりも伝説という色合いが濃いようです。

おもしろいことに、『徳島県祖谷山《いややま》地方昔話集』（三省堂）や『伊豆昔話集』（岩崎美術社）、笠原政雄の『雪の夜に語りつぐ』（福音館書店）など伝承の昔話集は「尼裁判」系列ばかりで、「母を慕う娘」は『日本の民話5　甲信越』（ぎょうせい）にしか見つかりませんでした。一方、子ども向けの本では「母を慕う娘」の系列が圧倒的に多く、都立多摩図書館所蔵の子ども向けの「松山鏡」は、三五冊中二三冊が該当します。年代順におもなものを並べると、『日本昔噺』（巌谷小波述　博文館　明治二七年）、『世界童話大系16日本篇』（松村武雄著　世界童話大系刊行会　大正一三年）、『日本伝説』（森林太郎等撰　大正一三年　培風館）、『日本童話寶玉《ほうぎょく》集』（楠山正雄編　冨山房　大正一〇年）となり、もっとも新しい本でも一九七六年の刊行です。戦前から親しまれていた「母を慕う娘」系列の「松山鏡」は、一九九〇年代以降、子どもの本から姿を消しているのです。

これだけ子どもの本にとりあげられているので、古い児童文学辞典を調べてみることを思いつきました。すると、『日本児童文学事典』（河出書房　昭和二九年）でも『現代児童文学辞典』（宝文館　昭和三〇年）でも、項目を立てて説明していることがわかりました。前者は「母を慕う娘」のお話のみを、後者はふたつのお話を紹介しています。この二種の事典には、現在の事典に比べると伝承の物語の説明が豊富で、かつては子どもの文学の多くを伝承の物語が担っていたことを示しています。

復刻版をのぞいて戦前から現在まで子どもの本として出版された「松山鏡」を、「母を慕う娘」の物語、昔話としての「尼裁判」、「落語」の三種にわけて表にまとめてみました（下の表）。

これら三種の話には、「子は親に似るものであり、両者の情愛を慈しむ」という共通の考えがあります。また、鏡は亡き父母からあるいは殿様からもらうというように、目上の者からいただくありがたいものだという日本人の鏡への思いを表しています。とくに戦前は、「母を慕う娘」の物語が『孝子絵物語』（榎本書店　昭和一六年）といった本に収められているように、亡き母を忘れない孝子というとらえかたがありました。その当時に「尼裁判」と落語が出版されていないのは、夫婦を揶揄するような話を子どもに提供することに抵抗があったのでしょう。一方、近年の落語の「松山鏡」には、孝行や親子の情愛よりも「おもしろ夫婦」といったタイトルをつけたり夫婦喧嘩をおもしろく描いたりするなど、笑い話としての要素を押し出しているように感じます。

	明治 大正	昭和 戦前	～1960 年代	70・80 年代	90・2000 年代	計
母を慕う娘	3	8	9	3		23
尼裁判	1			3	2	6
落　語				2	4	6
計	4	8	9	8	6	35

感じます。

「松山鏡」というひとつのお話にも時代や子どもをとりまく社会状況が反映していることに、驚きを

（『こどもの図書館』二〇一二年六月号　児童図書館研究会）

6　子どもの読みかたはちがう　「『ピンクのモーモー』という本、ありますか？」

休日明けに出勤した私に同僚が、『ピンクのモーモー』という本を知っているかと聞いてきました。知らないと答えると、「そうよね、ピンクの牛なんてね」といいながら、昨日その書名の本を探す電話があったといいます。ふと『ジェインのもうふ』（アーサー・ミラー作　厨川圭子訳　偕成社）ではないかと思いつきました。本にあたると、たしかにジェインが赤ちゃんのときからたいせつにしてきた毛布の名前が「ピンクのもーも」です。これにまちがいないと確信しました。ところが利用者は、絶対に『ピンクのモーモー』だといい、私がストーリーを説明しても、一向に反応がないのです。とうとう最後の小鳥が毛布の糸で巣をつくる場面にくると、「それです」といって、ようやく『ジェインのもうふ』だと判明しました。

このかたは、小鳥がピンクのもーもで巣をつくる場面しか覚えていなかったのです。それでも図書館に電話をしてまで子ども時代に読んだ本に再会したいと思う魅力が、どこかにあったのでしょう。

あるとき、ネズミの本を探しているという利用者がおられました。そのかたが話すストーリーが、『火曜日のごちそうはヒキガエル』（ラッセル・E・エリクソン作　佐藤涼子訳　評論社）にそっくりなのです。半信半疑で本を手わたすと、数ページ読んでこれにまちがいないといいながらも、本人はネ

ズミがヒキガエルに変わったことがどうしても納得できない様子でした。

「ジュニアスクールに通う女の子が主人公で、お友だちのことで悩みがつきない。クラスに、車輪のついたカウボーイブーツをはいた変わり者の気になる男の子がいる。表紙は黒板消しを叩いている女の子の絵」という質問を受けました。適切なキーワードもなく、海外の少女小説のように思われたのでいくつかのシリーズものにあたってみましたが、見つかりません。

しばらくして、「踊り」の本を紹介する機会があり、そのうちの一冊に『ひとりっ子エレンと親友』（ベバリィ・クリアリー作　松岡享子訳　学研）をとりあげました。何気なく表紙を見ると、なんと黒板消しを叩いているふたりの女の子がいるではありませんか。たしかに質問者がいってきたことはすべて正しかったのですが、私がこの本に抱いていたイメージとはかけ離れたもので、びっくりしました。さっそく利用者にお伝えすると、これにまちがいないとのこと。よろこんでいただきました。

私自身も、子どものころに読んだ本をおとなになって再読して、そのイメージの差に驚いた経験があります。『ドリトル先生航海記』（ロフティング作　井伏鱒二訳　岩波書店）で、ドリトル先生の一行が大ガラス海カタツムリに入ってパドルピーまで海底を旅して帰る場面は、何ページにもわたって海の不思議や神秘が描かれていたと記憶していました。ところが、その場面はたった二ページ半しかないのです。『赤毛のポチ』（山中恒作　理論社）も、子どもの私は犬のポチをめぐるカコちゃんとカロチンの話だと思いこんでいたのですが、おとなになって原爆をテーマとしていることを知りました。反戦の思想は、子どもの私にはまったく届かなかったのです。

子どもは、本を自分の読みたいように読み、その記憶は時とともに変容し、その人の要求を満たす

――ということは、これまでの利用者との出会いや私自身の体験で感じてきましたが、昨年の夏に子どもが自分の必要を満たして本を受けとめている現場を目撃しました。

夏休みを控えて、図書館にやってきた二年生の子どもたちに「自由研究講座」を開き、自由研究のテーマと本を紹介しました。こちらの問いかけに元気に答える二年生のなかに、ひときわ騒ぎたてているふたり組の男の子がいました。最後に『やさいでぺったん』（よしだきみまろ作　福音館書店）を読み聞かせ、輪切りにした野菜に絵の具をつけて紙に押して絵を描くという自由研究を紹介しました。『やさいでぺったん』は、お母さんがカレーの材料の切れ端を使って子どもたちと野菜でぺったんをするという話です。後半ではサラダづくりをしていたお父さんも加わり、いろいろな作品ができます。この絵本を読み聞かせると、ふたり組の男の子はすっかり静かになり、そのうちこんな会話をしみじみと始めました。

「いいなあ、あんなやさしいママ。うちのママ、こええんだよなあ」

「いいよなあ……」

私にとっては『やさいでぺったん』は工作の本で、たしかにストーリーはあるけれど、まったく目に入っていませんでした。けれどもこのふたりの男の子には、たしかに素敵な家族の物語として受けとめられたのです。

（『こどもの図書館』二〇一二年二月号　児童図書館研究会）

7　「お月様は、どうしていつもぼくについてくるの？」

「なぜ、月は満ち欠けするの？」「地球が丸いって、どうしてわかるの？」「お月様は、どうしていつもぼくについてくるの？」

このような疑問にこたえる幼児向けの本がありますかと、よく聞かれます。質問者はたいてい父親です。幼いわが子が発した素朴な疑問に、「よし、科学的なことを教えてやろう！」とはりきる父親が見えるようです。そんなとき私は、低年齢向けの天文学や図鑑など科学の本を紹介しながら、できるだけ昔話や物語絵本も手わたすようにしています。たとえば『月はどうしてできたか』（グリム童話　ジェームズ・リーブズ文　エドワード・アーディゾーニ絵　矢川澄子訳　評論社）や『お月さまの話』（ニクレビチョバ作　内田莉莎子訳　講談社）、『つきへいったら』（クロウディア・ルイス文　レオナード・ワイスガード画　藤枝澪子訳　福音館書店）、『かぜはどこへいくの』（シャーロット・ゾロトウ作　ハワード・ノッツ絵　松岡享子訳　偕成社）などです。

抽象的な概念が育っていない幼児には、月と地球と太陽の関係や、月から地球までの距離を把握するのはむずかしいことです。理解できるかしこい子どももいるかもしれませんが、私自身はまったくわかりませんでした。

ちいさかったころ、月の満ち欠けや地球の裏側の人がどうして落ちないのかほんとうに不思議で、よく父にたずねました。すると父は、（たぶん夕食の席で聞いたのでしょう）おもむろに食卓の前を片づけると、「これが地球」と茶碗を置き、「これが月」と鉢を置き、「これが太陽」と皿を置き、話してくれるのです。何度も聞いたのに、全然理解していませんでした。ただ、父が話してくれることがうれしくて、父も私に話すことを楽しんでいたように思います。

昨年、私の図書館で、宇宙航空研究開発機構のかたをお招きして講演をしていただく機会がありました。四〇〇人あまりの親子を前に、模擬宇宙旅行や当時帰還したばかりの「はやぶさ」の話など興味深く、上手にお話ししてくださいました。

このとき場内がいちばんもりあがったのは、「月が何に見えるか」というお話でした。満月の映像を見ながら、

「私たち日本人はウサギが餅つきをしているというけれど、ウサギは見えないね。よその国では、カニが見えるとか、本を読んでいる女の人が見えるといっている。そして、満月になると、こわーいおばあさんになる」

そういわれると、満月に怖い顔が浮かびあがり、会場はさらに興奮につつまれました。終了後のアンケートにも、「月が何に見えるかという話がおもしろかった」「今度、満月のときに見ます」などと書いてくる参加者がたくさんいました。

科学的な、それも最先端の科学の話よりも、昔ながらのお話に子どもたちが惹きつけられるのを目のあたりにして、「人間って、根っからのお話好きなんだなあ」と実感しました。あの講演からずいぶんたちましたが、もしもいまあのときの参加者に覚えていることを聞いたら、「月が何に見えるかという話」という答えが返ってくることはまちがいありません。

このように、幼児は必ずしも科学的な事実を求めているのではなく、自分なりに納得できる話を求めたり、お父さんやお母さんに答えてもらうことそのものに満足しているのではないかと思います。だからこそ、『お月さまの話』で月の満ち欠けのわけが納得できるし、『つきへいったら』で主人公といっしょに月から地球を眺めてその存在感を受けとめるし、『かぜはどこへいくの』で自然の仕組みに深く共感するのではないでしょうか。


（『こどもの図書館』二〇一二年五月号　児童図書館研究会）

8　ビアールを探して

あるとき、「『きん色の窓とピーター』というお話が載っているビアール童話集を読みたい」と、利用者が聞いてきました。『きん色の窓とピーター』は、香山多佳子が昔話や名作を再話し、藤城清治が印象深い影絵をつけたお話集で、確認すると表題作の末尾に、「ビアールの童話より」と出典が書いてあります。

「きん色の窓とピーター」は、こんなお話です。

ピーターは貧しいお百姓の男の子で、毎日父親を手伝い、夕方になると丘の向こうの家の窓が金色に輝くのを見て、行ってみたいと憧れていた。ある日、父親から一日の休みをあたえられ、よろこんでその家を目指して出かけるが、そこに金の窓はなく、ただのお百姓の家だったのでがっかりする。その家の女の子に金色の窓を探しにきたことを話すと、女の子は、自分も金色の窓を毎日見ているといってピーターを丘に連れていく。遠くに金色に輝く窓が見えるが、それはピーターの家だった。ピーターは、家に帰ると父親に、自分の家にも金色の窓がついていることを教わったと語る。

お話の美しさとメッセージ性に惹かれるのか、しばしばストーリーの記憶をたよりにこの話を探しにみえる利用者がいました。これまでは「きん色の窓とピーター」や鈴木三重吉の「岡の家」を紹介してきましたが、今回はじめて、作者を探すうちにひとつの謎につきあたりました。ほとんど同じ話なのに、作者が、ビアール、丹野（野町）てい子、鈴木三重吉、ローラ・リチャード（リヤーズ）と、四人もいるのです。主なものをあげると、

①「丘の家」丹野てい子著（『赤い鳥三年生』小峰書店　一九八〇）

②「岡の家」鈴木三重吉著（『日本児童文学大系10』ほるぷ出版　一九七八）

③「おかのいえ」ローラ・リヤーズ作　鈴木三重吉訳（『ゆめのくにの話』ポプラ社　一九六一）

④「黄金のまど」ローラ・E・リチャード作　岡上鈴江訳（『少女・世界童話 三年生』金の星社　一九六五）

⑤「きん色の窓とピーター」ビアール作　香山多佳子訳（暮しの手帖社　一九八四）

①から③は「赤い鳥」関係、④と⑤は翻訳ものです。②の『日本児童文学大系10』を見ると、初出は「赤い鳥」とあり、『解説「赤い鳥」複刻版　別冊3』（岡田純也編　小峰書店）で確認すると、「大正10年12月掲載、丹野てい子著『丘の家』」と出ています。該当の『赤い鳥』を見ると、著者はたしかに丹野てい子ですが、巻末には「ローラ、リチャーズ」と原著者がきちんと表記されています。どこかの時点で「リチャーズ」が「リヤーズ」になってしまったのでしょう。三重吉関係の資料にあたると、『鈴木三重吉童話集』（岩波文庫　一九九六）に、編者の勝尾金弥による解説を見つけました。

三重吉が自分の作品につけた作者名については『赤い鳥』創刊以前から鈴木家に出入りしていた丹野てい子は、次のように回想している。

先生は、一つ、童話を書きあげられると、その、二百字づめの半切の原稿用紙を、机の上で、トン、トンとそろえて、ジェムでとめられた。そして、最初のページに御自分の名まえを書かれるのだが、ちょっと考えて、小宮豊隆とか、高浜虚子とか、その時、頭に浮かんだ友人の名まえを、書かれることもあった。私の目の前で、私の名まえを書かれることもあったという。

この「私の名まえを」のケースが「丘の家」であった。（二六一ページ）

二〇〇八年の新装版『赤い鳥3年生』では、いまだに「丘の家」の作者を丹野てい子と記し、その解説には「『丘の家』の丹野てい子（野町てい）は、三重吉門下の女流作家です」と書いています。都立多摩図書館の蔵書を〈おかのいえ〉で検索すると、「丹野てい子（野町てい）著」が三件、「三重吉著」が三件、「リヤーズ作、三重吉訳」が三件あります。当初は「ローラ・リチャーズ」と正しく表記されていたのに、いつのまにか「リヤーズ」になり、一方で著者が丹野てい子や三重吉になったり、混乱のまま現在にいたっています。これは三重吉流の翻案のせいか、著作権の考えかたが甘かったせいか、当時の状況が垣間見えるようです。

一方、翻訳ものでは、④の解説で岡上鈴江は、作者のローラ・E・リチャード（リチャーズではない）をアメリカの女流作家で、「日常のなにげない題材をあつかいながら、おとながよんでも子供がよんでも、何かを心にあたえる、宗教的ふんいきのこい短篇童話をたくさんかいて」いると紹介しています。

アメリカ児童文学の作家事典〃Something about the author〃（Gale）を調べてみると、Laura E. Richards（一八五〇―一九四三）は――一九世紀後半から二〇世紀はじめにかけて活躍した作家で、ナーサリーライムや詩、少女小説、伝記小説、寓話などをたくさん描きました。原作が、人気子役、シャーリー・テンプル主演の映画にもなり、当時はよく知られた作家でしたが、現在にまで残る作品はありません。邦訳されているのはこの「黄金のまど」だけのようで、当時たくさんあったリチャーズの作品からこのお話を選んだ三重吉の優れた感性がうかがえます。

国立国会の図書館サーチで検索してみると、白百合女子大学が所蔵している『The pig brother: and other fables and stories』に「The golden windows」が収められています。インターネットで〈Richards, Laura〉を検索すると、「The Baldwin Online Children's Literature Project」のサイトで『The Golden Windows』の作品を読むことができます。原作では、主人公は〈boy〉とあるだけで名前はありませんが、岡上鈴江はジョー、「きん色の窓とピーター」ではピーターと命名しています。そのほかにも、①から⑤と原作を比べてみると、微妙な抄訳や翻案があるのがわかります。

さて、この話は教科書にも掲載されていて、そのために問い合わせが多かったようです。教科書研究センター附属教科書図書館に行って調べてみたら、一九六一年発行の三省堂『国語三年　下』には「おかの家」（野町てい作）、一九六四年発行の光村図書出版の『小学新国語三年　上』には「おかの家」（ローラ＝リヤーズ作、鈴木三重吉訳）が載っています。この二作は文章もかなり異なっています。原作と比較すると、父親の役割にちがいがあることに気づきます。原作では、父親は男の子に「try to learn some good thing」といって一日の休みをあたえます。そして帰ってきたとき、何を学んできたかと問う父親に男の子は、〝I have learned that our house has windows of gold and diamond.〟と答えます。二点の教科書では、父親はただ一日あそんでくるようにとしかいいません。そして三省堂版では、男の子が「うちに帰って両親に金の窓の話をしよう」といって丘を駆け下り、女の子と手をふりながら別れる場面で終わっています。光村図書出版にも帰宅の部分はなく、「あれは、ぼくの家だよ。ぼくの家にも、金のまどが、ついていたのか」といって、ふたりでそれに見とれて終わっています。

原作では、父親の課題に自分なりの答え――幸せは身近にある――を得る男の子の物語として描かれていますが、教科書では、自分の家の窓が金であることを子どもたちが発見する、ふたりの子どもに重点を置いているようです。当時の小学生の心をとらえたのは、おそらく金の窓の美しいイメージでしょう。同時にそれがおたがいの家にもあったのだという驚きとよろこびを、お話のなかでわかちあったのではないでしょうか？

ここまで調べても、「ビアール」に結びつく情報は見つかりませんでした。思い切って翻訳出版社である暮しの手帖社に問い合わせてみました。しかし、当時を知るOBのかたに聞いてもわからず、資料もなく、著者にうかがうこともできない。「もしかして、地名で、フランスのビアール、もしくはスペインのビアルでは……とも思った」が調べられず申し訳ないというお返事をいただきました。

（『こどもの図書館』二〇一二年九月号　児童図書館研究会）

9　イラストの力

あるとき、近くの小学校の子どもたちが、世界の珍しい花の絵を描きにやってきました。児童書と一般書の両方から植物図鑑類をかき集めて、ラフレシアや青いケシ、オオオニバス、ランなどめずらしい花の写真や絵を提供しました。しばらくすると数人の子どもが、「写真ではなくて、絵の本がいい」といってきました。たしかに写真では、肝心の花びらの枚数や形がよく見えなかったり、ほかの植物と重なったりしていて、描き写すのはむずかしそうです。

最近では技術が発達して、美しい写真や肉眼でとらえられない一瞬を切りとった写真などを目にします。実物をとらえた写真には圧倒的な存在感があり、子ども向けのノンフィクションでも多用されています。しかし、イラストには写真がおよばない独自の力があることを、今回の事例で再確認しました。

鳥や虫、植物などの同定には、写真よりイラストの図鑑のほうが信頼できるといわれています。写真では個体差が出るし、たとえば鳥の腹などは、光の加減でちがった色に見えてしまうからです。しかしイラストなら、数多くの個体を見た画家が理想的な種《しゅ》の姿を描いてくれます。

『どうぶつのおかあさん』（薮内正幸絵　福音館書店）には、さまざまな動物の母親が子どもをどうやって運ぶかが描かれています。子どもをくわえるライオンやおんぶをするコアラ、鼻で押して歩かせるゾウなど……。どんなに写真家がうまくシャッターを切っても、このようにわかりやすく撮ることはできないでしょう。とくにライオンのお母さんの左うしろ足に描かれた静脈は、読者にライオンの命の鼓動を感じさせます。獣医から見ると、この静脈はライオンに注射をする重要な血管だそうです（注）。

同様に写実的なイラストの『たんぽぽ』（平山和子作　福音館書店）は、ちいさな読者にもわかるように、身近なたんぽぽを過不足なく描いています。多数の花びらがあることを示す場面では、ちいさな花びらを一枚一枚並べています。これはイラストだからできることで、実物では並べているうちにしなびてしまうでしょう。根っこの絵も、写真ではとらえられない地面の下のようすをよく伝えています。

あるとき、高学年の男の子にサトウキビの写真を見たいといわれました。「そだててあそぼう」シリーズの『サトウキビの絵本』（すぎもとあきら編　スズキコージ絵　農山漁村文化協会）にはイラストしかないし、それも雑駁《ざっぱく》な絵なので、資料として提供することはできません。探しまわって、結局沖縄の本に写真を見つけました。「そだててあそぼう」シリーズは、雰囲気を伝えても事実として使えるイラストがすくなく、こういうときには役に立ちません。ノンフィクションには、ひとつとして無駄な絵があってはならないと思います。

子どもの理解を深め、楽しませることができれば、必ずしも写実的である必要はありません。たとえば『ひょうざん』（ローマ・ガンス文　ブラディミール・ボブリ絵　正村貞治訳　福音館書店）はデザイン性の高いイラストですが、かえってそれが氷山の大きさ、北の海の寒さや美しさを強く感じさせます。また、漫画風のイラストも、子どもに親しみを感じさせます。『はなのあなのはなし』（柳生弦一

郎作　福音館書店）では、人体という興味がありながらも描きかたによっては生々しくなりがちなテーマを、ユーモラスに描いています。また『モグラはかせの地震たんけん』（松岡達英作・絵　ポプラ社）では、モグラやネコを狂言まわしにして、スケールの大きな地球のプレート運動をじょうずに図示しています。

先日、閉館間際までふたりの女の子が熱心にノートを広げて、何か書いていました。「もう閉まるよ」と声をかけながら目をやると、本に載っているネアンデルタール人の絵をノートに写しています。しっかりした写実的で資料的な価値があるイラストです。ふたりからは、宿題をやりとげたという充実感が伝わってきました。

（注）藪内竜太氏から、前旭山動物園園長の小菅正夫氏のことばとしてうかがったものです。

（『こどもの図書館』二〇一三年二月号　児童図書館研究会）

10 「計画をたてる五分間は、さがしまわる十五分間に匹敵する」

カニグズバーグの『クローディアの秘密』（松永ふみ子訳　岩波書店）は、図書館員にとってレファレンスのお手本のような物語です。

クローディアは、家庭での不公平な扱いにうんざりして、弟のジェイミーとメトロポリタン美術館に家出をします。そこでミケランジェロ作かどうかが話題になっている天使の像に出会います。クローディアはちいさな像に魅せられ、自分で秘密をつきとめようと決心します。手はじめに新聞を手に入れて、美術館がこの小像を手に入れた経緯が書かれた記事を二度読みました。全部覚えてしまうように。これがあとで役に立ちます。

次に図書館に行くと「ふたりは受付にすわっていた女の人に、ミケランジェロに関する本はどこにあるのかききました。女の人は最初、ふたりに児童室を教えたのですが、児童室の司書はふたりが何を知りたいのかをきいて、五十三番通りのドンネル分室を教えてくれました」。

ここに、児童室の司書の専門性がいかんなく発揮されています。どんなことを知りたいのか、クローディアにきちんとレファレンスインタビューをして、専門図書館を案内したのです。

子どもはたいてい、「○○について調べたい」「○○の本はどこか」といってきます。多くの場合、そのことばだけをたよりに本や書架を案内しても、彼らの求めるものにいきつくのは困難でしょう。一歩も二歩もふみこんで聞く必要があります。「小笠原について知りたい」は「小笠原の植物について知りたい」だったり、「日本の農業について調べたい」が「TPP（環太平洋経済連携協定）について」だったり、「動物の本」が「ウサギの飼いかた」だったり……。子ども自身が知りたいことは何かが明確にわかっていないと、レファレンスインタビューは失敗に終わりがちです。

さて、クローディアが美術室に行くと、「司書が、クローディアが図書カードで選んできた本をさがす手つだいをしてくれました。司書は、ふたりのところへ別の本も何冊かもってきてくれました。これはクローディアの気に入りました」。専門図書館が、九歳と一一歳の子どもにこれだけのサービスをしてくれるのです。

「クローディアはその朝、これであたしはこの道の大家になれるわと、かたく信じて研究にとりかかりました」。でも、一二〇ページも読まないうちに辛抱できなくなるのですが……。

ミケランジェロのことであれ何であれ、どんなことでも一朝にしてりっぱな専門家になれるという自信は、子どもが本来もっている楽天性ではないでしょうか。この楽天性がなければ、子どもはやっていけません。学問の道が甘くはないと悟るのは、もうすこし年長になってからです。

本では答えは出ないと悟ったふたりは、閉館中の美術館で天使が立っていた台座を見にいき、新しい発見をします。子どもは、実物を見たり実体験をすると、好奇心が生き生きとはたらきだし、本では得られない発見をし、知識を自分のものにしていきます。科学あそびをしたあとで関連の絵本を読んだりすると、その集中度の高さに驚くことがあります。実際に体験したことが、興味と理解力を高めているのです。

ふたりは、小像の台座の下に敷いてあったビロードの布に、ミケランジェロのMのマークが残っているのに気づきます。新しく発見した台座の事実を美術館に教えようと手紙を書き、なけなしのお金で私書箱まで借ります。図書館がレファレンスや問い合わせ、苦情などにたいして文書で回答するときには、何日間で答えられるでしょうか？　館によっては、文書回答の場合は決裁を経ることになり、それなりの時間がかかるでしょう。メトロポリタン美術館では、月曜日に事務室にもっていった手紙の返事が、水曜日には私書箱に入っていました。それも長文のていねいで誠実な手紙で、広報部の担当者の署名入りです。クローディアたちの手紙ときたら、街のお店のタイプライターを借りて書いたまちがいだらけでなんとも怪しい文面だったのに、真摯に答えてくれたのです。

クローディアは美術館の回答にがっかりしますが、ここであきらめたりしません。新聞記事に書いてあった、天使の像の売主であるフランクワイラー夫人に聞こうと決心します。ところが夫人は、そうかんたんに秘密を教えてはくれません。自分の戸棚に入っている秘密の綴じこみを自力で探す、それも一時間でというのが条件です。この戸棚のなかから目的のものを探すときのクローディアの冷静さにはおそれいります。「計画をたてる五分間は、さがしまわる十五分間に匹敵するのよ」。やみくもに引き出しを開きにかかったジェイミーを制して、クローディアは「一ミケランジェロ　二ブオナロッティ　三天使　四パーク・バーネット画廊……」と新聞記事で知った関連のあることばを一一個書き出し、ふたりで手分けして探していきます。この的確さは、利用者に聞かれてときどき頭が真っ白になってしまうだれかさんとはちがいます。

レファレンスの回答では、どれだけキーワードを思いつけるかが成功のひとつのカギになります。インターネットにことばを入力すると必ず何かヒットすることが習慣になっているせいか、インターネットと蔵書検索のちがいをわかっていない子どもが目立ちます。インターネットの場合、絞りこむために、組み合わせをあれこれ変えてキーワードを入れます。たとえば、ゴールデンレトリバーの飼いかたを知りたければ、ネットなら〈犬　飼い方　ゴールデンレトリバー〉と入れれば、何かしら情報が出てきます。しかし蔵書検索では、〈ゴールデンレトリバー　飼い方〉と入れてヒットしなかったら〈犬　飼い方〉と入れるべきなのに、〈犬　飼い方　ゴールデンレトリバー〉と入れてしまう子どもがいます。ネットはどちらかというと狭めていく検索ですが、蔵書検索は狭めていく検索と同時に広げていく検索、すなわちクローディアがキーワードをあげていったような技術が必要なのです。

こうしてついに、クローディアは天使の像の秘密を手に入れます。

すべての子どもはクローディアになる可能性を秘めていると、私たちは信じたいものです。知りたいことがあれば、どこまでも食いついて調べていく。図書館で一人前の扱いを受けてサービスしてもらうのがうれしい。一朝一石で専門家になれるという楽天性をもっている。知るためなら冷静な判断で行動できる。だからこそ私たちは、子どもの調べものを大いに尊重し、手助けをし、応援したいものです。

(『こどもの図書館』二〇一三年三月号　児童図書館研究会)

忘れられないレファレンス

私は、長年児童サービスにたずさわり、中学生からお年寄りまで多くの利用者の「子どものころに読んだ本」を探すお手伝いをしてきた。探し求める本は、読み継がれてきた古典的な作品から、いまではすっかり忘れ去られたものまでさまざまである。運よく探しだすことができた本を読んでみると、子どもが強い印象をもったことが納得できる。利用者は、街角で買ったシャボン玉を吹くとネズミやゾウのシャボン玉が出てくる話（『まほうのしゃぼんだま』マーサー・メイヤー作・絵　福音館書店　一九七九）、魔女が月見草を材料に魔法の薬をつくる話（『ドリーと魔法のくすり』P・クームス作・絵　掛川恭子訳　あかね書房　一九八〇）、テストの答えを教えてくれる消しゴム（「ひろことけしゴム」神沢利子作『ジャンボ日本の童話二年生』所収　金の星社　一九七二）など、子どもの夢を叶えてくれる場面をよく覚えていて、生き生きと語ってくれる。ことばのリズムがいい詩やお話も、心に深く刻まれるようだ。何十年の時を超えて、一言一句もまちがえずに唱えてくれる人もいる。

気味の悪い、怖い話も人気がある。男の子がおばあさんにさらわれる『鼻の小人』（ヴィルヘルム・ハウフ著）などは、幾度聞かれたかわからない。『幸福な王子』（オスカー・ワイルド著）や「堤防の穴をふさいだオランダの少年」のような気高い話も探す人が多くいて、子どものまじめな正義感にあらためて驚く。少数であるが、『小さな魔法使い』（ジャニーヌ・パピイ作　大島辰雄訳　岩波書店　一九五七）のような深い精神性をもつ本を探す人もいる。

どの利用者も、本が見つかるととてもよろこんでくださる。なかには「これです」と答えたきり、涙で何もいえない人もいる。そんなとき、子ども時代にそれを読んでいた姿を見たくなる。そして、おとなになって再会してどんなふうに感じたかを聞きたくなる。

だれもが経験することだが、ちいさいころの記憶ではたくさんのことが描いてあったのに実際は驚くほど短かったり、すばらしい絵だと信じていたのに色あせて見えることがある。子ども時代に出会い、忘れられずにいた本は、その人の心の中でどんな位置を占めてきたのか、どんなふうに変わってきたのか知りたいと、長年思ってきた。

一昨年、国際子ども図書館勤務中に、偶然にもこの疑問にひとつの答えをいただいた。七〇歳の男性から、『日本童話集』（上中下『日本児童文庫』の第15―17巻　アルス　一九二七）に入っている一枚の絵――老人と動物が囲炉裏を囲んでいる絵――を探しているというレファレンスを受けた。該当の本を探すと、浜田広介の「黒い樵《きこり》と白い樵」の挿絵（図1）のようである。画家は川上四郎。ただし、こちらの絵は若者と動物である。さっそくレファレンスの回答に絵の複写を添付して質問者に送ったところ、ていねいな礼状が届いた。

探し求めていた「まぼろしの挿絵」と再会できたことへのお礼に添えて「この、心和むような『幸せ』を絵にするとこうなるとでも言っておりますような絵を、私は子どもの頃見まして以後、

図1　川上四郎の挿絵

うろ覚えのままに友人知己への便りの端などに書き添えて参りました」と綴って、直筆の絵（図２）を同封してくださった。川上四郎の絵とこの絵を比べると、驚異と賛嘆の念を覚えずにはいられない。若者が老人に変わっている。三匹だけだった動物が、サル、ウサギ、トリ、ネコ、イヌと五匹も増えている。道具も、樵が使う鉄砲やカンジキから、蓑、笠、鍬、長靴、ランプと農具に変わっている。家の外では雪が降り、キツネの足跡が家に向かって残っている。

　お手紙によると、年上の従兄弟から譲り受けた全七六巻の『日本児童文庫』を一〇歳のときに手放した。この従兄弟はビルマ戦で戦死したため、「さまざまな意味で曰《いわ》く付《つ》き」の本であったという。戦争をはさんだ六〇年の歳月のなかで、一〇歳のときに見た挿絵の「幸せ」に慰められ、やがてまわりの人たちにそれを手わたしていったのだろう。本に納められた絵は不変だが、人の心に宿った絵は歳月とともに変化していく。絵を見ていると、この老人こそが利用者自身であり、「黒い樵と白い樵」とは別の、この人自身の物語を語っているような錯覚を覚える。

　絵というかたちで、だれにでも見ることができるこのようなケースは稀である。しかし、目には見えなくても、同じようなことが子どもの心にも起こっている。子どもは心に叶った本に出会ったとき、その子の必要に応じて、あるいは自分の生活に引きつけて、物語をもっと豊かに膨らませ、楽しむも

図２　高槻貞夫さん自筆の絵

のである。

時には平凡な詩が神の歌声に、陳腐なストーリーがわくわくする大冒険になることさえある。書き留められたことばや絵は変わらなくても、その子のなかで歳月とともに育ち、その人の心のよりどころともなっていく。そんな本との出会いをもてた子どもは幸せである。

＊レファレンス事例の公表にあたっては、質問者の高槻貞夫氏の許可を得ています。

（『国際子ども図書館の窓』第4号　二〇〇四年三月　国立国会図書館国際子ども図書館）

書誌をつくりながら考えたこと

都立図書館の児童書研究資料を生かすために

はじまりは志高く

一九九六年の夏にはじめた書誌づくりの仕事がようやくゴールをむかえ、全二巻・CD-ROMつきの『日本児童図書研究文献目次総覧1945―1999』（佐藤苑生・杉山きく子・西田美奈子共編）が二〇〇六年三月に遊子館から刊行されます。この一〇年間、途中で息切れしそうになりながらもなんとかここまでたどりつけたことに、私たち自身が驚いています。

私たち三人は、都立日比谷図書館児童資料係（現都立多摩図書館児童青少年資料係）に勤務したことがあります。児童資料係は、子どもの本だけでなく児童文学や子どもの文化に関する研究書も所蔵し、一般の利用者や図書館、文庫関係者、出版社などからレファレンスを受けています。それに答えるたびに、子どもの本のレファレンスブックの少なさを痛感してきました。――書架をあちこち走りまわり、この本、あの本とあたりをつけても、的確な情報が見つからない。そのくせ、あとになって思いもかけないところで回答を発見する……そんな悔しい思いを重ねてきました。

図書館員の仕事には、現在の利用者と資料を結ぶこと、将来の利用者に資料を手わたすこと、そして時空を超えて資料と利用者とをつなぐこと——がありますが、その最後の役割のなかには、書誌作成がふくまれます。私たちは、有効なレファレンスブックがないのなら、自分たちの手で「いまだかつてない親切な書誌」をつくろうと思い立ちました。児童資料室の研究書の目次を本文として収録し、その目次にたどりつけるような充実した索引をつくるのです。たとえば、『幼い子の文学』の目次に「マージョリー・フラックの絵本の場合」とあるのを、索引の「フラック，マージョリー」から、『幼い子の文学』に導かれるようにし、フラックについて知りたい人がこの本にたどりつけるようにするのです。索引の対象は、人名（団体名をふくむ）、書名（作品名）、昔話のタイトル、童謡やわらべ唄のタイトルとしました。

木を見て森を見ず

書誌を編むには、特別な才能はいらない。真摯な思いと愚直ささえあればできる——と思ってはじめたものの、すぐにそれだけでは不十分だとわかりました。絶えず判断を、それも整合性のある判断を求められるのです。マニュアルをつくっても、必ず例外が出てきます。そのたびに話しあい、記録にして積み重ねていっても、また新たな例外が生じます。作品そのものは収録しない方針なので、昔話集は収録対象外ですが、昔話集に解説のついたものはどうするか。目次に明らかな誤りがある場合は、どうするか……等々。もっとも苦しんだのが、分類でした。「文学史・文学論」「絵本史・絵本論・挿絵・童画」「民話・昔話・再話」「児童文化」など一七項目に分類しましたが、最終段階で統一性に欠けることに気づき、全冊をもう一度点検しました。

書誌づくりは、一冊にのめりこんではいけません。一冊でもマニュアルを無視して処理すると、それがていねいな方向だろうが手を抜く方向だろうが、バランスを崩し、書誌としての信頼性を失うことになります。全体を見ながら一冊ずつ判断していく整合性があってこそ書誌として価値があることを、身をもって知りました。とはいえ、「いうは易し、おこなうは難し」の細道でした。

饒舌な目次、寡黙な目次

文学はのぞくとしても、私たちは多くの場合、目次を見てその本を読むか読まないかを判断します。目次のデザインや活字の大きさによって、本の構成や内容がひとめでわかるからです。目次には、何ページにもわたる過剰なものもあれば、二、三の項目を並べただけのそっけないものもあります。具体的な事項や書名をあげてわかりやすい目次もあれば、しゃれっけたっぷりで内容はよくわからないけれど、かえってそれが読む気をそそるという目次もあります。

多くの目次には見出しがあり、その下に項目が並びます。中見出しや小見出しがあるものもあります。原則として、見出しの二段目までとり、三段目はそこに有効な索引語がある場合のみ、判断して採録しました。

約三〇〇〇冊の目次をつぶさに見てきた経験から、わかりやすくて品のある目次をもつ本は、内容も立派だという気がします。

その目次からどれを索引語としてとるかとらないかは、最大の問題であり、悩みでした。方針がしっかり決まるまで、加えたり削除したりをくり返し、索引の作成だけで三年かかりました。

吉田新一の『絵本の魅力』の目次には、「ビュイックからセンダックまで」一二五人の画家の名前が、魅力的な紹介文とともにずらりと並んでいます。「ランドルフ・コールディコット——〈音楽と踊り〉の画家」「モーリス・センダック——絵が文を解く」というように。こんな目次は、何の悩みもなく勇んで二五人の索引をとることができます。でも、そんな明快なケースばかりではありません。目次に「ピーター」とあっても、「ピーター・ラビットのおはなし」か「ピーター・パン」か、「ピーターのくちぶえ」か、判断が必要です。「プーさん」とあるので「クマのプーさん」かと思ったら、自宅のネコの名前だったり……。

試行錯誤の末、正しい書名か、多少変形していても書誌を見た人がそれとわかる範囲での書名を、索引としてとることにしました。人名についても、目次に明記してある場合に限りました。『大きなケストナーの本』には、挿絵画家ウォルター・トリヤーへの追悼文が「プラハから来たドイツの小さな巨匠」と題して掲載されていますが、索引に「トリヤー」をとることはしませんでした。索引をひいても目次にそのことばがなく、本文にたどりつけないからです。

畏るべし、人名

執筆者および目次上の作家、画家などの人名は、すべて索引にとりました。苦労したのは、ヨミです。たとえば「河内文子」の姓は「かわうち」か「かわち」か「こうち」か、名は「ふみこ」か「あやこ」か判明しません。著者紹介の欄にヨミがなければ、推定するしかありません。当初、ヨミが推定のものには印をつけることも考えましたが、それにはひとつの人名が同じ人であることの確認が必要になります。ある本で「鈴木幸子」が「スズキユキコ」とわかっても、別の本にヨミのない「鈴木幸子」が登場した場合、同一人かどうか判断がつかなくてはなりません。都立図書館では同一人であることを明確にした「典拠」という仕組みをもっていますので、おおむねそれを参考にしましたが、文庫や図書館、読書運動などで活動している市井のかたの名前はほとんどわかりませんでした。今後、活動記録などを刊行する場合は、是非ヨミをつけてほしいと願っています。

画家堀内誠一氏の追悼文集『堀内さん』は、それぞれの原稿の末尾に執筆者のヨミとかんたんな紹介がついた見事なものでした。そのおかげで、「作間由美子」が翻訳家の「さくまゆみこ」さんだとわかりました。このように、かたちはちがっても同一人である場合には、どちらからも検索ができるように相互参照をつくりました。

また、外国人にはわかる範囲で原綴を入れました。当初は『国立国会図書館著者名典拠録』や『TRC人名典拠録』などを使い、後半はインターネットで海外の図書館の目録を検索しました。ただし非アルファベット圏の人名には決め手を欠き、ヨミはもちろん、姓名の形が正しいかどうか不安なものがたくさん残ってしまいました。

原綴の調査には本の索引も役立ちますが、もっとも感服したのが『世界アニメーション映画史』です。人名の原綴だけでなく、作品名の原題も記載され、調査の困難なロシアや東欧のアニメーション作家については、この索引に助けられました。最後までわからず心残りだった人名に、「若葉珪」があります。『ハンドブック児童文学　第五集』で「童画について」書いていますが、「若菜珪」と同一人と断定できずに、そのままにしました。

人名でもないのにちゃっかり索引になって、私たちを焦らせたり笑わせたりしたものに、「山田白滝」と「マクヘネシー，ジョン・パトリック・ノーマン」があります。前者は昔話の婚姻譚、後者は絵本『いつもちこくのおとこのこ――ジョン・パトリック・ノーマン・マクヘネシー』で、いずれも書名です。

ところで、二〇〇三年に大手出版社から刊行されたあるブックリストには、人名索引が姓名の順で並んでいませんでした。「モーリス・センダック」は「モ」に、「ディック・ブルーナ」は「デ」に、「E・ジャック・キーツ」に至っては「イ」のところにあるのです。インターネットは何か入力すれば検索できます。そのため、姓名の形に鈍感になっているのでしょうか。人名典拠の重要性を改めて問う時期にきているように思います。

いつの時代も大人は子どもを圧迫したか

戦後五〇年間の本の目次は、私たちにさまざまなことを教えてくれました。読書指導の本のなかには、ポール・アザールのことば「大人は子どもを圧迫したか?」を想起せずにはいられないものがありました。本を読まない子も、読みすぎる子も、同じ本ばかり読みたがる子も、大人の本を読みたがる子も、すべてが問題視されていて、「これでは、子どもはどう本を読んでも、この著者を満足させられないのでは?」と思いました。

しかし、どの時代にも、子どもの本や読書の意味を理解し、子どもに心を寄せている人たちがいて、私たちを大いに勇気づけてくれました。その人びとの多くが無償で地道に働いていることにも、心打たれました。

一九七〇年（推定）に全国公立図書館長協議会が出版した「読書の道しるべ――児童の読書のために」という小冊子には、仏文学者で都立日比谷図書館長（当時）の杉捷夫氏が前書きを寄せています。公的機関の長の前書きは、立場上、形式的で無味乾燥なものも多いのですが、「石井桃子さんの『子どもの図書館』を読んで久しぶりに強い感銘を覚えました」ではじまる文章は、ご自身の率直な思いを綴られたもので、東京都の図書館政策を発展させ、協力事業の推進にも尽力された杉氏が子どもの読書についても炯眼だったことがしのばれる文章でした。

時を経て判るブックリストの価値

リストや書誌の類は数十年後にその真価が判明することも、実感しました。あるリストには、懐かしくはあるけれどいまさら子どもにすすめるまでもない本や、そのときには話題になったけれどすぐに忘れ去られた本が並んでいます。一方では、時間を経ても価値の変わらない本をしっかり選んでいるリストもあります。私たちをもっとも唸らせたのは、無着成恭の『子どもの本二二〇選』（一九六四年刊行）でした。教室で子どもたちと本を読んだ体験から、『百まいのきもの』を「この本は絵本のような形をとりながら、実際は子どもからおとなへ移り変わる時期の、女の子の複雑な心理を描いている」として中学一年生にすすめています。先生や親が本を読んでやることで本好きになるとか、本の購入の仕方など、実際に役立つことにもふれています。

編集者の存在は出版社の誇り

作家や画家のエッセイなどの目次をたどっていると、突然見慣れぬ人名にいきあたり、調べてみると編集者だということがあります。今回の出版という体験に際し、編集者の知恵や励ましに支えられ、改めてその存在の重要性を知った私たちにとっては、読みとばせないところでした。児童文学編集者の石井研堂、楠山正雄、井上猛一、小野浩などなど、もっと研究されるべきではないでしょうか。

編集者の自伝として敬服したのは、山縣悌三郎の自伝『児孫の為めに余の生涯を語る』です。大時代な書名どおり、著者が晩年に子孫のために書き記したものです。「山縣貸出図書館を設立」の一文には、人に本を読んでもらいたくて自分の蔵書で図書館をつくったけれど、返さない人が続出してあきらめた経緯が書かれています。人に本をすすめる癖は、編集者も図書館員も共通なのだとおかしくなりました。同じ意味で、児童書の出版社の社史にも学ぶものは多くありました。

インターネット時代における書誌

この一〇年で情報環境は激変し、冊子目録で調べ、電話や手紙でやりとりしていた時代から一気にインターネットとメールの時代になりました。その恩恵を受けたからこそ、本書を完成できたともいえます。どういう形で刊行するか話しあっていたころ、私たちには、この時代に冊子体で出すことに意味はあるかという疑問がありました。一時はＣＤ－ＲＯＭのみで出すことも考えましたが、紙で出したいというのが理屈ぬきの強い思いでした。インターネットの威力を日常で知っているからこそ、紙で出したいと思ったのです。紙に記したことは、その時代に刻まれた変更のきかぬ記録です。私たちがそうしたように、のちの人びとが開いて見るものです。私たちが手にした一冊一冊の本、手書きで刷られた稚拙なもの、半世紀以上前に出された粗末な紙の本、奥付に貼られた落ち葉のような検印など、本という手ざわりが、私たちに多くを教えてくれました。先達に学び、その力を次世代に伝えるためにも、私たちの書誌は本でなければならなかったのです。

時代の流れが見える

書誌づくりをとおして、この半世紀におよぶ子どもたちの文化環境の流れがおぼろげにつかめたように思えます。ＧＨＱの占領下ではじまった戦後、街頭紙芝居、貸本屋、驚異的な児童書の出版、岩波少年文庫、月刊こどものとも、児童演劇、テレビの普及、創作児童文学の誕生、マンガ雑誌の刊行、各地での文庫の広がり、図書館づくり運動、アニメ、テレビゲーム……。私たち自身も、この流れのどこかで子ども時代をすごしています。ほかの分野の本でも、目次を集大成すれば同様に戦後という時代が浮かびあがるのではないでしょうか。（略）

（『こどもとしょかん』一〇八号　二〇〇六年冬号　東京子ども図書館）

※著者の原案をもとに、共編者と協議して作成。初出時のサブタイトルを本タイトルに改題。

第4章

子どもは本をどう読むか

絵本とともに　成長の記録

1 「ぼくたちに翼をください」

ぼくたちに本をください、翼をください。あなた方は力があって強いのですから、
ぼくたちがもっと遠くまで飛んでいけるように、ぼくたちを助けてください。
魔法のお庭のまんなかに、真っ青な宮殿を建ててください、
月の光を浴びて散歩している仙女たちを見せてください。
ぼくたちは、学校で教わることはみんなおぼえたいと思っています。
でも、どうかぼくたちにも夢を残しておいてください。

ポール・アザール『本・子ども・大人』矢崎源九郎・横山正矢共訳　紀伊國屋書店（六ページ）より

私どもの息子直樹は、この二月で三歳になった。ひとりの子どもが本と出会い、本と深くかかわりながら成長していくさまを身近に体験していると、前述のポール・アザールのことばはまことに至言だと思う。本は、子どもに翼をあたえる。その翼は、本を読んでいるときだけでなく、日々のあそび

や暮らしのなかでこそ自由にはばたき、子どもを空想の世界へと運んでくれる。翼がひとたび子どもの手に入れれば、本そのものがその子のものでなくても——たとえば図書館に返してしまっても——子どもはいつでも自由にとんでいけるのだ。

一歳半のころから、寝るまえの三〇分ほど絵本を読んでやる日課が続いている。「もうひとつ。もうひとつ」とせがむ子を、なだめたり、すかしたり、しかったり。親はへとへとになってお役御免を願う毎晩である。もっと小さいときには、本をふりまわす子から（ふりまわせば本も凶器になることを、はじめて知った）無理やりとりあげ、ふとんに押さえこむことさえあった。

私は、これまで子ども室で、親や保母さんに「子どもは本が大すきです。本を読んであげてください」とくり返してきたが、心の隅には「テレビのほうがやっぱりおもしろいのよね」「本をきらいな子もいる」という本音があった。しかし、この三年間の経験で、ちいさいときから豊かな語りかけをたくさんしてもらい、親しい人からその子にあったすぐれた絵本を読んでもらいさえすれば、どんな子どもも本が好きになる。食事やあそびと同じくらい本の好きな、とびきりの読書家になる——と確信するようになった。

2　本との出会い

満一歳をむかえるころ、はじめてあたえた絵本は『いないいないばあ』（松谷みよ子文　瀬川康男絵　童心社）だった。子どもといっしょに「いないいないばあ」をしながら、あそびの延長として楽しんだ。いまから思えばわざわざ本を使うこともなかったのだが、当時は親のほうが絵本を読んでやりたくてしかたがなかったのだ。本を投げて、なめて、ページをめちゃくちゃに繰って、紙をやぶっているうちに、子どもにもだんだんわかってきた。そこには「じじ」が書いてあって、親はほかのおもちゃとはちがったあそびかたをしてくれるのだと。しかし、一分と聞いていられない。次のページをめくりたがったり、ふいに立っていってしまったり。そのたびに親は、「文学を理解しない子だ」などと悪口をいっていた。

一歳半のときに、画期的な本と出会う。保育園へ通いだし、父親に背負われて朝晩踏み切りをわたっているうちに、電車が大すきになった。そこで『しゅっぽつしんこう！』（山本忠敬作　福音館書店）と『でんしゃがはしる』（山本忠敬作　こどものとも二六七号　福音館書店）をあたえると、興奮のるつぼ。世の中にこんなにたくさんの電車があるなんて思いもよらなかったようすで、次々とページを開いては、「でんちゃ、でんちゃ」と叫びながら歩きまわる。それからいよいよ、彼の読書生活が本格的に始まった。

はじめのうちは、自分が興味のあるページだけを楽しむ。『はらぺこあおむし』（エリック・カール作　もりひさし訳　偕成社）なら食べものがずらりと並んだ土曜日の場面、『どうぶつのおやこ』（薮内正幸画　福音館書店）なら犬の絵、『おふろだいすき』（松岡享子作　林明子絵　福音館書店）ならしゃぼん玉のわれるところ……というように、自分が理解できるページだけを見る。親がいろいろいってほかのページを見せても、なかなか受け入れない。そのうち、絵をあちこち指さして「なんだ、なんだ」と連発しはじめた。「なんだ」といえば親が何か答えてくれるのがうれしいらしい。『ずかん・じどうしゃ』（山本忠敬作　福音館書店）では、各ページの隅に描かれている男の子とネコのカットまで忘れず、指をさす。『ぐりとぐら』（中川李枝子作　大村百合子絵　福音館書店）では、木の実一個一個、動物一匹一匹、カニが三匹いれば三回、名前を聞く。しかし、この指さし行為の意味を直樹がほんとうに理解するのには、けっこう時間がかかった。指さすものと親の答えとの関連がわからず、同じものを続けて何度もさしたり、白紙のところをさしたりしていた。

しだいに、短いものであれば一冊の本を聞けるようになる。ストーリーの展開はまだ理解できず、一ページ一ページをひとつの絵として楽しんでいたようだ。じっと身じろぎもせずに聞き入っている。「あっ」「くんくん」「どんどん」などの擬声語にひかれている。とくにブルーナの作品は七五調の文なので、リズムが心地いいらしい。絵より親の口もとを見ていることが多いくらいだ。このころ、おもしろい唱えことばやわらべ歌をよろこび、「もっともっと」とくり返し聞きたがった。

決まったページで判を押したように同じ反応をくり返すのも、おもしろい。『ずかん・じどうしゃ』のバキュームカーの絵では、鼻をつまむ。『タンタンのぼうし』（いわむらかずお作　偕成社）では、栗のいがが落ちてくる場面で「いたい、いたい」と頭を押さえる。『なにのこどもかな』（藪内正幸作・絵　福音館書店）では、動物の子どもが登場して「なにのこどもかな?」と読むと、シカでもペンギンでも「かーかん（母さん）」と答える。『ちいさなさかな』（ディック・ブルーナ文・絵　石井桃子訳　福音館書店）の女の子が逆さに池に落ちている場面では、絵の向きを変えて頭が上にくるようにしないと納得しない。『わたしほんがよめるの』（ディック・ブルーナ文・絵　松岡享子訳　福音館書店）では、「これはわたしのくち」「これはわたしのて」というせりふにしたがって忙しく手足を動かして、自分や親の身体を得意そうにさし示す。平山和子の『くだもの』『やさい』『おにぎり』『いちご』（以上福音館書店）も気に入って、食べるまねをしていた。

二歳八か月のころ、よその家に泊まったとき、本がないので暗記している絵本を話してやったら、いつもと同じように反応した。耳から入ることばだけで絵を描けるようになっているとわかった。反応は、幾度もくり返しながらすこしずつ変わっていく。

この時期は、おもしろいと感じると、その場で何度でも読んでもらいたがる。『にんじん』（せなけいこ作・絵　福音館書店）を一〇回、『いただきまあす』（渡辺茂男文　大友康夫絵　福音館書店）を八回読んだ記録がある。それはちょうど、ボールをころがしてもらっておもしろがった子どもが「もっと、もっと」とせがむのに似ている。二歳半ごろから、同じ絵本をその場でアンコールすることはなくなった。

3 「かたこと、かたこと」――あそびの世界で

あるとき、近所の五歳の男の子がふたりわが家へきて、私を相手に「ダイナマンごっこ」を始めた。彼らは合体をくり返し、光線銃を発射し、テレビとまったく同じ効果音を発し、不慣れなおばさんを仰天させた。テレビを見ていないときでさえ、テレビの世界に浸りながらあそんでいるふたりを見て、私はテレビの威力を思い知らされた。しかし、絵本にも子どものあそびに入っていく力がある。それはテレビより目立たないが、はるかに豊かな世界である。

二歳ごろから、直樹のあそびに絵本が登場しはじめた。道に長い棒が落ちていると（歩道と車道の境に引かれた線でもいい）、「かたこと、かたこと」といいながらその上を歩く。椅子や箱を並べて橋をこしらえ、父親にトロルをやらせ、「かたこと、かたこと」「だれだ、おれのはしをかたことさせるのは」と問答して、『三びきのやぎのがらがらどん』（マーシャ・ブラウン絵　瀬田貞二訳　福音館書店）ごっこをする。

あるとき、ひとりでおままごとをしながら「たっぷりにようね」「クリームにしようね」と歌うようにくり返していた（『ぐりとぐら』の冒頭「どんぐりをかごいっぱいひろったらおさとうをたっぷりいれてにようね」「くりをかごいっぱいひろったらやわらかくゆでてくりーむにしようね」）。また、父親とスー

パーへ行ったとき、ひとつのかごをふたりでもったら、「ぐりとぐらみたいね」とうれしそうに何度もいった。この〝ぐりとぐら〟は、どんぐりや栗のかわりに肉や野菜を〝拾った〟のだが……。最近は、散歩にいくと、自分がぐらに、母親がぐりになり、地面に穴でもあいていようものなら（何もなくても）「いったいだれがつくったんだろう」「きつねかな。くまかな」（『ぐりとぐらのおきゃくさま』中川李枝子作　山脇百合子絵　福音館書店）と始める。

お店屋さんごっこでは、おもちゃやそこいらのものを山と積んで、まじめな顔で「おくさん」に、「200えんいただきます」といっている。『せきたんやのくまさん』（フィービ・ウォージントン、セルビ・ウォージントン作・絵　石井桃子訳　福音館書店）のまねである。いまでは、かなり大きい子でも石炭を知らない。直樹も、石炭袋をゴミ袋と主張してきかなかった。しかし、この独立心旺盛なくまさんの話は大すきである。

父親が保育園へむかえにいくと、「なんかちょうだい」といって、先生からおせんべいをせしめる。帰り道、「おとうたん、なおきちゃん、なおきちゃん、おててにもったものはなんですかってきいて」とたのむので、父親がそのとおりいってやると、得意になって「にっぽん一のおせんべい」「ひとつください。おともします」「だめ、おとうたんにはあげないの」と。この〝ももたろう〟は、けちん坊である。

けれども、私がもっとも興味があるのは、おとなから見て理解できる絵本の再現ではない。子どもがひとりあそびに夢中になり、わけのわからないことをしゃべったり、歌ったり、自分だけの世界に没頭しているときに、ふいに絵本の一節がとびだしてくる。そのとき、子どもの心にはいったいどんな空想が湧いているのだろう……。

いくつかの記録を紹介してみよう（いずれも二歳四〜五か月）。

「たべちゃうぞ、パク。おいしかった。たべないでください。こんなにちいさいんだもの。すこし、がらがらどんがやってくる」（寝ころびながら。『三びきのやぎのがらがらどん』）

「ドンブラコッコ、スッコッコ。おばあさんがすももを三つたべました。むかしむかしかじがいました。つうえんばすがきました。みよちゃんは、おかあさんとときゅうれっしゃにのりました」（積木であそびながら。『ももたろう』（松居直文　赤羽末吉画　福音館書店）、『ろせんばす』（山本忠敬作　こどものとも年少版三〇号　福音館書店）、『しゅっぱつしんこう！』）

「ぐりとぐらはおおきなかごをもってやまのほうへいきました。やまには、おつきさまがそらからみていました。ポンとたまごがわれました。あおむしは、おなかがぺっこぺこ。かようび、なしを五つたべました。まだまだおなかはぺっこぺこ」（絵を描きながら。『ぐりとぐら』『はらぺこあおむし』）

4　「うん、それはいいかんがえだ」――暮らしのなかで

絵本は、毎日の生活にもひょっこり顔を出す。一時、「えっなんだって」を乱発したことがあった。どこから覚えたのかしばらくわからなかったが、ようやく「えっなんだって。ねこのだと」（『ふしぎなたまご』ディック・ブルーナ文・絵　石井桃子訳　福音館書店）だとわかった。「うん、それはいいかんがえだ」も気に入って愛用していたが、出典が『ぐりとぐら』だと親が気づくのには時間がかかった。「おふろに入るよ」「えっなんだって。おふろにはいるんだって」とか「おやつにしようか」「うん、それはいいかんがえだ」など使いかたがさまになっているので、つい見すごしてしまう。絵本のことばが案外たくさん、日常会話に入っているのかもしれない。おもしろいことに、目下愛読中というよりも、二、三か月まえに読んだ本が出てくる。耳をとおして記憶の底に沈んでいたことばが、何

かのはずみに浮きあがってくるのだろうか。いくつか紹介すると……

砂あそびをしようとして「ばけつもいるんだ」（『どろんこどろんこ！』渡辺茂男文　大友康夫絵　福音館書店）

ちいさな犬を見て「めがぱっちりしているね」（『こいぬのくんくん』ディック・ブルーナ文・絵　松岡享子訳　福音館書店）

ちょうちょを見つけて「あ、ちょうちょ。きれいなちょうちょになりました。おわり」（『はらぺこあおむし』）

最近の例では、夕方の帰宅途中で「きょうはなんようび？」と聞くので「きょうは日曜日」と答えると、「あっそうか。なんだかうるさいとおもった」という。しばらくして同じ問答をくり返す。はじめは何をいっているのかわからなかったのだが、「さよなら、かばくん」といったので『かばくん』（岸田衿子作　中谷千代子絵　福音館書店）だとわかった。「きょうはなんようび？」と聞いた時点ではただのおしゃべりだったのが、母親の答えを聞いて急に、『かばくん』の世界へとびこんでしまったのだろう。

毎晩同じ本をくり返し読んでいると、おとなだって思わず本のせりふがとびだしてしまう。散歩の途中、棒を拾ってふりまわしている子どもに「なおくんは、いい棒をもってるね」（『だるまちゃんとてんぐちゃん』加古里子作・絵　福音館書店）の「てんぐちゃんは、いいぼうしをかぶってるね」）。

5　「ばんがたになって」——ことばの世界で

たまに、自分で本を読むことがある。おとなが何度も読んだ本を空で語る場合、ストーリーは正しく話せても、出てくることばは、自分が日常に使っていることばになってしまう。しかし、いいかえるということのできない子どもは、本のとおりに語る。

直樹は、アンガスの本はどれもすきだが、『まいごのアンガス』（マージョリー・フラック作・絵　瀬田貞二訳　福音館書店）が、登場人物が次々と出てくるので話しやすいらしい。本をかかえて、わかる個所だけ読んでいく。「じどうしゃは、はしりさりました」「アンガスはあなにもぐりこんで、じっとじっとじっとまちました」など、おとななら「走りました」「穴へ入りました」といってしまうところを、本に忠実に話していく。『ももたろう』では「ばんがたになって、おじいさんがやまからどっさりしばをせおってもどってきました」「のどがかわいてかなわん」など日常では使わないことばを使う。ふだんの生活で、私たちおとなは、幼い子にどれくらいのことばをかけているだろう。その量ではなく質を問えば、「〇〇してはダメ」「早くしなさい」と同じことばのくり返しで、ずいぶん貧しいのではないだろうか。すぐれた絵本は、日常語とは一歩離れた、けれどもその情景にふさわしい豊かなことばをあたえてくれる宝庫なのだと、つくづく思う。

6　見開きの絵について

アンガスを愛読して一か月ほどたったある晩、見開きに二場面が描いてあるページをさして「いぬがふたついるね」といった。私が、どちらも同じアンガスなのだと説明しても、腑に落ちない顔をしている。『くんちゃんとふゆのパーティー』（ドロシー・マリノ作　新井有子訳　ペンギン社）でも「おとうさんがふたりいる」という。『一〇〇まんびきのねこ』（ワンダ・ガアグ文・絵　石井桃子訳　福音館書店）も、父親にはじめて読んでもらったあと、私に「（ネコが）たくさんいたけど、ふたつになっちゃったの」と説明する。最後のほうのページで、たった一匹残ったネコが見開きの二場面に登場するからだ。『ももたろう』の有名な「一ぱいたべると一ぱいだけ、二はいたべると二はいだけ」の絵も（ももたろうの成長が三段階にあらわされている）どう理解しているのか……。

気をつけて子どもの視線を追っていると、話にあわせて順番に絵を見ているのではなく、開いたページ全体をひとつの絵としてとらえているように思う。一冊の絵本のなかでも、見開きいっぱいにひとつの絵を描いたり二場面にわけたりしているので、子どもはますます混乱するようだ。

その点、ブルーナや『バーニンガムのちいさいえほん』などは、右ページが絵、左ページが文と決まっているから、親も子も安心して読める。また、『いたずらこねこ』（バーナディン・クック文　レミイ・シャーリップ絵　間崎ルリ子訳　福音館書店）は視点が固定しており、そのなかを子ネコとカメが動きまわる。ひざに乗せて読んでやると、子どもが首を動かしながら子ネコとカメの動きを追い、ストーリーをしっかりつかんでいるのを感じる。幼い子の絵本で、見開きに二場面描かれている絵本というのは、どんなものだろう……。

7　直樹の本棚から

最後に、直樹の愛読書から、これまで書ききれなかった本をあげておきたい。

『バーニンガムのちいさいえほん』（ジョン・バーニンガム作　谷川俊太郎訳　冨山房）

二歳すぎから半年くらい愛読した。一冊読むと巻末の本の紹介のページを見て「つぎはこれ」とリクエストするので、たいてい八冊全部読まされるはめになる。地味な本だが主人公に一体化でき、あたたかい両親にかこまれた生活に満足感を覚えるようだ。とくに、自分の体験に密着した『とだな』と『ともだち』を好んだ。短い作品だが、『あかちゃん』と『がっこう』では主人公がきちんと成長しているのも、好感がもてる。

『かいじゅうたちのいるところ』（**モーリス・センダック作　神宮輝夫訳　冨山房**）

読みながら、いろいろな質問がとびだす。「おかあさんは、おこった。『このかいじゅう』」というページで「おかあさんはどこ?」、寝室がしだいに森へと変わっていくページで「これ、うち? そと?」と、さかんに聞く。ヨットが登場すると「だれのヨット?」、踊りの場面でかいじゅうを指さしながら「ダンス、おんがくあるよ」、また文字がないと説明されて「かわいそう」。

ある日、戸棚に首をつっこんでひとりあそびに没頭している。「たび（べ）ちゃうぞマックス」と叫んで、それからわけのわからないことをしゃべりながら、おもちゃをにぎやかに動かす。だいぶたってから「ほかほかと、あかたたかった（あたたかかった）」としめくくって、満足そうに私のところへやってきた。彼なりの『かいじゅうたちのいるところ』であそんできたのだろう。

『くんくんとかじ』（**ディック・ブルーナ文・絵　松岡享子訳　福音館書店**）

『しょうぼうじどうしゃじぷた』（**渡辺茂男作　山本忠敬絵　福音館書店**）

『ちいさいしょうぼうじどうしゃ』（**ロイス・レンスキー文・絵　渡辺茂男訳　福音館書店**）

火事の実体はよくわかっていないが、何より自動車が活躍するし、命令したり、されたり、走りまわったりという緊迫した雰囲気にわくわくするらしい。

親を相手に、火事ごっこも好んでやる。「たいへんだ。かじです」「しゅつどうだ」「おいぱんぷ、いやだめだ」「ほうすいかいし」「かじはきえました」など、三冊の絵本がごちゃごちゃになっているのもおもしろい。また『しょうぼうじどうしゃじぷた』と『ちいさいしょうぼうじどうしゃ』の消防署に、すべり棒があるのを見つけて、うれしそうに「おんなじ」と並べてみせる。そして「あした、おかあさんと、こういうののろうね」と約束させられる。

『おふろだいすき』（松岡享子作　林明子絵　福音館書店）

最近、この本とともにお風呂に入る毎日である。お風呂であそぶおもちゃのアヒルの名前も、「すぎやまアヒル」から「アヒルのプッカ」に昇格した。お湯に入ってプッカやカバやカメになりきって数を数える。直樹がプッカになると、「エヘン」とせきばらいをして「11、12、13、15、18、16、20」と本のとおりに数える。数を数えられる子どもならプッカのまちがいがおかしいのだろうが、直樹は大まじめである。

せっかく数を覚えるのに、わざわざまちがって覚えるのはもったいない。わが家のプッカは、正しく数えられる、算数の得意なアヒルになっている。

最近、お湯に入っているカメを見て、「これなあに？」と聞いた。こんなに愛読しているのにまだわかっていないのかとびっくりして試しに聞いてみると、プッカがお湯にもぐってお尻だけ出している絵も理解していない。

二歳半くらいまでは、動物などの体の一部が隠されていて見えないということが、まったく理解できなかった。『ぐりとぐら』で、ぐりがボールをかかえてカステラの材料をかきまわしている絵で、「あし、ない」（ぐりの足がボールのうしろになっていて見えない）と訴える。『もりのなか』（マリー・ホール・エッツ文・絵　間崎ルリ子訳　福音館書店）でも、ジャムのびんに顔をつっこんでいるクマを見て、「クマさんのかおないね」と不思議がる。おとなは、子どもが黙っていればわかっているものと解釈するが、子どもは案外理解できない。それだけに、おとなとはちがった不思議な絵の世界に浸っているのかもしれない。

『きみなんかだいきらいさ』（ジャニス・メイ・アドリー文　モーリス・センダック絵　こだまともこ訳　冨山房）

「きみなんかだいきらいさ」と始めると、うれしそうに笑う。そろそろ保育園で、気のあう子、あわない子ができて、泣かされたり、泣かせたりの毎日をおくっている直樹には、悪口が気持ちいいらしい。二人が仲直りする場面では、親とかけあいで楽しむ。

親「ねえ、ジェームズ」
直樹「なんだい？」
親「ローラー・スケートやらない？」
直樹「オッケー、クルクルクッキーはんぶんあげる」
親「ありがとう、ジェームズ」

『てぶくろ』（エウゲーニー・M・ラチョフ絵　内田莉莎子訳　福音館書店）

冬になったので読みはじめる。朝、肩までこたつにもぐりこんでいる子どもに「たんぽぽ（保育園）へ行くよ」とせかすと、「いかない。だっててぶくろにはいっているんだもん」。また、「だれだ、てぶくろにすんでいるのはってきいて」と注文をつけて、てぶくろごっこをしたがる。親のほうは覚えかたもいいかげんで、毎度同じせりふしか出てこないが、子どもは「ちょっとむりじゃないですか」とか「しかたがない、ほんのはじっこにしてください」など、いろいろ変化をつけて楽しんでいる。

『11ぴきのねこ』『11ぴきのねことあほうどり』（馬場のぼる著　こぐま社）

私はネコぎらいで、ネコが庭を横切ろうものなら血相を変えて「シー」と追い払ってしまう。それを見て育った直樹も、ネコさえ見れば「シー、あっちいけ」というようになった。しかしこの絵本を読んでからは、「ニャー」と鳴き声がしたりネコが通ったりすると、ちいさな声で「とらねこたいしょうかな」とつぶやく。そういわれると私も無下に追い立てられず、ネコの勝手を大目に見ている昨今である。

直樹は耳掃除が大きらいで、めったにさせない。そのため耳あかがこぼれんばかりにたまって、親はとりたくてウズウズしてしまう。

先日、「とらないと痛くなる」とおどしたり、「アイスクリーム買ってあげる」と甘いことばで誘ったりと二親でしつこく直樹をせめていたら、突然「みみこちょこちょしない。もうしんでもいい」と叫んだので、びっくりした。ひるんだ親を見て得意そうに、「おなかがいっぱいだ。わたしはもうしんでもいい」とくり返す。コロッケをおなかいっぱい食べた、あのあほうどりのせりふだったのだ。そのときから直樹は、食事が終わるとごろんと寝ころんで、「ホーおなかがいっぱいだ。ホーしあわせ、わたしはもうしんでもいい」というようになった。

つい何気なく読みすごしてきたが、あらためて見ると、この絵本はなんと刺激的なのかと思った。

『一〇〇まんびきのねこ』（ワンダ・ガアグ文・絵　石井桃子訳　福音館書店）

地味な絵だし文章も多いので、まだむずかしいかと思ったら、よく聞いている。「ひゃっぴきのねこ、せんびきのねこ、ひゃくまんびき、一おく、一ちょうひきのねこ」のくり返しがすきで、うなずいたり、体で調子をとったりしている。

あるとき、ちいさなシールを私に見せて、「これなに?」と聞く。図案化されたヘビが描いてあるので「ヘビ」と答えると納得せず、「ちがうよ。ただのみっともないおばけです」という。『一〇〇まんびきのねこ』でたった一匹残ったねこが、おじいさんにどうしてほかのねこといっしょに食べられてしまわなかったのかと聞かれて、「はい、でも、わたしはただのみっともないねこでございます」と答える。その構文を変化させたわけである。

また、ちり紙をちぎってあきかんに入れ、「こういうの、くさ。くさ、ねこがたべるの」といってあそんでいる。

これだけ絵本を読んでやっても、テレビの影響からはのがれられない。保育園でしっかり情報を仕入れて、「あーらよ、でまに（え）いっちょー」とか、びんに棒をつっこんで「チャップイ、チャップイ」と叫んでいる。この裏切者めという親の非難をよそに、「うちゅうけいじシャイダー」だの「キン肉マン」だのと仲よくなっている。目下のところ、ぐりとぐらやアンガスの圧倒的勝利だが、親がすこし手を抜けば、逆転しそうである。ともあれ、これからも親子で絵本の世界を楽しんでいきたい。

（『こどもの図書館』一九八五年六月号　児童図書館研究会）

絵本とともに　その後

長男一歳から長女一二歳まで、一七年にわたって三人の子どもに読み聞かせを続けてきた。子どもに「きょう、本読みあり?」とせがまれてとはいえ、親も一日の終わりに子どもと本を読むのが何より楽しく、幼児のときは絵本を、小学生になってからは物語を読んできた。その記録をたどると、本が子どもの心と生活をどんなに豊かにしてくれたかが見えてくる。

1　本はあそびの実用書

子どもにとって本はあそびの実用書、たくさんのあそびの種を提供してくれる。

「ピーターラビット」の登場人物のまねをしてあそぶ。洗濯したおしめを部屋中にばらまき、それを拾ってはビニールのごみ袋に押しこんで、口をしっかり握って「マグレガーさんはふくろのくちを、きっちりしばって、石がきのうえにおきました」(『フロプシーのこどもたち』ビアトリクス・ポター作・絵　石井桃子訳　福音館書店)といいながら、ひとりであそんでいる。おままごとでは「くろぱんを一ぽんとぶどうぱんを五つ」買ってくる（『ピーターラビットのおはなし』同前、長男三歳）。

「ほっかほかの酒まんじゅう、あまーいあんこがいっぱいつまって、たったの四〇円」「えーっ、こぶたのまるやきうまいよー」威勢のいい売り子の声で、お店屋さんごっこが盛りあがる。ちょっと変わったお店を紹介した『こんなおみせしってる？』（藤原マキ作　福音館書店）で覚えた名ぜりふを使ってあそんでいる。（長男三歳、次男一歳）

『うちがいっけんあったとさ』（R・クラウス文　M・センダック絵　渡辺茂男訳　岩波書店）は、子どもや動物たちがやりたい放題に暴れまわるナンセンス詩である。「ちんとんしゃん」や「おつむてんてん、つるてんしゃん」など囃子ことばがおかしくて、くり返し楽しんだ。ある晩、風呂あがりに長男と次男がハダカのまま追いかけっこやとっくみあいを始めた。そのうちに長男が次男の上に馬乗りになって「つるてんしゃん、にわとりごっこでけこけこけこ」と叫び、大笑いする（長男四歳、次男二歳）。

夏休みの家族旅行の朝、親たちが準備におわれていると、いつのまにか三人で『おさるとぼうしうり』（エズフィール・スロボドキーナ作・絵　松岡享子訳　福音館書店）ごっこを始めている。夏のある日、頭に帽子をのせて売り歩く帽子売りが木かげで寝ていると、サルたちが帽子を奪って木に登ってしまう。目を覚ました帽子売りは、サルたちに指をつきつけて返してくれとたのむのだが、サルたちは指をつきつけて「ツーツーツー」というばかり。帽子売りが足を踏みならしたり手を振りまわしたりすると、サルたちもそれをまねる。とうとう帽子売りが怒りにまかせて頭から帽子をとって地面に投げつけると、サルたちも同じように帽子を地面に投げつける。子どもたちは、自分たちの麦藁帽子を使ってこのお話を上演している。ほんの短い時間にあそぶのにもってこいの脚本を見つけだす才能に感心する（長男八歳、次男六歳、長女四歳）。

長男と次男が、台所を閉めきって、調味料や調理器具を使って実験ごっこをしている。こっそりのぞくと、真剣な顔で実験に没頭していた。目の前に広げたのは、「ムッシュ・ムニエルとおつきさま」（『ムッシュ・ムニエルをごしょうかいします』佐々木マキ作・絵　福音館書店）のニッチモはかせとサッチモはかせの実験室の絵。あこがれの実験室を前に、大いに気分を盛りあげているらしい（長男九歳、次男七歳）。

2　本が日常とむすびつくとき

四、五歳になると、絵本の世界と現実とはちがうということが、すこしずつわかってくる。それでも、日常のなかへ絵本の世界がとび出してきて、生活を彩ってくれる。

ちいさなお人形がスーパーの冷凍庫で暮らしている『まいごになったおにんぎょう』（A・アーディゾーニ文　E・アーディゾーニ絵　石井桃子訳　岩波書店）。こんな絵本を見ると、だれだって自分の行くスーパーの冷凍庫を調べたくなってくる。長男にせがまれて冷凍庫の中をあっちこっち探し歩いても、見つからない。「もしかすると、おばあちゃんちの与野フード（スーパーの名前）にいるんだよ」といって自分を納得させる（長男四歳）。

なかには、読者にこれはほんとうにあった出来事だと呼びかけている絵本もある。『ちいさなふるいじどうしゃ』（マリー・ホール・エッツ作　田辺五十鈴訳　冨山房）は、勝手に走りだして動物たちを次々跳ねとばし、とうとう機関車にぶつかって壊れてしまう。最後に「あなたたちがドライブにいって、そののうじょうやのはらをとおりすぎるとき、いまでもあのふるいじどうしゃのさびたぶひんをみることができるのです」と書いてある。その一文の影響か、テレビで殺人事件のニュースを見たあと、「なおくん、散歩にいったら、いまもこれが見られる?」と聞いてきた(長男四歳)。

『3びきのくま』(ポール・ガルドン作　多田裕美訳　ほるぷ出版)がお気に入りの次男。風呂場に入るたびに洗面器と腰かけを三個ずつ並べて、「ちいさないす、ちゅうくらいのいす、でっかいいす」と指さしながらくり返し唱えている。三匹のくまを、お父さんとお母さんと子どもの家族だと思っている。となると、家を追い出された女の子が気になるらしい。必ず最後のページの著者の写真を指さして、「このおじちゃんが女の子を助けてくれたんだよね」とたしかめずにはいられない(次男三歳)。

もぐらが部品を手に入れて自力で自動車をつくりあげる『もぐらとじどうしゃ』(エドアルド・ペチシカ文　ズデネック・ミレル絵　内田莉莎子訳　福音館書店)。次男は、このすてきな赤い自動車がほしくてたまらない。ある日、消防自動車のサイレンが聞こえるとすっかり興奮して、「しげちゃんちに火事があらわれたらどうしる?　きっともぐらのいる山が火事なんじゃない?　もぐらが消防士に電話したんだよ」としゃべり続ける。どこで火事ともぐらが結びついたのかよくわからないが、次男にとってはすべて現実のようだった(次男四歳)。

ある日、長男から「けがをして血がいっぱい出ると体に血を入れるんだよね」と聞かれた。そうだと答えると、「でいぶみたいに?」と重ねて聞いてきた。そのときは何のことかわからなかったのだが、あとになって『ひとまねこざるびょういんへいく』(マーガレット・レイ文　H・A・レイ絵　光吉夏弥訳　岩波書店)の「でいぶはせんせいにゆけつをしてもらっていました」の一文をさしていることに気づいた。じょーじが入院した病室にはたくさんの子どもがいて、あそんだりベッドに寝ていたりする。その一角ででいぶが輸血を受けている絵が描かれている。読んでいるときには何も聞かなかったので説明もしなかったのだが、保育園で友だちから聞いた輸血の話と絵本が、長男の頭のなかで突然一致したのだろう(長男四歳)。

3　笑いを学ぶ

子どもは笑うのが大すきだが、本のなかに潜んだ笑いは、日常のなかで出会う笑いとはちがう扉をあけてくれるようだ。

なんといってもナンセンス詩にたいしては、おとなの予想を超えて大よろこびする。何気なくチェコのわらべうた『かあさんねずみがおかゆをつくった』（ヘレナ・ズマトリーコバー絵　井出弘子訳　福音館書店）を読んだら、子どもたちが大笑いしてくり返し読まされた。いちばんよろこんだのが「ぱちぱちぱち、とうさんおくつをかいました。かあさんべるとをかいました。ねずみのしっぽでかいました。（中略）おじちゃんけがわをかいました。どんぐりいっこでかいました」。ねずみのしっぽやどんぐりがおかしいらしい。

谷川俊太郎の『いちねんせい』（和田誠絵　小学館）も大人気だ。とくに「カロンセのうた」では、「カンダラムジムジのうでにだかれて　アリッタキユカユはしんだ。チリンボランのはなをつんで、テレメンギにそなえよ」と、まったく意味のないことが荘重に歌われている。聞き手の笑いが読み手にも感染して、吹きだして読み続けられないほどだった。

この詩は日々の生活でも愛用された。次男が、ティッシュで花をつくって「これ、チリンボランの花。テレメンギにそなえよう」と母親にくれたり、ふたりで戦いごっこの最中、突然「おまえのかみはへびとなる。おまえのくちびるはいちごとなる」と呪いのことばを吐いたり、「カンダラムジムジのうでにだかれて　アリッタキユカユはしんだ」と叫んで、バッタリ倒れたり。詩人の自由な発想をうわまわる愛用のされかたをしている（長男七歳、次男五歳）。

次男がもっているお菓子を長男と長女が「ちょうだい」と追いかけまわすと、お菓子をもっている余裕からか、次男の口からこんなことばがとびだす。「あげるよ。まって。いま、ふんどししめてるとこ」。『さんまいのおふだ』（水沢謙一再話　梶山俊夫画　福音館書店）の和尚さんのセリフをもちだして、じょうずに兄妹を焦らしている（次男六歳、長男八歳、長女四歳）。

4　家庭の文化

家族でいっしょに楽しんだ本が、やがてその家庭の共通の文化になっていくこともある。

風の強い日、たのまれてポストに年賀状を入れようとかけだした長男に、「年賀状をふきとばされるなよ」と父親が声をかける。すると「大丈夫。ぼくはこねこじゃないよ」と答えが返ってくる。『ゆうびんやさんはだれ？』（ルース・エインワース作　河本祥子訳・絵　福音館書店）に登場するこねこをさしているのだ。動物が郵便屋さんを決めることになり、こねことりすとこいぬが立候補するが、三匹とも失敗してしまう。長男は、自分は郵便屋さんになれなかった馬鹿なこねことはちがうのだと、精いっぱい主張している（長男五歳）。

長女は、父親が語ってくれる「かしこいモリー」（『おはなしのろうそく1』東京子ども図書館所収）が大すき。父親はそれを応用して、何かたのみたいことがあると「これはこれは、モリー、おまえは、なんとかしこい娘じゃ。それになかなかうまくやりおった。だが、もし、おまえがもっとうまくやって、お風呂のお湯を見てきたら、おまえのいちばん上の姉さんをわしのいちばん上の息子の嫁にしてやるがなあ」という。すぐさま長女は、「やってみます」とモリーになりきって元気に答える（長女四歳）。

ある晩、夕食のマーボー豆腐に味噌のかたまりを見つけて長男が文句をつけると、弟妹からこんな反論が返ってきた。

長女「そんなこといったら、お母さん、ごはんつくってくれなくなるよ。スプーンおばさんみたいに」

次男「そうだよ。人食い鬼だって、子どもにありつけないときは冷たいジャガイモだけだったんだよ」

そこで母親が「おばあちゃんがつくったこのたくわん、おいしいよ」とすすめると、

長女「どうりで、ばあさまくさいと思った」

『小さなスプーンおばさん』（アルフ・プリョイセン作　大塚勇三訳　学研）、『ゼラルダと人喰い鬼』（トミー・ウンゲラー作　田村隆一、麻生九美訳　評論社）、『かちかちやま』（小澤俊夫再話　赤羽末吉画　福音館書店）からとびだしてきたせりふである（次男八歳、長女六歳）。

『チム・ラビットのぼうけん』（A・アトリー作　石井桃子訳　童心社）は、三人それぞれに何度も読んだが、長女が六歳になると三人で楽しめるようになった。長女は、チムが怖いものにあうたびにふとんにもぐって息をひそめて聞いているし、長男はお母さんがつくってくれる焼きたてパンやお菓子をうらやましがる。家族で散歩にいったときにカッコウの鳴き声を聞いた次男は、「このまえカッコウが鳴いたとき、お金をひっくり返したけど、増えなかったよ」という。母親に「チムみたいに花をひっくり返せばよかったんじゃない」といわれて、「そうか」とにっこり笑う（長男一〇歳、次男八歳、長女六歳）。

5　おわりに

ある日の夕方、父親の膝にすっぽりおさまった二歳の次男が、「せますぎない。あつすぎない」と満足そうにつぶやいていた。いまでも忘れられない光景だ。

ちいさなねずみが自分の家を探しまわる写真絵本『ねずみのいえさがし』（ヘレン・ピアス作　松岡享子訳　童話屋）は、そのころの次男のお気に入りだった。暖炉の火をのぞいて「ここがいいかな？　いや、ここはあつすぎる」、スリッパにもぐりこんで「ここがいいかな？　いやせますぎる」といって理想の家を探すねずみは、最後に住み心地のいい自分の家を見つける。次男にとっては、父親の膝の中が、まさにねずみの見つけた「さむすぎないし、あつすぎないし、ひろすぎないし、せますぎないし、やかましすぎないし、ぬれてもいないし、きたなくもない」家なのだろう。

絵本でねずみのしあわせをよろこんだ次男が、現実の世界でも同じようにしあわせを見つけている。こんなささやかなことが、家庭に本が、お話があることの意味なのではないだろうか。

（書き下ろし）

子どもはお話をもっている

三人の子どもに毎晩のように読み聞かせを続けていたら、どの子も突然お話を語りだした。それまで聞いてきたお話が体のなかにいっぱいになってあふれだしたように、三人ともすこしの迷いもなくお話をする。長男と長女が話すのはオリジナルのお話だが、始まりや終わり、くり返しなどは昔話の形式をふまえている。次男は、聞いたお話を絵に描いているが、イメージができあがっているのがよくわかる。

子どもがお話を語るのは、特別な才能があってのことではない。どの子も自分のなかにお話をもっていて、それをおとなに語りたいのだ。

外あそびから帰ってきた子が「○○ちゃんが砂場であそんでたらワンちゃんがきたの。そんでね……」と話しだしたとき、「手を洗ってらっしゃい」とか「いまは忙しいから、あとで」などといっていると、お話は去ってしまう。身近なおとなが耳を傾けさえすれば、子どもはすてきなお話を披露してくれるのだから。

おはなしのあめ　すぎやまなおき さく　きく子 テープ起こし

なおくんの一日

いちばんさいしょに、かあさんがおきました。つぎにとうさんがおき、つぎになおくんがおき、つぎに、しげがおきました。そして、とうさんとなおくんは、ラジオたいそうに行って、ごはんをたべて、うんちして、かおをあらって、たんぽぽに、しげちゃんとなおくんは、たんぽぽに行って、とうさんはかいしゃに行って、かあさんもかいしゃに行って、そしてかえってきて、ごはんをたべてねました。

大きな大きな大きなスギの木

大きな大きなスギの木と、小さな小さなスギの木と、そのまた大きな大きなスギの木と、そのまた中くらいのスギの木と、そのまたちっちゃいのと、その大きいのがありました。

そのいちばん大きいてっぺんは、なにかが光っています。それ、なんでしょうとおもって、村の人は木にのぼってみて、上に見てみたり、下から見てみたり、よこから見てみたり、上から見てみたりしてみました。でもさわってもみてもなんにも、ぎんでした。なんにも、なんにもうごきません。

ところがわってみたら、中からきんの玉が出てきました。それをわってみたら、またきんの玉がでてきました。どんどん、どんどんわっていくと、いちばんさいごに、いちばんちっちゃい、まめよりちっちゃい、チーズボールよりもっとちっちゃいまめつぶが出てきて、それは石ころでした。

そして、石ころをわってみたら、その中から、なにが出てきたとおもいますか？　たまごだけでした。そして、たまごをわってみたら、たまごをにて、わってみたら、たべられるたまごが出てきました。おしまい。

大きなおに

ある日、おにがたくさんいました。いつもあそんでいると、にんげんがふえました。それであそんでいると、トリがふえました。そうすると、でんしゃもふえて、車もふえて、おうちもふえました。チョウチョもふえて、カマキリもふえて、バッタもふえて、みんなでおどりました。おしまい。

げんきな大きい　またはあしたもグー

げんきな大きいは、いつもねてばかりいました。そして、ねてばかりいて、そして、あしたもグー、あしたもグー、あしたもグー、ねてばっかりいたので、とうとう、ねるのあきて、あそんでしまいました。あしたもあそぶ、あしたもあそぶ、あしたもあそびました。そしてあさにはおきて、ねました。

あしたもグー、あしたもグーといって、もうねるのはあきて、あそびました。

そして、あしたもあそぶ、あしたもあそぶ、あしたもあそびました。そしてあそびあきてねました。

あしたもグー、あしたもグーとねました。そして、もうねるのはあきて、あそびました。

あしたもあそぶ、あしたもあそぶ、あしたもあそぶ。おしまい。

（一九八六年）

長男は、四歳の一時期、夜寝るまえに両親にお話を語ってくれることがあった。調子にのると、

「こんどは何してほしい?」とリクエストを催促し、親をなかなか眠らせてくれない。どのお話も支離滅裂だが、けっして口からの出まかせではなく、同じ題のお話では、細部はちがっていてもパターンは同じで、お話のイメージができあがっているのがわかる。話しかたも日常のおしゃべりとは異なり、「語り」といえるような独特の調子で雄弁に語る。あるとき、長いお話でくたびれるという長男に、父親が「きょうは途中まで話して、明日続きを話したら」とすすめると、「そんなら、なおくん、しおりをはさんどくね」と答えた。

『おはなしのあめ』表紙

「おはなしって、あめだよ」「おはなしは、しげちゃんにもらったの」が口ぐせで、お話は自分でつくるものではなく、最初からあってそれを語っているものと思っているようだった。後日、九話収めた冊子にまとめた。

こどもせいしょ　すぎやましげきえ・かたり　きく子　口述筆記

アダムとイブ

さいしょ　くらやみが　あった。

かみが、かんがえ、くらいので「ひかりよこい」といいました。

すると、いろんなどうぶつたちが、きました。それから、どんどん、どうぶつをいれました。

かみは、まだすこしたりないとかんがえていました。すると、はっとときがついて、「そうだ　にんげんがたりない」

ひとりのにんげんをつくりました。そのひとは、おとこのこでした。アダムとなをつけました。

アダムは、きにのぼって、みをたべたりしました。ひるねもしました。

すると、おんなのこがいたので、びっくりしました。

イブが「いっしょに　おうまにのろう」といって　のりました。

そこで　かみは「ここにあるまんなかのきのみは　たべてはいけない」

といいました。

すると　へビがイブに「このみは　おいしいんですよ。かみさまみたいに　えらくなれるんですよ」

とうそをつきました。それで、たべてしまいました。

イブはアダムに「このみは、おいしいですよ」といいました。

それで　アダムは「かみさまが　いったのだから　たべちゃだめだよ」

といいました。

でも　ひとくちかんでみると　それはまたおいしくて　ぜんぶたべてしまいました。

それで　かみはおこって　ふたりをエデンのそのから　だしてしまいました。

ノアのはこぶね

むかしむかし　そのまたむかし　にんげんたちがいました。にんげんた

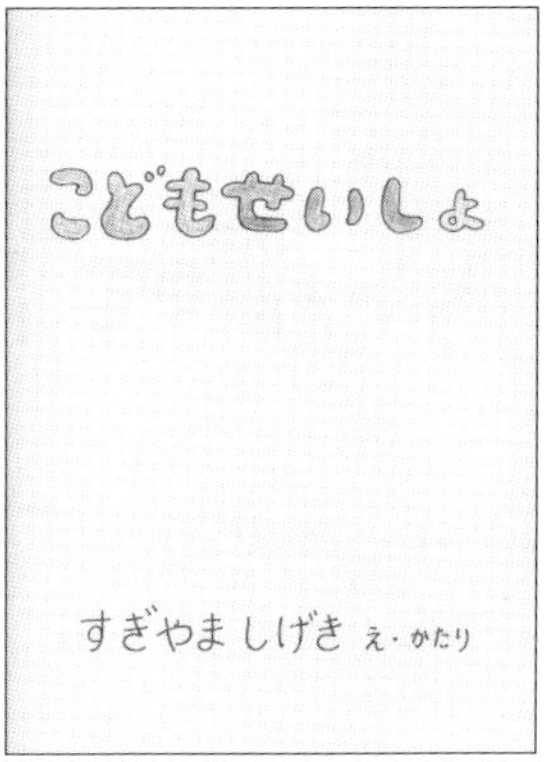

『こどもせいしょ』表紙

へビとイブ

ちはすごいらんぼうでした。かみはおこって　にんげんたちをほろぼそうとおもいました。

　するとノアというにんげんが、いました。そしてそのひとは、こころのやさしいひとで、かみはこうおもいました。「あのにんげんだけは、ほろぼさないですくおう」。

　そしてノアは、みんなとねていると　かみがでて　ゆめのなかにはいりました。それでいろんなことをせつめいしました。「これからあめがふるから、ふねをつくりなさい」それでかみさまは、わすれずにつくりかたをおしえました。

　ノアは、みんなにいいました。「これからおおあめがふる。だからおおきいふねをつくる」それでつくりあげた。とうとうできあがって、ノアは「ふねができあがりました」とかみにいいました。

　それからかみは、「いろんなどうぶつをのせなさい。わすれずにオスとメスをのせなさい。いろんなどうぶつをのせなさい」

　みんなのりました。ノアがさいごにのりました。ドアがしまりました。すると、くもがいきなりでてきて、おおあめがふりました。

　それでにんげんたちは、わーとふじさんににげました。ふじさんににげてもまだきます。もっとたかいやまにきても、まだきます。だから、せかいいちばんたかいやまにいきました。

　おおあめは、まだつづいていきます。でもノアたちはふねがあるからだい

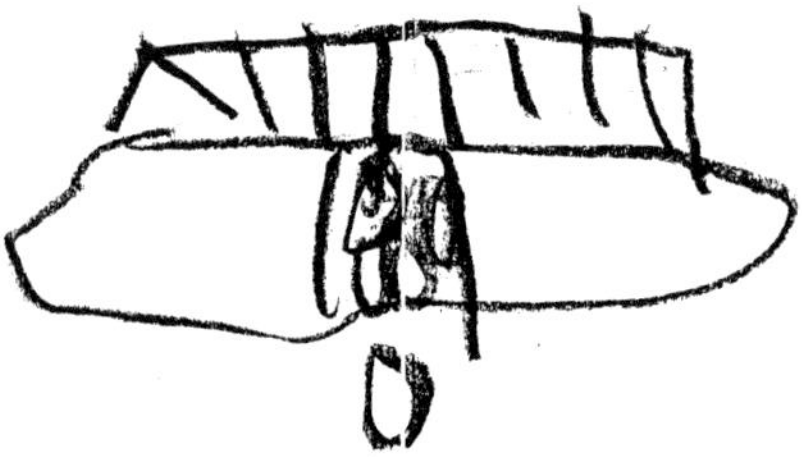
ノアのはこぶね

エデンのそのをでるふたり

じょうぶ。

するとおひさまがでて、いわにぶつかりました。

そして、カラスをとばしてみました。カラスをとばすと、かえってきませんでした。

ハトをとばすと、ちいさなえだをもってきました。

ノアは、はれているところがあるんだとおもって、みんなでました。


（一九九一年）

次男が六歳の一二月、ある晩、突然紙を切って折りたたみ、それにクレヨンで絵を描きはじめた。家族があそんでいるのも目に入らないようすで、一心にとり組んでいる。描きおわるとセロテープでとめて、ちいさな本に仕立てた。三冊できあがると「子どもの聖書だよ」と満足そうにいって、父親から払いさげられた書類カバンにたいせつにしまった。

二日後、母親に「お話しして」とたのまれると、あふれるように「天地創造」「ノアの方舟」「マリアとヨセフ」の三つの聖書の物語を語ってくれた。幼稚園でシスターから話を聞き、耳から入った話をまるで語り部のように語ったのだ。後日、三冊を合本してB６判・八八ページの本に仕立てた。

もおめるとだんなさん　すぎやまのりこ　ぶん・え

あるひ、だんなさんが、ひとりでさびしいなあとおもっていました。

「そうだ、どうぶつのぞうをかおう。」

だんなさんは、はなのみじかいぞうをかいにいきました。

「そのはなのみじかいぞうをください。」

だんなさんは、はなのみじかいぞうをかって、かえりました。

だんなさんは、ぞうのことを　もおめるというなまえにしました。

ぞうのもおめるは、きゅうりがすきなのでだんなさんはきゅうりをきりました。

きゅうりをおさらにのせました。

もおめるは、きゅうりをたべました。

「あっ、もおめるのはながながくなっちゃった。」

だんなさんは、こんどは、なすをきっておさらにのせました。

もおめるはなすをたべました。

「ああ、びっくりした。あっ、もおめるのはなが、ちゅうくらいになっちゃった。」

だんなさんは、もおめるのことをふしぎだなあとおもいました。

もおめるとだんなさんは、ちゅうくらいのはながきにいって、それからはもうなすと、きゅうりはたべませんでした。


（一九九三年）

長女が二年生の夏休み、突然、自由研究に絵本をつくりたいといいだした。紙を用意してやると、下書きもせずにいきなりお話と絵をその場で描きあげ、B５判・三二ページの絵本ができあがった。

単純な話だが、最初の一文で主人公と課題が明確に示され、起承転結で展開し、めでたしめでたしで終わっている。ちゃんと物語の法則に則っている

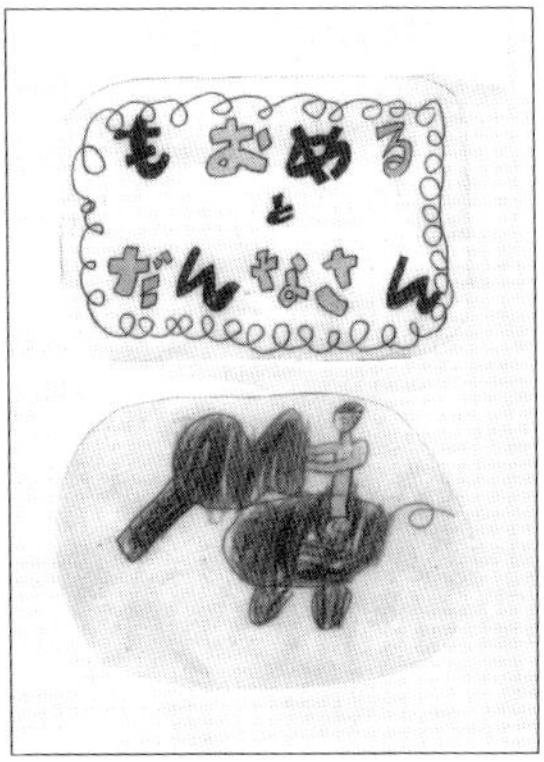

『もおめるとだんなさん』表紙

もおめるくんのへや

のが、興味深い。

描きはじめるときに、「おかみさんの反対ってなんていうの？」と聞かれたので、「だんなさん」と答えた。だんなさんとは、日常あまり聞かないことばだが、主人公を彼女の大すきな「かしこいモリー」に登場するおかみさんの男性版にしようと考えたのは、なかなかかしこい。「もおめる」の由来は……本人にもわからない。

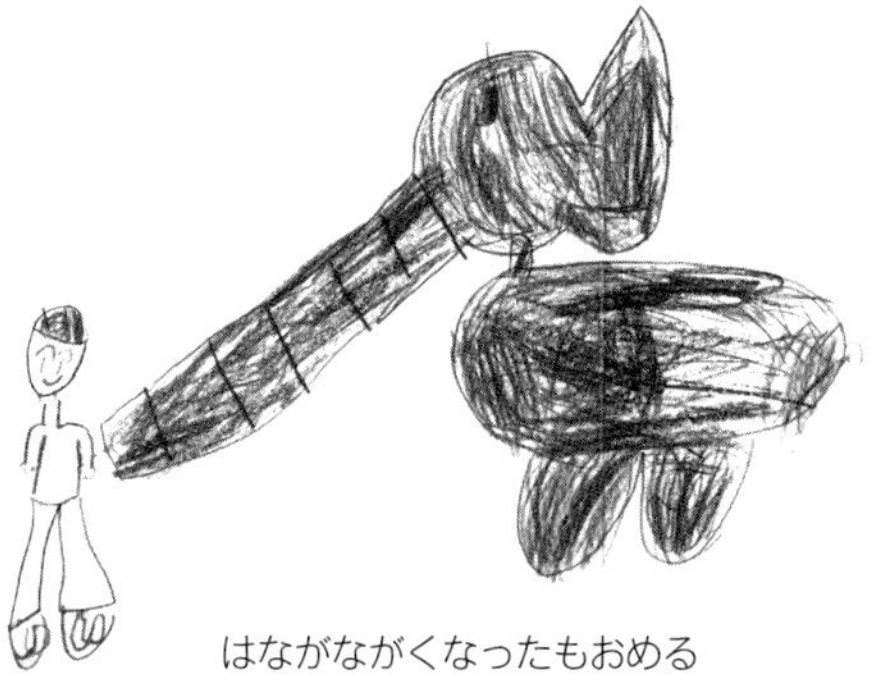

はながながくなったもおめる

本の国から

『日本経済新聞』毎週金曜日の夕刊に、「本の国から」と題して図書館司書によるおすすめの本が紹介されている（現タイトルは『こころの一冊』）。ここでは、一九九九年四月より二〇〇一年三月までの著者執筆分を転載する。最後の三編30、31、32は今回あらたに書き下ろした。

各項とも、削除・加筆・訂正を行い、書誌・書影は新しいものとした。

1『くだもの』

一ページ目にはまるごとの大きなスイカ。ページをくると、お皿の上にのったスイカにフォークが添えられて、「さあどうぞ」とさしだされる。黄緑と紫のブドウが二房、隣のページには、ガラスによそわれたブドウが水滴を滴らせている。

季節のくだものの丸ごとの姿と、それが食べられるようになった姿が並べて描かれている。添えられることばは、くだものの名前と「さあどうぞ」だけである。どのくだものもみずみずしい。

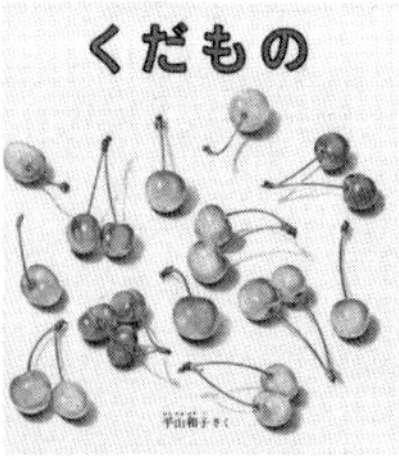

『くだもの』
平山和子作
福音館書店

昨年の春まだ浅いころ、三宅島の保育園で絵本を読んだ。はじめに読んだ絵本をひどくきまじめに聞いたあとで『くだもの』を開いて、「すいか、さあどうぞ」と読みはじめたとたん、子どもたちの手がいっせいに伸びた。

その勢いに押されて、私もつい腰を浮かせて子どもたちの前でぐるっと本をまわすと、どの子もスイカをとっては口に入れる。次々と登場するくだものに、子どもたちは元気に絵をたたいては、うれしそうに食べてみせる。すききらいもいわず、めんどうくさがりもしない。その律義さがおかしい。最後にバナナが出るとじょうずにむいて、ぱくっと口に入れた。

私たちおとなは、赤ちゃんを見るとどうして笑わせたくなるのだろう。ほっぺたをつついたり、いないいないばあをしたり。赤ちゃんが笑えばうれしくて、またいないいないばあをやって見せる。手足をバタバタさせてよろこべば、おとなも張り切って、さらに同じことをくり返す。赤ちゃんとキャッチボールのように笑顔をやりとりする。

こういうことを何度もくり返して、子どもは笑顔を交わすことを覚え、笑顔に添えられたことばを受けとめていくのだろう。赤ちゃんを笑わせたいというおとなの素朴な思いから、赤ちゃんのことばの獲得が出発するのだろう。その仕組みの見事さに感心する。

「さあどうぞ」という私のことばをまっすぐに受けとめてくれた三宅島の子どもたち。きっと、これまでにたくさんの笑顔とことばをおとなからもらってきたのだろう。丸々とした素肌をむき出しにして、一個一個の桃の実のようだった子どもたちが忘れられない。

（『日本経済新聞』二〇〇〇年六月九日夕刊）

2 『いただきまあす』

こぐまが「いただきまあす」とはりきって朝ごはんを食べはじめたけれど、スープを前かけにこぼし、ジャムをテーブルに落とし、スパゲティを口からたらし、うまく食べられない。「どうすればいいのかな」と考えたすえ、スープもサラダもなにもかも混ぜて、手で食べる。おいしくいただいて「ごちそうさま」と、最後はテーブルの上に乗って大満足。

子どもたちと本を読んでいて、おとなとのちがいをもっとも感じるのは、「笑い」である。おとなは、主人公がバカなことや子どもらしいほほえましいことをやったりすると、笑う。けれども子どもは、主人公と同じように大まじめ。幼い子が笑うのは、ぶった、蹴った、ころんだというドタバタである。

もう一人前に食事がとれるようになった二歳以上の子どもに『いただきまあす』を読むと、大笑いする。ついこのあいだまで自分がしていたことや、やりたくてもできなかったことを主人公がやってのけるのが、愉快でたまらない。「ばっかなこぐま」と、ちょっぴり優越感を覚えて、「くまくん、いけないね」といっては大笑いする。

一方、このこぐまと同じ状況にある一歳前後の子どもは、にこりともしないで聞いている。ページをめくるにつれてこぐまの不作法がひどくなると、「めっめっ」としかったり、タオルをもってきて汚れをふいたりする。そのくせ、自分では食卓で、ひっくり返したみそ汁をびしゃびしゃたたいて広げたり、バターにつっこんだ手を服にこすりつけたり……こぐま以上の悪童ぶりを発揮する。そのうち、こぐまが絵本のなかでやっていることをわ

『いただきまあす』
渡辺茂男文
大友康夫絵
福音館書店

ざと演じる。フォークをほっぺたにさして、「あいたっ」と顔をしかめる。「食べられない、食べられない」と、シラタキを口の前で揺らす。

　同じ絵本でも、子どもの発達段階や個性によって楽しみかたがまったく異なる。くり返して読むうちに、その子の楽しみかたが変わっていき、成長ぶりをうかがうことができる。たった一冊の赤ちゃん絵本『いただきまあす』は、おとなにいろいろなことを教えてくれる。

（『日本経済新聞』一九九九年六月四日夕刊）

3『とだな』

　一六センチ四方のちいさな絵本。表紙には、お玉となべを手にした男の子が、とだなの前に立っている。

「うちのだいどこにはとだながある。いろんなおなべでいっぱいさ。ぼくはそれをぜんぶそとへだしちゃってあそぶのがすき」

　なべをかぶったり、たたいたりと、ごきげんなぼく。でも、お母さんはほかのあそびを考えたらという。そこで立ち去ろうとするぼくにお母さんは、元どおり片づけなさいという。

　五人の子持ちと聞けば、だれもがたくましい母親を思い浮かべるだろうが、Yさんは、ほっそりしていて、静かなお母さんだ。母親似の長女が、自分の体と大きさのちがわない

『とだな』
ジョン・バーニンガム作
谷川俊太郎訳
冨山房

弟と妹のふたりを連れて図書館にやってくる。職員が声をかけてもきまじめなお姉ちゃんはほとんど答えず、弟が愛きょうをふりまいてくれる。お母さんは赤ちゃんをおんぶして、いつも子ども室の入り口でひっそりと待っている。そのわきには四人目の男の子、Tちゃんが寄りそっている。

ちいさな子どもには、おもちゃより台所道具や野菜のほうがずっと魅力的だ。おとながちょっと気を許すと、ちいさな指で棚やひきだしをこじあけ、いろんなものを引きずり出してあそぶ。そんな子育てにはつきものの、けれどもすぎれば忘れ去ってしまうようなささいな体験を絵本に仕立てた著者の、視点のたしかさに驚く。登場するのは、ぼくとお母さんだけ、日常を描いた単純なお話なのに、不思議とちいさい子の心をとらえる。

図書館主催の絵本講座でそんな話をして『とだな』を紹介したら、講座終了後、Yさんが「この子はいつも同じことをやっているから」とうれしそうに、はじめてTちゃんのために『とだな』を借りていった。上三人の仲間にはいるにはちいさすぎ、お母さんには赤ちゃんがいて、ひとり占めできない。きっとTちゃんは、家事をしているお母さんの足元で、しかられながら台所を探検しているのだろう。

最初の子どもの成長には一喜一憂した親も、ふたりめからは、まして四人めともなれば、忙しさに追われてしまう。そんなTちゃんが、自分だけの絵本をお母さんに選んでもらったことが、私にはとてもうれしかった。それは、『とだな』のぼくがお母さんとふたりで台所道具を片づけている場面に重なって見える。

（『日本経済新聞』二〇〇一年一月一二日夕刊）

4『ぐりとぐら』

森で大きな卵を見つけた、野ねずみのぐりとぐら。二匹はその卵で大きなカステラを焼き、動物たちにごちそうする。そして、残った殻ですてきな車をつくる。
四〇年近く子どもたちに愛され、いまや読者は二世代、三世代にわたる。

『ぐりとぐら』
中川李枝子文
大村百合子絵
福音館書店

息子がまだちいさかったころ、冬の朝、死んだ野ねずみを見つけた。固くなった野ねずみをしっかり握って保育園に走っていき、「ぐりかな、ぐらかな？」と真顔でたずねる息子に、ベテランの保母さんはすこしも動じず「服を着ていないから、ぐりとぐらじゃないわ」といい切った。このエピソードは、いまでもわが家で語り伝えられている。

『ぐりとぐら』は世界各国で翻訳されている。どの本も、表紙には「ぐり」が青字で「ぐら」が赤字で描かれている。図書館で、タイ語版を手にしたちいさな男の子が指さしながら「ぐりとぐら」と読んでいた。

先日、中学生たちが図書館見学にきたので、英語版の歌のところを読んでみてとたのむと、元気に引き受けてくれた。「けちじゃないよ、ぐりとぐら　ごちそうするからまっていて」と歌う場面を〝love to share〟といい表しているのに、みんなで「こんないいかたをするんだ」とびっくりした。

私は、機会があると『ぐりとぐら』を知っているかと聞いている。ちいさいころ読んだ人に感想をたずねると、ふわふわのカステラがおいしそうだったことと殻の車が楽しかっことを必ずあげる。ある若い女性は「おままごとのような楽しさがあった」といったのだが、子どもが背伸びせず、日常の気持ちのままとびこめる世界だと納得できた。

相手の年齢や経験によっては知らない人ばかりというときもあり、「アニメの人気キャラクターならだれでも知っているのに」と不満に思ったりもする。でも、アニメはスイッチひとつでスタートするが、『ぐりとぐら』には読者の数だけ、親や保母さんが子どもたちにくり返し読んだ貴重な〝ひととき〟がある。そのひとつひとつに、私の知っている子どもの笑顔を重ねあわせてみる。これからも『ぐりとぐら』の楽しさを世界の子どもたちとshareしていきたい。

(『日本経済新聞』二〇〇〇年八月四日夕刊)

5『ティッチ』

ティッチはちいさな男の子。兄さんのピートも姉さんのメアリも大きな自転車やたこをもっているのに、ティッチがもっているのは三輪車とちいさなかざぐるま。ピートはシャベルを、メアリは植木鉢をもっている。でも、ティッチのちいさな種は芽を出して、みんなの背丈より高く伸びる。簡潔な文とていねいに書きこまれた絵には、作者の母親としての深いまなざしを感じる。

S三姉妹といえば、当時職員で知らない者はいなかった。長女のKちゃんは毎日図書館にきて、ときには「この本、おもしろかったよ。お姉さんも読んでみて」と、まだ若かっ

『ティッチ』
パット・ハッチンス作・絵
石井桃子訳
福音館書店

た私にすすめるくらいの読書家だった。Kちゃんにいつもくっついていたのは、三女のSちゃん。職員にはひとことも口をきかず、Kちゃんに世話を焼かれていた。次女のYちゃんは、いきなりカウンターに現れて「アメリカで宇宙人の死体が発見されたんだって」とすっとんきょうなことをいったかと思うと姿をくらます。そんなYちゃんを、「Yちゃん、きていない？」とKちゃんはよく探していた。

あるとき、カウンターで長女のKちゃんと三女のSちゃんに『ティッチ』を読んだ。読み終わるなりKちゃんは、「ティッチってかわいそう」というと、さっさと妹の手をとって帰ってしまった。残された私は、「どうしてだろう？」とひどく気になった。

この秋、図書館学を勉強中の学生さんが実習にきた。子ども室で本を見ながら話していると、「ティッチって、もっと大きい本だと思っていた」と、驚いたように声をあげた。子どものころすきだったかと聞くと、「きらいじゃなかったけど、やっぱりティッチは妹の本っていう感じだった」という。

ふたり姉妹の長女という彼女のことばを聞いて、一五年まえのKちゃんから答えをもらったような気がした。Kちゃんは、ティッチのくやしさもよろこびもわかっていたのだ。でも、姉としての意地がティッチへの共感を許さなかったのだろう。

親は、どの子もかわいいという。でも、子どもは敏感に自分の立場を見抜いていて、胸に収めている。高く伸びた木を見て得意気なティッチ。そのわきでびっくりするピートとメアリ。あなたはどの子に共感しますか？

（『日本経済新聞』二〇〇〇年一一月一〇日夕刊）

6『きみなんかだいきらいさ』

ジェームズとぼくはいつも仲よしだった。だから、ガマガエルのいるところも教えてやったし、水ぼうそうだっていっしょにかかった。でもいまはちがう。いつだっていばりたがって、クレヨンは貸してくれないし、シャベルはとっちゃう、ジェームズなんか大きらいだ。ぼくはジェームズのうちへ行って、きょうからきみはぼくの敵だっていってやろう。雨の中を出かけたぼくは……。

『きみなんかだいきらいさ』
ジャニス・メイ・アドリー文
モーリス・センダック絵
こだまともこ訳
冨山房

同僚のKさんは、四人兄妹のお母さん。ずっとまえに見せてもらった写真が忘れられない。ちいさな湯舟に入った四人の子どもとお父さんが、そろってこっちを見ている。裸と笑顔が写真からあふれてくるようだ。「家族が集まるとすぐけんかが始まって、ほんとうに、うちって寅さん一家みたい」と、Kさんは笑う。

折々に聞かせてもらった子どもたちの話で私がいちばんすきなのは、保育園の運動会の話だ。末っ子で、唯一の女の子Nちゃんの応援に、家族総出ででかけた。ダンスが始まると、二男が「うちのNがいちばんかわいい！」と大きな声で叫んだ。「よそのお母さんたちに笑われるし、親の欲目で見たって、かわいいとはいえないのにね」とKさん。

三男が六年生のとき、大の仲よしだった幼なじみとケンカをした。
「向こうのお母さんとも、何があったのかって話したんだけど、どうすることもできないし……。でも、中学生になったらいつのまにかまたつきあっていて、ほっとした」
「『きみなんかだいきらいさ』を読むと、このときのことを思い出す」と、Kさんはいう。

絶交をいいに行ったぼくなのに、いつのまにかジェームズとクッキーをわけあっている。そして、一足のローラースケートをふたりで履き、雨がやみ、お日様が顔を出した外へととびだしていく。

家のなかではケンカ相手の妹も、外に出れば「いちばんかわいい妹」になる。友だちと絶対に口をきくもんかと固く決意しても、一時間とたたないうちにまたいっしょにあそんでいる。ちょうどジェームズとぼくのように、悪口のいいあいも天気が変わるようにころっと変わってしまう。そんなけんかができるのはいくつまでだろう。

（『日本経済新聞』二〇〇〇年一月二八日夕刊）

7『ゆかいなかえる』

水のなかで漂っているゼリーのようなたくさんのたまご。魚が食べてしまうが、残った四つは大きくなってオタマジャクシに。そして、四匹のカエルの誕生だ。カエルは、水のなかで競争したり、楽しくあそぶ。サギやカメが食べようとしても、じょうずに逃げてしまう。トンボのたまごと水草でおいしいごはん。夏じゅう、カエルは歌ってすごす。カエルの一年を描いた初歩の科学絵本でもある。

青、緑、白、黒の四色だけを使った、しゃれたデザイン。カエルの生き生きした動きが伝わってくる。どのページにもいろんなかっこうのカエルが四匹いて、一匹ずつさがすのも楽しい。この絵本のもうひとつの魅力は、文章の美しさだ。たとえば「たのしくあそんでいるさいちゅうに、あぶない！　さぎたちだ！　かえるはさっととびちって、はすのは

『ゆかいなかえる』
ジュリエット・ケペシュ
文・絵
石井桃子訳
福音館書店

立つ。

のかげにかくれた。あっちこっちとさぎたちはさがす」。リズミカルなことばに心が浮き

あるとき、二歳の女の子のお母さんが、うれしそうに話してくれた。子どもといっしょに花の種をまいたら、「はなさくはるまでねむります」と唱えていたという。これは『ゆかいなかえる』の最後のことばである。雪の降りしきる地上から、カエルが地面にもぐりこんでいく。その絵に「ゆきのふるふゆがくると、あたたかいつちのなかで、はなさくはるまでねむります」ということばが添えられている。なんてすてきな使いかたなのだろう。

二歳の子が「花咲く春」を理解しているのかどうかはわからない。でも、『ゆかいなかえる』といっしょにくり返し体験した四季と、現実の暮らしのなかでの季節の変化、それを教えてくれるおとなのことばが、その子のなかで結びついたのだろう。

本のなかでの経験が暮らしでの体験をあと押しし、子どもにとってわけのわからないこの世界を秩序立ててくれる。そんな力を、本はもっている。というよりも、力をもっているのは子どものほうなのかもしれない。

この話を聞いて以来、私は種をまくときいつも心のなかで呼びかける。「はなさくはるまでねむります」と。

（『日本経済新聞』一九九九年四月二三日夕刊）

8『せきたんやのくまさん』

「あるところに、せきたんやのくまさんがたったひとりですんでいました。くまさんは、うまと、にばしゃと、せきたんのはいったちいさいふくろを、たくさんもっていました」

こんな「せきたんやのくまさん」の一日を淡々と描いた、素朴な絵本である。

シリーズとして『ゆうびんやのくまさん』『うえきやのくまさん』『パンやのくまさん』がある。

『せきたんやのくまさん』
フィービとセルビ・ウォージントン作・絵
石井桃子訳
福音館書店

「きのう、図書館にいなかったでしょ」と子どもにカウンターで聞かれることがある。「きのうは休みで、家にいたよ」と答えると「家があるの？」とびっくりされ、返答に困ってしまう。子どもにとって、図書館の職員は、いつもそこで働いており、家や家庭があるなど思いもつかないらしい。これは、自分の両親が社会で働いている具体的なイメージを抱けないことにもつながる。幼い子どもに自分の仕事をわかりやすく説明できる親も、現代ではすくないかもしれない。銀行員はお金をつくっている、魚屋さんは海で魚をとってくるともいえないし……。

このちいさなくまさんは、子どもにもわかる仕事をよろこびいさんでやっている。朝は目覚まし時計で起き、荷馬車に石炭袋を積んで、街へ出かける。おなじみの家で馬車をとめては注文を聞く。石炭置き場に「どかん、どかん」と石炭を投げこみ、お金をもらう。夕方には家路を急ぎ、馬の世話をしてから自分のお茶にする。暖炉の前で絵本を読んでくつろぎ、眠くなると寝間着に着がえてベッドに入る。

商売に必要な最低限のものをもち、自立しているこのちいさなくまさんは、子どもたちに労働や自立へのあこがれを抱かせてくれる。そして、一人前に仕事をしながらも、くまさんが子どもとして描かれていることが、幼い読者の共感を呼ぶのだろう。

石炭がなんだかわからなくても、子どもは「どかん、どかん」と石炭を投げ、「200えんいただきます」といって、きょうも「せきたんやのくまさんごっこ」を始める。

（『日本経済新聞』一九九九年八月六日夕刊）

9『ガンピーさんのふなあそび』

ある日、ガンピーさんが舟に乗って出かけると、子どもたちが「連れてって」とやってくる。「けんかしなけりゃいいよ」と乗せてやる。次にウサギがとんだり跳ねたりしない約束で乗る。今度はネコが、犬がと、仲間はどんどん増えて楽しく川を下っていく。そのうち大さわぎが始まり、舟は転覆。みんなは岸まで泳ぎ着き、ガンピーさんの家でお茶をごちそうになる。

ガンピーさんと動物たちのやりとりや、禁止されたことを全部やってしまうのが、何度読んでもおかしい。

四歳と五歳の女の子をもつ友人と旅行をして、紅葉の川下りを楽しんだ。私の手を握って跳ねているふたりに「舟に乗ったら、けんかしたり、けったりしちゃだめだよ。ブタやヒツジみたいに」というと、この絵本を知っていて「ガンピーさんのふねあそびだ」と妹

『ガンピーさんのふなあそび』
ジョン・バーニンガム作
光吉夏弥訳
ほるぷ出版

のKちゃん。姉のAちゃんは、「ちがうよ。ガンピーさんのふなあそびだよ」とまちがいを指摘する。靴を入れる袋をもらうと、「これ何するの?」「靴を入れるの。動物たちははだしだけど、私たちは靴を履いているからね」「でも、ガンピーさんは靴を履いているよ」

部屋のなかをタオルをふりながら走りまわっていたかと思うと、頭をくっつけて、静かに折り紙をしている。メニューをじっくり見て一人前に選ぶのに、一歩も歩けないと道端にしゃがみこむ。何をするのもいっしょの仲よしのふたりなのに、お母さんの隣の席を激しく争う。

久しぶりに幼い子どもと一日をすごし、忘れかけていた感触を思い出した。いい子と悪い子、上機嫌と不機嫌、独立心と甘え、動と静……。子どもは体のなかに正反対のものをもっていて、それをまっすぐに出してくる。きっとおとなは、ガンピーさんのように子どもを受けとめ、いっしょに楽しめばいいのだろう。子どもたちに約束をさせ、でも守れなくてもしかったりせず、おいしいものを食べさせ、「またあそぼう」と穏やかな笑顔で送りだす。ガンピーさんみたいなおとなが、子どものまわりにいるといい。

（『日本経済新聞』一九九九年一一月一九日夕刊）

10『くまのコールテンくん』

ぬいぐるみのくまのコールテンくんは、デパートのおもちゃ売り場で、だれかが自分を買ってくれるのを待っていた。ある日、女の子が「こんなくまがほしかったの」と立ちどまるが、お母さんは「これ、しんぴんじゃないみたい。つりひものボタンが、ひとつとれ

『くまのコールテンくん』
ドン・フリーマン作
松岡享子訳
偕成社

てるわ」と答え、ふたりは行ってしまう。はじめてボタンがとれているのに気がついたコールテンくんが、その晩ボタンを探してデパートを探検すると……。

先日、この絵本を幼稚園の年長児たちといっしょに読んだ。どの子も、身じろぎもせず真剣そのもの。コールテンくんが夜のデパートで大きな音をたて、警備員がかけつける場面では、泣きだしそうな子もいる。

翌朝、またあの女の子がきてコールテンくんを買い、家に連れて帰る。女の子は、つりひものボタンをつけるとぎゅっと抱きしめて、ふたりは友だちになる。

読み終えると、「もう一回、表紙を見せて」と声が。本を開くと、表表紙にボタンを探すコールテンくん、裏表紙に女の子に抱かれたコールテンくん。双方を見比べて、みんなで大いに満足した。

二〇年以上まえに翻訳された絵本だが、いまも子どもたちの圧倒的支持がある。話も絵も平凡で、おとなにはものたりないかもしれない。でも、子どもたちといっしょに読むと、張りつめて聞いている心が伝わってきて、読み手の気持ちも熱くなる。

どんなことにもくじけないコールテンくんの勇敢さや、女の子のやさしさに共感するのか。でも、そんな分析より私が大すきなのは、こんなお話。

この本の愛読者のNくん。ある日、「ぼく、きょうコールテンくんになっちゃった」とお母さんになぞをかけた。「えっ、何?」と聞き返すお母さんに、Nくんは黙ってボタンのとれた幼稚園のスモックを見せた。

(『日本経済新聞』一九九九年四月二日夕刊)

11『まよなかのだいどころ』

「ミッキーのはなししってるかい？　まよなかにあんまりさわがしいおとがするので、どなったら、くらやみにおっこちて、はだかになっちゃって」「おりたところはあかるいまよなかのだいどころ。そこではまいばんパンやさんたちが、よるもねないで、ぼくらのためにあさのケーキをやいている」

こうして、ケーキのねり粉のなかにとびこんだミッキーの夜の冒険が始まる。

常識的なおとなから見ると、受けとめかたにとまどう絵本である。奇想天外なストーリーに、マンガ風のイラスト。裸のミッキーと太ったパン屋さんが、陽気にケーキを焼いている。台所の背景は、夜空が広がる街。その街は食料品でできている。ケーキの箱、シロップのビンなどが林立し、屋根には泡立て器やじょうごが立っている。箱やビンには「ミルク」「一〇セントクーポンつき」などの文字が並んでいる。

作者のセンダックは、ポーランド系ユダヤ人の移民としてニューヨークのブルックリンに生まれた。おとなになっても子ども時代の記憶と感性を保ち続けて作品として結実させた稀有な作家といわれ、心理学者や評論家がさまざまな分析や論評を試みている。

しかし子どもは、ただおもしろさのまっただなかにミッキーのように裸でとびこみ、いっしょになって、「もっとやれ、もっとやれ」と楽しむだけだ。

四歳のSくんは、ある晩、お母さんとコロッケをつくった。ゆでたジャガイモをつぶして、丸めて、衣をつける。手はべたべた、テーブルは粉だらけ。そこでSくん、「お母

『まよなかのだいどころ』
モーリス・センダック作
神宮輝夫訳
冨山房

さんは、夜も寝ないでぼくらのために朝のコロッケをつくっている」。そして、揚がったコロッケの山を見て、「これでいうことありません！」と自信たっぷりにいった。これは、パン屋さんのはたらきでパンができあがったときのミッキーのことばである。

おとなは『まよなかのだいどころ』をひとりの強烈な個性がつくりあげた独自の世界だと思っている。しかし子どもは、民族や時代を超えて軽々と自分の日常にその不思議を連れてきてしまうのである。

（『日本経済新聞』一九九九年七月一六日夕刊）

12 『どろんこハリー』

ハリーは、黒いぶちのある白い犬。おふろが大きらい。ある日、おふろにお湯を入れる音を聞くと、ブラシを裏庭に埋めて外へ逃げだした。道路の工事現場であそんで泥だらけになり、友だちと鬼ごっこをしてもっと汚れ、石炭トラックの滑り台で真っ黒に。あんまり汚れたので、白いぶちのある黒い犬になってしまった。ところが家に帰ると、うちの人にはハリーがわからない……。

『どろんこハリー』
ジーン・ジオン文
マーガレット・ブロイ・グレアム絵
渡辺茂男訳
福音館書店

表紙には、黒いぶちのある白い犬と白いぶちのある黒い犬が立っている。子どもたちに読んでやるとき、私はいつもここをたっぷり見せてから始める。ハリーがおもしろいことをすればするほど、汚れはひどくなる。それを見る子どもたちの表情は、ひとりひとりちがう。びっくりしている子、もっとやれとはしゃいでいる子、あきれている子、心配そうな子。でも、みんなハリーを応援している。だから、最後の大団円をむかえると、素直によかったとよろこぶ。そして、表紙の絵をまたみんなでながめて満足する。

絵本のお手本といっていい、みごとな絵本だ。何十回と読んできたが、不思議に「石炭トラックってなに？」と聞かれたことがない。でも子どもは、石炭って「さわると真っ黒になるもの」とわかっている。

子どものための本格的な絵本が生まれてから半世紀あまり。初期の作品のなかには、日常から姿を消したものが登場することも多い。レコード、壁かけ式電話……。当時は最先端だったものさえ、いまの子どもは知らない。

でも、しっかりしたストーリーと愛すべき主人公、冒険とハッピーエンドがあれば、おもしろさは時代を超える。子どもたちは、もちまえの鋭さで本質をちゃんとつかんでしまう。

私たちも、おとなになってから「子どものときに読んだのはこれだったのか」とジグソーパズルのコマがぴたっと納まるような思いをしたことがあるだろう。子どものころ本で出会った未知のものは、夢やあこがれを抱かせてくれることも多い。私の場合は、水晶、モカシン、しんきろう……。いまの子どもたちが本から手に入れる「未知へのあこがれ」や「夢」はどんなものだろうか。

（『日本経済新聞』一九九九年一〇月二九日夕刊）

13『よかったねネッドくん』

ある日、ネッドくんはびっくりパーティーへの招待状をもらう。友だちに飛行機を借りて出発するが、その飛行機が途中で爆発。よかった。パラシュートで脱出できて。でもたいへん、パラシュートには穴が開いていた。よかった。下には柔らかい干し草の山。でもたいへん、干し草にはとがった〝くさかき〟があって……。

次々と災難にぶつかっては、危機一髪で助かるネッドくん。「よかった」とほっとしたとたんに、「でもたいへん」がくり返される。

中国人のお母さんと日本人のお父さんをもつAちゃんとはじめて会ったのは、彼女が四年生の冬休みだった。中国から来日したばかりのAちゃんは、お母さんの職場に近い図書館で半日をすごすようになった。まだ日本語のおぼつかないAちゃんとはじめて読んだ絵本が『よかったねネッドくん』。それ以来、朝やってくると、「きょう、いつ本読んでくれる?」と聞くようになった。

ネッドくんは、読書経験がすくないまま大きくなった子どもたちにも受け入れられる。絵本を楽しむには、抵抗のある年ごろでも、次々と襲いかかる災難からいつも見事に逃げ切るネッドくんに大笑いしているうちに、何のてらいもなく等身大の自分の感性で楽しめるようになる。とくに大勢で読むと、どんどんエスカレートしていくナンセンスが、ひとりで読むより何倍もおかしく感じられる。学童保育でおやつの時間にこの絵本を読んだときも、「チョーうける」と、高学年の子どもたちがネッドくんを囲んでくり返し見ていた。

『よかったねネッドくん』
レミー・シャーリップ作
八木田宜子訳
偕成社

アメリカの学校図書館司書をしているかたから、この本はアメリカでもたいそう人気があると聞いた。英語を母語としない子どもたちへの識字教育にも使われているそうだ。日本語の「よかったね」と「でもたいへん」にあたる〝FORTUNATELY〟と〝UNFORTUNATELY〟を使って文章をつくらせると、子どもたちはユーモラスな文をじょうずにつくるという。

将来の夢は歌手。いつも何げなくきれいなメロディーを口ずさんでいたAちゃんも、この春に小学校を卒業する。ネッドくんのびっくりパーティーは、自分の誕生日会だったけれど、Aちゃんにもすてきなびっくりパーティーが待っているといいね。

（『日本経済新聞』二〇〇〇年六月九日夕刊）

14『きょうはなんのひ？』

朝、まみ子は「おかあさん、きょうはなんのひだか、しってるの？　しーらないの、しらないの、しらなきゃかいだん三だんめ」と歌って、学校へでかける。お母さんが階段に行くと、三段目に手紙が置いてあって「ケーキのはこをごらんなさい」と書いてある。ケーキの箱を見るとまた手紙があって……。こうしてお母さんは家中を歩きまわり、とうとう郵便受けのなかにまみ子からの結婚記念日のプレゼントを見つけだす。

著者の瀬田貞二氏は、自分の子どもたちからまみ子のように結婚記念日を祝ってもらった愉快な体験をもとに、この絵本を書いたという。

『きょうはなんのひ？』
瀬田貞二作
林明子絵
福音館書店

いつの時代にも「生まれながらのお兄ちゃん」といった子どもがいるもので、Oくんもそんな子のひとりである。休日になると、弟や妹はもちろん、家にあそびにきた友だち、その友だちが連れてきたちいさい弟や妹までひき連れて、楽しくあそぶ。

ある日曜日、「もういいよ」というOくんの合図で、ちいさい子どもたちがどっと二階から下りてきた。一斉に玄関になだれこむと、「手紙があった」「お姉ちゃん、読んで」「テーブルの下だって」というやりとりがあり、今度は居間にかけこんで、テーブルの下に頭をつっこみながら手紙を探している。

子どもたちが次の目的地へと走りだしたころ、いちばんちいさいTちゃんがやってきた。年上の子どもたちのまねをしてテーブルの下に入って、にこにこしている。最後に、冷蔵庫のなかからおもちゃの指輪が出てきて、みんな「見せて、見せて！」と宝物の発見に大よろこびした。

その晩、お母さんがOくんに「きょうは、みんなで宝探しをしたの？」と聞くと、Oくんは真顔で、「ちがうよ。『きょうはなんのひ』ごっこだよ」と答えた。

ひとつの幸せな家庭から生まれた絵本は、それを読んだ子どもたちに新しいあそびをもたらすことになった。子どもといっしょに本を楽しんでいると、家庭のなかでもうひとつの新しい物語が生まれてくる。そのちいさな物語は、いつか親子にとってたいせつな宝物になるにちがいない。

（『日本経済新聞』一九九九年一〇月八日夕刊）

15『ふたりはともだち』

子どもっぽくてとぼけたがまくんと、おひとよしのかえるくんの友情物語。ふたりのユーモラスなやりとりやほのぼのとした冒険が、いくつかの短いお話になっている。続編に『ふたりはいっしょ』『ふたりはいつも』『ふたりはきょうも』がある。

ある日、図書館の本棚の前で四年生くらいの女の子がふたり、小声で話している。
「これ、二年生のとき、国語に出てきたお話だよ」
「えっ、ほんとう?」

私が近寄って「このお話でしょ」と教科書に載っている「おてがみ」のページを見せると、ふたりはうれしそうに、さっそくがまくんとかえるくんのシリーズを借りていった。

がまくんとかえるくんのお話は、幼児はもちろん、教科書で習う小学二年生、さらにそれより大きい子、またおとなでも楽しめる本で、ファンも多い。ファンのひとり二年生のAくんは、がまくんがやったことをまねした経験をもっている。

ある朝、がまくんは「よていひょう」をつくって、そのとおりに一日をすごそうと決心する。そこで、予定表にしたがってかえるくんの家へ行き、ふたりで散歩に出かける。ところが、風が予定表を吹きとばしてしまった。

次に何をしていいかわからなくなったがまくんは、ただそこに座ってなんにもしないでいる。かえるくんもつきあって、座っている。そのうち、あたりは暗くなってきた。がまくんは、予定表のいちばんおしまいに書いてあったのは「おねんね」だったことを思い出

『ふたりはともだち』
アーノルド・ローベル作
三木卓訳
文化出版局

し、ふたりはやっと安心してそこで眠る。

さて、Aくんはがまくんのように「しゅくだい、あそび、ごはん、おふろ、おねんね」と予定表をつくって家族じゅうに見せびらかし、ひとつやっては線で消し、その晩、満足しておねんねした。

どんな予定表も、子どもであれおとなであれ、最後は「おねんね」で終わる。そのことに気づいて、なんだかうれしくなる。がまくんとかえるくんが幅広いファンをもつのも、こんなふうに子どもにもおとなにも共通する世界や共感する思いを描いているからではないだろうか。

（『日本経済新聞』一九九九年六月二五日夕刊）

16『ラチとらいおん』

ラチは弱虫な男の子。犬も怖いし、暗い部屋にも入れない。飛行士になるのが夢だけれど、弱虫の飛行士なんているだろうか。ある朝、ベッドのそばにちいさな赤いらいおんがいた。らいおんはラチに体操を教えてくれ、ラチはどんどん強くなる。ラチは、らいおんに励まされて、女の子の手を引いて怖い犬のそばを通ったり、暗い部屋に入ったりできるようになる。そしてある日、いじめっ子から友だちのボールをとり返す。強くなったラチを見てらいおんは、別の弱虫の子どものところへと去っていく。

マレークはハンガリーの女性作家で、子どもにもおとなにも人気がある。ほかにマレークの本はないかとよく聞かれるが、日本ではこれしか翻訳されていない。「ラチ」はハン

『ラチとらいおん』
マレーク・ベロニカ文・絵
徳永康元訳
福音館書店

ガリーではよくある名前で、日本の「太郎」にあたるという。

五歳のKくんは、引っ越しして新しい保育園に通うようになってから元気がない。朝「保育園に行きたくない」とぐずったり、一日じゅう先生にくっついていたり。いじめられているわけでもないのに、楽しくすごせない。そんなKくんが図書館で借りたのが、この本。「このらいおん、弱そう」と悪口をいいながらもくり返し読んでもらっている。

Kくんのお母さんからそんな話を聞いた直後、幼稚園のおはなし会で『ラチとらいおん』を読んだ。いつもは男の子と女の子の受けとめかたにちがいは感じないのだが、今回はなぜか男の子たちが息を詰めるように真剣に聞いている。それを見て、「ラチって、男の子の絵本なんだ」と気がついた。

母親のうしろにくっついているばかりで友だちとあそべない男の子に、親はつい「男の子なのに、弱虫なんだから」といらだってしまう。反対に活発な女の子は、「これからは女の子も元気でなくっちゃ」と歓迎する。

わずか五歳で、男の子は社会の期待を敏感に感じはじめる。親はいましか見ない。子どものころの弱虫は、何年かたったときにその子のやさしさや穏やかさといった長所となって花開くのだけれど……。

日本の太郎にも、ハンガリーの太郎にも、エールをおくりたい。「きみもきっと飛行士になれるよ」と。

（『日本経済新聞』二〇〇〇年二月二五日夕刊）

※現在、マレークの絵本はほかにも翻訳されている。

17『おふろだいすき』

まこちゃんがあひるのプッカとおふろに入っていると、湯舟から大きなカメが顔を出す。双子のペンギンがそろってぴょこんとおじぎをするし、オットセイが大きなしゃぼん玉をつくるし、どんどん動物がやってきて、おおにぎわい。まこちゃんは、カバの体を洗ってやり、みんなで湯舟につかって温まる。おふろ場がだんだん大きくなっていくのが、何度読んでも不思議な魔法を見ているようだ。

夜道を家路に向かっていると、せっけんのにおいが流れてきて、湯殿に響く子どもとお父さんの楽しそうな声が聞こえてきた。それまでの緊張した足どりがゆるみ、思わず笑いが浮かんでしまう。お湯のなかでタオルをふくらませたり、洗面器を泡でいっぱいにしたり、子どもとの入浴は楽しい。けれど、子育て中の母親ならだれでも「一度でいいから、ひとりでのびのび入りたいなあ」と思っていることだろう。

以前、図書館のちいさい子のおはなし会で『おふろだいすき』を読んだことがあった。私の目の前に座った四歳ぐらいの男の子が、動物が登場するたびに「おふろにカメがいるはずがない」「カバがいるはずがない」と、ずっとつぶやいている。そのうちにやめるだろうと思っていたけれど、とうとう最後までいい続けた。ほかの子どもたちは、熱心に聞いていたのだが、私だけは、絵本のなかに入るたびに目の前の男の子の声で現実にひきもどされてしまい、楽しむことができなかった。

幼い子はだれでも、不思議な世界をまっすぐに受けとめ、現実と物語を何の疑いもなく

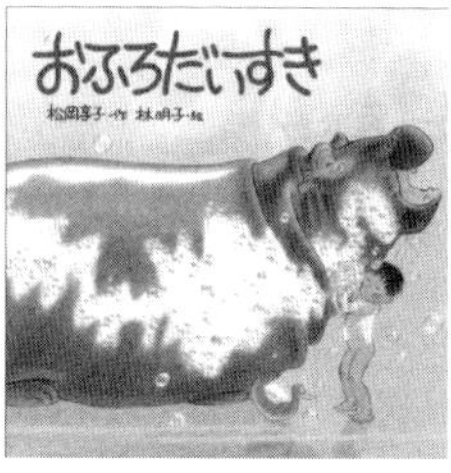

『おふろだいすき』
松岡享子作
林明子絵
福音館書店

行ったりきたりできる力をもっている。けれども、その不思議な世界に入れない子どもに「そんなことが起こるはずがない」といい切られてしまうと、返すことばがない。物語の世界への道はなんと細く、狭いのだろう。

永遠に続くように感じていた子育ても、気がつけばあらしのようにすぎ去っている。いっしょに入浴していた子どもも、まるで危険な動物を見るように親の目の前でぴしゃっと浴室のドアを閉める。物語の世界がはかないように、子育てもほんのわずかのひととき。けれどそれは、まこちゃんのおふろ場のように果てが見えないほど広い。

（『日本経済新聞』二〇〇〇年五月一二日夕刊）

18『100まんびきのねこ』

昔、おじいさんが、おばあさんにねこがほしいとたのまれて探しにいくと、ねこでいっぱいの丘にたどり着く。「ひゃっぴきのねこ、せんびきのねこ、ひゃくまんびき、一おく一ちょうひきのねこ」のなかからいちばんきれいなねこを選ぼうとするが、どれもきれいで、置いていくことができない。そこでおじいさんは、ねこ全部をひき連れて家へ帰っていく。黒一色の絵が美しい。

私が図書館のおはなし会ではじめて読んだ、思い出深い絵本である。緊張して読みはじめたとたん、子どもたちが吸いこまれるようにお話の世界に入ってきた。私は、主人公のおじいさんのように、一〇〇万匹のねこならぬ子どもたちをひき連れてお話の世界の旅を

『100まんびきのねこ』
ワンダ・ガアグ文・絵
石井桃子訳
福音館書店

続けた。

ねこたちが途中でのどがかわいて池の水をひとなめずつ飲むと、池の水はすっかりなくなってしまう。子どもたちは、ここで驚きの声をあげた。続いておなかがすいて草をひと口ずつ食べると、野原の草がみんななくなってしまう。ここでも、もっとうれしそうに驚いた。おとなにとってはこの場面は本筋ではないが、ここにこそ子どもにとっての真実がある。

一〇〇万匹のねこって、いったいどれくらいだろう？　だれにもわからない。ただそれは、ひとなめずつ飲んだら池の水が空になり、野原中の草まで食べつくしてしまうほどの数なのだ。

アメリカの図書館で、こんな有名な話がある。

あるとき、老紳士が子どものころに愛読した絵本を探しにやってきた。話を聞いて図書館員が『100まんびきのねこ』をさしだすと、老紳士は「この絵本は黒一色だが、私の本には色がついていた」と答えたという。絵本では、おじいさんがねこを選ぶ場面で白や灰色のねこ、茶色と黄色のしまのねこなどが登場する。きっと、くり返し読むうちに老紳士は、想像力で絵に色をつけていたのだろう。

子どもにとって、お話の真実はおとなとはちがっている。子どもの胸にすとんと落ちるのは、目に見える事実である。そして、それを想像力で何倍にもふくらませて楽しむ。子どもだけがこの特権をもっている。


（『日本経済新聞』一九九九年九月一七日夕刊）

19『なぞなぞえほん・1～3のまき』

一二センチ四方のちいさな絵本が三冊。なぞなぞとその答えを描いた絵が、見開きごとにひとつずつ並んでいる。どのなぞなぞも子どもの生活に身近で、声に出すと心地よいリズムをもっている。絵には、中川李枝子と山脇百合子のコンビでおなじみの「ぐりとぐら」や、うさぎやこぶたが登場する。

子どもは、なぞなぞを解くのも人に出すのも大すきだ。なぞなぞと聞くと、目を輝かせる。しかし、学齢まえの子どもにとっては、おとなが予想する以上にむずかしい。めちゃくちゃな答えを次々といったり、答えを聞いてもそのわけがわからなかったりする。おはなし会のお楽しみでこの絵本を使うときは、なぞなぞを唱えたあとで絵を見せる。みんな身を乗りだして見つめ、すぐに答えがわかって大よろこびする。

「だれでも一ぽんもっていて、あさばんそうじにつかってる　なまけてはいけないよ、いたいめにあうからね」

先日、幼稚園の年中クラスでこのなぞなぞをやったら、どの子も口をそろえて「歯みがき」と答えた。いくら「ほら歯みがきするとき、使うでしょ」といっても、とうとう「歯ブラシ」という答えは出てこなかった。どの親も、朝晩歯みがきをさせるとき、歯ブラシということばを使ってこなかったのだろう。なぞなぞをしていると、こんなふうに子どもたちとことばの関係が垣間見えておもしろい。小学三年生では、「ドア」という答えは出てきても「玄関」ということばは出てこなかった。また、その年ごろだと〝模範解答〟に

『なぞなぞえほん・1～3のまき』
中川李枝子作
山脇百合子絵
福音館書店

はない独自の答えを考えだして、「それも正解だね」と皆でよろこんだりもできる。なぞなぞは、ひとりではできない。あたったり、はずれたり、ヒントを出したり……相手とのことばのやりとりが生まれる。子どもには、なぞ解きだけでなくそのやりとりこそが愉快なのだろう。

子どもといっしょに遠出するときの車中に、あるいは病院での待ち時間に、このちいさな絵本をもっていけば、退屈な時間を楽しいひとときに変えることができるだろう。

（『日本経済新聞』一九九九年八月二七日夕刊）

20『ウルスリのすず』

ウルスリは、両親を手伝ってよく働くスイスの山の男の子。春をむかえる鈴行列のお祭りに、村の子どもはみな鈴をもらう。行列の先頭を進みたいのにちいさな鈴しかもらえなかったウルスリは、山の夏小屋に大きな鈴があったのを思いつき、橋をわたり、深い雪に足をもぐらせながら山を登っていく。スイスの山の人びとの暮らしと自然が絵の隅々から伝わってくる。

ちいさな男の子を連れたドイツ人の一家が、図書館にきた。お母さんを真ん中に、三人でベンチに並んで『ウルスリのすず』を読みはじめた。私は、本を片づけながらそっと近寄って、お母さんの淡々とした、けれど深い声音に聞き入った。ふと見あげると、テーブル越しにちいさな女の子が目を丸くして、三人を見つめて立ちつくしている。この子には

『ウルスリのすず』
ゼリーナ・ヘンツ文
アロワ・カリジェ絵
大塚勇三訳
岩波書店

どんなふうに聞こえるのだろうか、異文化体験だろうかと思いながら、静かにその場を離れた。

図書館で親に本を読んでもらっている子どもを見るほど幸せなことはない。あるとき、あのお母さんはどうして怒っているのだろうと不思議に思ったことがあった。しばらくすると、事情がわかってきた。怒っているのではなく、すこしきつい口調で、てきぱき読んでいるだけなのだ。お母さんは、一冊読み終えると「はいよ。次どれ？」と大きな声でいい、子どもはうれしそうに新しい絵本を抱えてくる。もうすこしなんとか読みようがあるだろうにと思っていた私だったが、ふたりを見て「読みかたなんて関係ない。子どもには、大すきな人に読んでもらうことがいちばんの幸せなんだ」と実感した。

親がわが子に本を読むには、なんの技術もいらない。ただまっすぐに、物語に心をあずけて楽しめばいい。大げさな表現は、むしろ自由なイメージの妨げになる。それほど人の声のもつ力は大きい。

ウルスリは、無事に家に帰ってくると、蒸したクリに生クリームをたっぷりかけて両親と食べる。この場面を読むたびに、ひとりの同級生を思い出す。中学生のとき、「おとなになったらスイスに行って、このごちそうを食べる」といっていた。いつも毅然と頭を上げていた、口数のすくなかった彼女に、あの身じろぎもせずドイツ語に聞き入っていた女の子の姿を重ねてしまう。

（『日本経済新聞』二〇〇一年三月九日夕刊）

21『ピーターラビットのおはなし』

ある日、いたずらっ子のピーターは、お母さんのいうことを聞かずにマグレガーさんの畑に入り、おいしい野菜をたくさん食べる。ところが、マグレガーさんに見つかり、農場中を逃げまわったあげくに服も靴もなくし、やっとのことでモミの木の下の家へ帰る。

ほんとうは絵本の主人公なのに、いろいろな商品にプリントされ、だれもがピーターラビットを知っている。お話を知らない人は、かわいらしいウサギの物語と思うかもしれないが、けっしてそうではない。

ピーターのお母さんは、子どもたちに「おまえたちのおとうさんは、あそこでじこにあって、マグレガーさんのおくさんににくのパイにされてしまった」と話して聞かせる。ここを読むと、子どもたちから「どうして？」とよく聞かれる。そんなとき、私は事実をそのまま話してやる。農家の人にとってウサギは、害獣であるばかりでなくおいしい肉だと知ってこそ、レーキをふりあげて追いかけてくるマグレガーさんが本気だとわかり、ちいさなピーターの必死の思いに共感できるからだ。

『ピーターラビットのおはなし』
ビアトリクス・ポター作・絵
石井桃子訳
福音館書店

家の近所にある家庭保育所の散歩コースに、子どもたちが「マグレガーさんち」と呼んでいる家がある。その家は緑の生け垣で囲まれ、絵本に出てくるのとそっくりな白い木戸がある。お話では、ピーターは木戸をくぐって畑に入り、迷ったときには夢中になってその木戸を探して逃げだすのである。

子どもたちは、散歩の途中で必ず「マグレガーさんち」の木戸の前で立ちどまり、息をつめて、恐れと好奇心の混じった目でじっと見つめる。柵越しに見えるのはふつうの草花だが、子どもたちには、キャベツやタマネギのように見えるのだろうか。ネコでも現れようものなら、「マグレガーさんちのネコだ」と大さわぎになる。
いまでは、「マグレガーさんち」の木戸は鉄の門に、生け垣は塀に変わってしまった。イギリスでは著者のポターの生前のままに農場と自然が守られているのに、日本ではちいさな生け垣さえ次々と姿を消していく。

（『日本経済新聞』一九九九年五月一四日夕刊）

22『ロバのシルベスターとまほうの小石』

ある日、シルベスターは赤いすてきな小石を見つけた。それは、願いを口にするとかなう魔法の石だった。小石に夢中になっていたシルベスターはライオンに食べられそうになり、うっかり「ぼくは岩になりたい」と願う。たちまち岩になったシルベスターは、すぐそばに魔法の小石があるのにどうすることもできず、いくつもの日夜を岩のままですごす。一方、かわいいわが子の帰りを待つ両親は……。

図書館のおはなし会では、聴き手の気持ちを落ち着かせ、現実とは別世界に入れるように、ろうそくをともす。そして終わりに、「ろうそくの火を消すとき、ひとつだけ心のなかで願いごとをするとかないますよ」と話す。願いごとと聞くと、どの年齢の子も驚くほど熱心になる。

『ロバのシルベスターとまほうの小石』
ウィリアム・スタイグ作
瀬田貞二訳
評論社

ほしいおもちゃがひとつに決まらず、「さあ消しますよ」と呼びかけると「ちょっと待って！」と悲鳴をあげる幼稚園生たち。

「しゃべったら、願いごとはかなわないよ」というと、ほしいものが口からとびださないように、自分の口を両手でしっかり押さえている子。

「人類の滅亡を願うぞ」と叫び、「もうしゃべっちゃったからだめだよ」と友だちにいわれて、「あっそうか」と妙に納得してしまうギャングエイジの男の子。

お話を聞くときはちょっと斜に構えていた高学年の女の子も、願いごとと聞くとすぐに心を決め、指を組んで目を閉じ、一心に祈ったりしている。

最後に、両親の祈りが通じて、シルベスターは再びロバにもどることができる。一家は、魔法の小石を鉄の金庫にしまい、「いつかはまほうがつかいたくなるでしょうが、いまのところ、のぞむことがありませんでした。みんなののぞみがすっかりたりたのですから」。そしてソファに座って、しっかりと抱きあう三人。

この最後のページを読むたびに、私には何年かまえに聞いた退職を目前にした先輩のことばがよぎる。

「この年になると、若い人を見ると幸せになってほしいと思うんですよね」

私自身はなかなかそんな心境になれないが、おはなし会の終わりには、「また子どもたちとこんなふうにお話を楽しめますように」と願っている。

（『日本経済新聞』二〇〇〇年一月七日夕刊）

23『神の道化師』

みなしごのジョバンニは、なんでも空中に投げあげて、お手玉のように上手にまわすことができた。あるとき、町にやってきた旅芝居の一行に入れてもらう。ジョバンニは道化の衣装を着て、玉や棒を投げあげてみせ、見物人は大よろこびする。やがて王子様や公爵に技を演じてみせるほど有名になったが、どんな人の前でも芸は変わることがなかった。時はすぎ、年老いたジョバンニにはつらい日々が訪れる。

何年かまえ、おはなし会で私が「むかしむかしのこと、イタリアのソレントにジョバンニというちいさな男の子がすんでいました。ジョバンニには、おとうさんもおかあさんもいませんでした」と読みはじめたとたんに、子どもたちがぐっと身を乗りだしてきた。親がいなくても自立して生きるジョバンニの身の上に何が起きるか、子どもたちは知りたくてたまらなかったのだ。

年老いて芸ができなくなったジョバンニは、食べものを恵んでもらいながら、故郷の教会にたどり着く。人びとは、幼子イエス様にクリスマスの贈りものをささげていた。その夜、ジョバンニは、贈りものをもらっても悲しそうに見えるイエス様に「わたしはひとをよろこばせるのは、お手のものだったんでさ」と呼びかけ、道化の化粧をして最後の芸を披露する。ジョバンニの心臓の動きが絶えたとき、イエス様は金色の玉を抱き、にっこりとほほえんでいた。

『神の道化師』
トミー・デ・パオラ作
ゆあさふみえ訳
ほるぷ出版

読み終えると、小学四年生の男の子が立ちあがり、黙って私の手から本を奪っていった。子どもは、人の一生にどんなことが起きたかということに、とても興味をもつ。私たちは、人の一生を子どもたちに見せてやることはできないが、『神の道化師』のような物語をとおしてならできる。

ここには、私たちが子どもたちに伝えたいのに目に見えるかたちでは手わたせないもの――努力、仲間、栄光、よろこび、優しさ、愛といった、よきもの――があると同時に、避けては通れない老い、孤独、飢え、死なども容赦なく描かれている。そして、基調にあるのは生きるよろこびである。子どもたちは、きっとそこに共感するのだろう。

（『日本経済新聞』一九九九年一二月一〇日夕刊）

24『それほんとう？』

「あめりかうまれの／ありのありすさんが／あるあきの／あかるいあめのあさ」で始まる長い詩。五〇音順にその文字で始まることばを使って物語がうたわれる。「せわずきのせり」や「せけんしらずのせろり」などという怪しい連中が登場し、にぎやかに事件を起こす。どの詩も、最後は「それほんとう？」と聞きたくなる。長新太のさし絵がとぼけた味わいを醸している。

子どもは詩が大すきだ。おとなは、詩と聞くとむずかしく考えがちだが、子どもはテレビのCMを口ずさむように気楽に楽しむ。

『それほんとう？』
松岡享子文
長新太絵
福音館書店

いちばんよろこぶのは、リズミカルなことばとユーモラスでナンセンスな詩である。ことばそのものとたわむれるようにおもしろがる。いま、そんな楽しい詩集がたくさん出版されている。

あるとき、常連の六歳のYくんが「読んで」と『それほんとう?』をもってきた。「いっこくもののいかが」と私が読みはじめると、「いっこくものって?」ときちょうめんに聞く。私は心のなかで「Yくん、きみのことだよ」とつぶやきながら「イカの国があったんだって」と答えると、きまじめな顔でうなずいている。

小学三年のクラスで読んだときは、始まってしばらくするとひとりの子が「みんな『あ』のことばだ」と叫んだ。それまで目を丸くして聞いていた子どもたちだったが、一斉に「あのつくことば」にとびつくように、楽しんでくれた。「全部『あ』がついていて書いた人はすごいなあと思いました」と感想を寄せてくれた女の子がいたが、ほんとうにそのとおりだと思う。

年齢によって受けとめかたはさまざまだが、ひとりの青年が、子どものころ読んだ『それほんとう?』を探しに図書館にきたときは驚いた。書名は忘れたのに、文章をそらんじているのだ。

「る」のところは文が短くて、「るんぺんが／るーれっとをして／るんばを／おどっていました」だったという。実際はもうすこし長いのだが、要約すればたしかにそんな話になる。むずかしいことばもあるのによく覚えていたなと感心した。

子どもはいつも、耳に新しいことば――元気で、愉快で、寂しくて、不可思議なことば――を求めている。彼にとってこの本は、未知のことばへの扉だったのだろう。

長いあいだ品切れだった本書がこの冬に復刊になった。「それほんとう？」とたしかめたくなるくらいにうれしい。

（『日本経済新聞』二〇〇一年二月九日夕刊）

※二〇一〇年一〇月新装版刊行

25『もりのへなそうる』

てつたくんは五歳、みつやくんは三歳。ある日、地図とピストルとサンドイッチをリュックサックに入れて探検にでかける。二人は森で大きなたまごを見つけ、草や葉っぱでたまごを隠す。翌日行ってみると、「ぼか、へなそうる」という大きな動物がいて、三人はかくれんぼをしたり、かにを捕ったりしてあそぶ。冒険心あふれるてつたくん、背伸びをしてお兄ちゃんにくっついていくみつやくん、とぼけたへなそうるのくり広げる遊びの世界が楽しい。

『もりのへなそうる』
渡辺茂男作
山脇百合子絵
福音館書店

四歳のAくんのお母さんから「うちの子が『もりのへなそうる』って世界でいちばんいい本だから、続きが読みたいっていうんだけれど」と聞かれた。Aくんは、家でも保育園でもいつもひとりであそんでいて、けっして友だちのなかに入らない。そんなAくんがてつたくんやみつやくんに共感するなんて、意外だった。おとなの目からは孤立して見えるAくんも、ほんとうは彼なりに友だちとあそんでいるのかもしれない。

一方、同じ保育園のNくん、Sくん兄弟は、五歳と三歳。まさにへなそうるの世界の住民だ。ある日、Nくんがビー玉を入れたビンをもってきて、「お母さん、これ庭に埋めて。宝探しするんだから、わかるように埋めてね」とたのんだ。それから広告の裏に地図を書き、「きょうりゅうたいじ、きょうりゅうたいじ」とてつたくんのように叫びながら玄関をとびだした。Sくんも、そこらの広告をつかんでお兄ちゃんのあとを追う。ふたりは庭の宝物を掘り出して、「やったあ!」と大よろこび。

子どもは、日常の隣に「へなそうる」を連れている。毎日の生活のなかに自然に、驚きやよろこび、冒険や不思議を見つけだす。そして、その種を蒔いてくれるのが、本ではないだろうか。おとなの役割はそれを見守って、そっと子どもの背中をおしてやること。いっしょにおもしろがったり、近所を探検したり、お弁当をつくったり……。

そういえば、てつたくんのお母さんがつくったサンドイッチは、いちごを薄く切ってはちみつをとろとろっとかけたもの。なんともおいしそうで、いつかつくろうと思っては季節を逃している。おとなだって日常によろこびは必要だもの、来年こそはつくってみよう。

（『日本経済新聞』二〇〇〇年七月七日夕刊）

26『ジェインのもうふ』

『ジェインのもうふ』
アーサー・ミラー作
アル・パーカー絵
厨川圭子訳
偕成社

ジェインはピンクの赤ちゃん毛布が大すきで、いつも「もーも」にくるまってごきげんで眠る。大きくなって、いろいろなことができるようになっても、まだ手ばなせない。やがてジェインは毛布がなくても平気な自分に気がついた。ある夏の朝、小鳥がすっかりちいさくなったぼろぼろの「も―も」を運んでいく。巣づくりのために使うのだ。劇作家のアーサー・ミラーが愛情をこめて娘の成長を淡々と描いている。

図書館のカウンターで「子どものころに読んだ本を探しているんですが」と聞かれることがよくある。あるとき、子どものころ読んだ「ピンクのも―も」という本はないかという電話が、図書館にあった。検索してもそんな本はないし、どうも『ジェインのもうふ』ではないかと聞いてみるが「ピンクのも―も」にまちがいないという。ストーリーを話しているうちに、利用者は小鳥の場面を思い出して納得してくれた。

子ども時代の本を探している人は驚くほど多い。書名も著者もわからない、ストーリーの断片、心に刻まれた一枚の絵、主人公の名前、本の装丁など、子どものころの鮮烈な記憶をたよりに探す。利用者の現在の年齢、その本を読んだときの年齢を考慮に入れて、あらゆる手段を使って探しだす仕事は、苦労も多いが、わくわくもする。

その人にとってたった一冊のたいせつな本だからなんとしても探してあげたいのだが、なかなかむずかしい。あるときなど、探しあてた本を手わたしたとたん「これです。姉といっしょに読みました」というなり涙をポロポロとこぼした利用者がいて、そんなときには児童図書館員として襟を正す思いになる。

私たちが子どものころに住んだ家や日常風景は、いまやすっかり失われてしまった。ただ、図書館に行けば子どものころ愛読した同じ本が、いまでも残っている。それは、いっしょに夢中になって読んだ兄弟の体温、まだ若い両親の声、暗い部屋からふと外を見たときにそこだけ明るかった庭先の芝桜など、一気に子ども時代の景色を連れてくる。

あなたにとっての「ピンクのもーも」は何ですか？　あなたの子どもは「ピンクのもーも」をもっていますか？

（『日本経済新聞』二〇〇〇年四月七日夕刊）

27『ほんとうの空色』

フェルコーは、ふとしたことから「ほんとうの空色」を手に入れる。青い花を絞ってつくったその絵の具で空を描くと、絵のなかで太陽が昇ったり、星が光ったりするのだ。フェルコーは友だちにも絵の具をわけてやるが、不思議な絵の具のために次々と事件にまきこまれ、最後に残ったのは半ズボンに一滴落としたちいさな青空だけだった。

『ほんとうの空色』
バラージュ・ベーラ作
徳永康元訳
岩波書店

昔同僚だったTさんから、「子どものころ読んだ本で、絵の具を塗るとほんとうの空になるという話があったけど」と聞かれた。昭和三〇年代に農村で少年時代をすごしたTさんは、読書といえば、県立の移動図書館か『家の光』とともに送られてくる『こども家の光』くらいだったという。

Tさんのように、おとなになって『ほんとうの空色』を探し、図書館を訪れる人がすくなからずいる。だれもが、ストーリーは忘れても絵のなかの空でちいさな月が光ったり雲が広がったりしたことをよく覚えている。

すこしまえまで、子どもの生活は空とともにあった。ぽっかり浮かんだ綿雲をぼんやり見あげていた春、走り去る黒雲を家のなかから見つめていたあらしの日、こずえ越しについてくる月を何度も見あげては家路を急いだ夜道……。そんな子どもにとって、ちいさな絵のなかに広がるほんとうの空は、どんな映像もおよばない深い印象を残したのだろう。それは、ことばだけが刻むことのできるイメージである。

この夏、風のうわさにTさんが結婚したと聞いた。周囲の人がだれも気づかないままに身近な人と結ばれ、皆をあっと驚かせたという。

フェルコーは、大きくなってもほんとうの空色のついた半ズボンをはいていた。しかし、秘密をわけあった幼な友だちのジュジに、いつまでも半ズボンをはいていないでといわれ、彼女の青い目のなかに「ほんとうの空色」を見つけてはじめて長ズボンをはく。そんな結末に、Tさんの姿を重ねてしまう。Tさんが長いあいだ探していたほんとうの空色は、身近な人の目のなかに広がっていたのかなと。

（『日本経済新聞』二〇〇〇年一〇月六日夕刊）

28『ふたりのロッテ』

夏休みの子どもの家で偶然であったロッテとルイーゼは、驚くほど似ていた。たがいの誕生日や境遇をたずねあううちにふたりは、自分たちが離婚した父母に別々に育てられたふたごだと知る。両親を和解させようと、ふたりは入れ替わって家に帰る。

小学校三年のとき、友だちのカズちゃんと私のお気に入りのあそびは『ふたりのロッテ』ごっこだった。舞台は、あこがれの子どもの家。ひとりが活発なルイーゼに、もう

『ふたりのロッテ』
エーリヒ・ケストナー作
池田香代子訳
岩波書店

ひとりがおとなしいロッテにふんし、ふたりの出会い、反発、そして打ち明け話を演じる。ロッテたちが入れ替わるために学校や友だち、両親の習慣を学んだように、私たちも想像力の限りを使ってユニークな情報を交換しあった。親の目を盗んではタンスの前でいろいろな服を着て、ふたりになりきってあそんだ。

おとなになって読み返して、この本が離婚を主題にしていることを知ってがくぜんとした。当時の私は、ふたりの両親が離婚していることにさえ気がつかなかったのだ。ただふたりの女の子が知恵と力をあわせておとなをあっといわせる冒険物語だとばかり思いこんでいた。

どんなすばらしいメッセージであっても、それを受けとるか受けとらないかは、読者の自由である。幼い日に私が、『ふたりのロッテ』にこめられた作者の声〝この世のなかには両親が離婚したためにたくさんの子どもが苦しんでいること、また他方、両親が離婚しないために苦しんでいる子どもがたくさんいること〟にまったく気づかなかったように。

子どもにとってたいせつなのは、メッセージではなく、わくわくどきどきできる本物の冒険、心をぴったり寄せられる主人公、まわりが見えなくなるほど浸りきれる物語の世界があるかどうかである。それがあれば子どもは、そのときの作者の思いを理解できなくても、読書のよろこびをたっぷり味わい、おとなになったとき再びその本を手にとるかもしれない。

昨今、メッセージばかりを前面に出して、物語としての肝心なものが欠けている本が目立つような気がする。

（『日本経済新聞』二〇〇〇年九月一日夕刊）

29『長い冬』

アメリカの開拓時代、ローラの一家は大草原に住んでいた。記録的な厳しい冬が訪れ、七か月も汽車が通わず、町には食べものも石炭もなくなる。ローラたちは、吹雪と厳寒の長い冬を、町の人と力をあわせて乗り切っていく。

私の子ども時代の記憶では、読めども読めども冬が続く、長い長い物語だった。

絶えまなく吹雪が荒れ狂い、寒さと暗やみのなかを、毎日黒パンとジャガイモですごす。とうさんと干し草をよじって燃料をつくり、小麦をひき、皿を洗い、ベッドを整える。そんなくり返しにうんざりしたローラは、ある晩とうさんにヴァイオリンを弾いてとたのむ。しかし、かじかんだ指で奏でる音は調子が狂い、弦が切れてしまう。とうさんは、寒さで指がこわばったと恥ずかしそうに弁解し、楽器をしまうが、ローラは衝撃を受ける。自分がたのまなかったら、とうさんが弾けないことに気づかなかったのに。

私にも、弦の切れる音が聞こえそうなほど衝撃だった。

子どものころ田舎に行ったとき、昼寝から覚めたら、母が知らない人と泣きながら話していた。はじめて見た母の涙だった。客が帰ってからの母はふだんどおりだったが、私は何も聞けぬまま。母を悲しい思いから守りたいのに何もできない無力の自分がつらかった。

目の見えない姉と幼い妹にはさまれたローラは、子どものなかでとうさんにとって唯一の同志だった。ローラは、姉と妹をかばい、とうさんのために何かしてあげたいと願う。

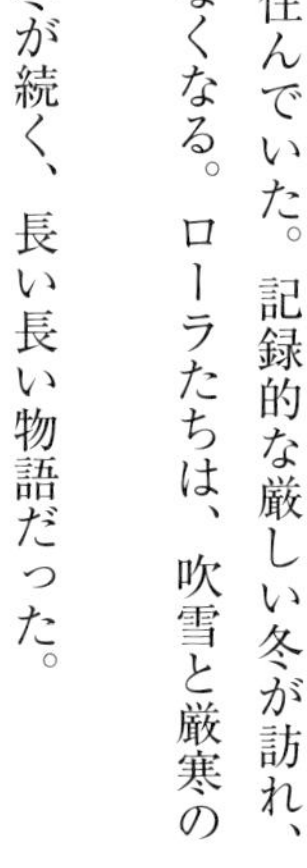

『長い冬』
ローラ・インガルス・ワイルダー作
谷口由美子訳
岩波書店

ローラのそんな思いは、生活はちがってもいまの子どもも抱いているのではないだろうか。親が子を思うのと同じぐらい、子も親の悲しみを共有したいと思っている。よろこびよりも悲しみこそが、家族のきずなをより深めるのだという気がする。

この本がすきだった母は、お茶を飲むと口癖のように「ローラのかあさんの気持ちがわかるね」といっていた。店にも食料品がほとんどなくなったとき、とうさんが紅茶をたくさん買ってくる。かあさんは、食事のたびに家族に紅茶だけはたっぷりふるまい、とうさんに感謝する。食糧難時代を生きた母には、ローラのかあさんの気持ちは人ごとではなかったのだろう。当時の母の年齢になったいま、その口癖の意味がよくわかる。

（『日本経済新聞』二〇〇〇年一二月八日夕刊）

30『クマのプーさん』

『クマのプーさん』は、作家で劇作家のA・Aミルンが幼い息子に語って聞かせたお話から生まれた。息子のクリストファー・ロビンはもちろん、彼の愛したぬいぐるみのプーさんやコブタ、イーヨー、ウサギたちを主人公に、愉快な冒険が語られる。独自の世界観や論理が幼児の心に適っているだけでなく、おとなにも共感と笑いを誘う。シェパードの挿絵はこのお話の魅力をさらに増し、日本では石井桃子の名訳が多くの読者を魅了してきた。いろいろな版のプーが流布しているが、シェパード絵、石井桃子訳をすすめたい。

『クマのプーさん』
A・A・ミルン文
E・H・シェパード絵
石井桃子訳
岩波書店

父から岩波少年文庫の『クマのプーさん』を手わたされたのは、小学二年生のときだった。母が父にたのんで買ってきてもらったのだ。それから一〇〇回は読んだ。三年生の図工でプーさんを版画にし、四年生のお楽しみ会で紙芝居をつくり、五年生の家庭科でタンポポを吹きとばしているコブタをハンカチに刺繍した。「ハチミチ」や「およわい」などさまざまなプー語は、母と姉と私のあいだではしばしば冗談の種になった。さらにわが子にも読み聞かせた。プーとのおつきあいは、半世紀を越える。

はじめて読んだころはプーさんと同じくらいの頭しかなかったので、ウサギはほんとうにかしこくて、コブタのおじいさんの名前は「トオリヌケキンジロウ」で、北極はプーが発見した棒で、鉛筆のHBは「勇敢なるクマ」だと信じこんでいた。さすがに「おたんうよひ」「およわい」などと書くフクロの学力は見抜いたけれど。

大学生になったある日、本を読んでいたらふいに「参照」ということばが目にとまり、同時に頭のなかで何かがカチッとつながった。急いで『クマのプーさん』のページを繰ると、ウサギが読みあげた「ルー坊捕獲計画」に記憶どおり「参照」の文字があった。子どものころは、かしこいウサギが使っているむずかしいことばだと思って、意味がわからないまま読みとばしていたのだ。十数年ぶりに謎がとけた瞬間だった。

プーさんをくり返し読んだのは、ストーリーの楽しさだけではなく文章に心惹かれていたのだと、いまになってよくわかる。そういう文章と出会ったのははじめての経験だった。いちばんのお気に入りは、「そういうわけで、一週間のあいだ、クリストファー・ロビンが、プーの北のはしにむかって、そんな本をよむと、ウサギは南のはしにせんたくものをほし……そして、そのまんなかで、クマくんは、じぶんのからだが、だんだん、だんだん、

筆者が愛読した『クマのプーさん』の旧版

ほっそりとなっていくのがわかりました」。その一文を楽しみたくて、くり返し読んだ記憶がある。イーヨーやプーの発言、川の描写など大すきな表現がいっぱいあった。

長男が四歳のとき、パンにハチミツばかりつけているので「プーさんみたいだね」というと、「その本、読んで」とねだられた。すこしむずかしいかと思ったが、読んでやるとゲラゲラ笑って聞いている。

二、三日すると、たちまち長男の日常にプーさんがあらわれてきた。庭で父お手製の刀を肩に担いで、「出かけるときには、いつもてっぽうをもっていく」といいながらクリストファー・ロビンのまねをする。会話の途中で「つまり、こういうことなんです」、ひとりあそびをしながら「サンダースの名のもとにすんでいましたとさ……」と、本のことばがとびだす。プーの歌うミツバチや小雲の歌を陽気に口ずさむ。お話に登場するコンデンスミルクをせがまれたので買ってやったら、缶をうれしそうに抱えて、「ばっかなクマのやつ」とくり返していた。

そんなプーへの熱中ぶりをうれしがっているうちに、「ほんとうに彼はプーのお話がわかっているのかな？」と疑問に思えてきた。木から逆さになって落ちているプーの絵を「さかさま」といい張って、本を逆向きにする。クリストファー・ロビンがこうもりをさすと聞いて、「こうもりで、どうやってハチを刺したの？」と聞いてくる。

「ふしぎなあしあと」でプーとコブタは、知らずに自分たちの足跡を追いかけて大さわぎするのだが、それがまったくわかっていない。読み終わっても聞きたりないようすで、「この足跡、ミミンガー？　モモンガー？」と聞くので、「どっちかわかんないけど、敵性動物なんじゃない？」と答えると、もしいま自分にテキセイドウブツがとびかかってきたら、どうやってやっつけるかという問題にとびこんでいった。

夢中になってしゃべる息子は、まさにプークマくんその人。「なおくんとプーさんとどっちがかしこいかなあ?」と聞いてみると、長男はじっと考えた末、「ゆうちゃん（いとこ）とプーさんはどっちがかしこいの?」と聞き返した。「どうして?」と聞くと、「だってゆうちゃん、このまえおとまりしたとき、朝っからハチミツばっか食べてたよ」と答える。どうも、かしこさはハチミツを食べる量で測られるらしい。

それから二〇年、長女が家に数人の友だちを連れてきた夜のこと。部屋からどっと笑い声がわき起こっては、静まり返る。また激しい笑いが起こり、再び静かになる。そのくり返しに、翌日、何をしていたのかと聞くと「プーさん、読んでいたんだよ。ちゃんといちばんおもしろい話を選んであげたんだ」と得意そうに答える。ちなみに二〇歳の娘たちを大笑いさせたのは、トラーの話とのこと。

親子三代にわたってつきあってきたプーさん。これからも末永くおつきあい願いたいものだ。

31『カッレくんの冒険』

夏休み。カッレ、アンデス、エーヴァ・ロッタは、白バラ軍を結成して、赤バラ軍と戦いの真っ最中。そんなときエーヴァ・ロッタが殺人事件にでくわし、探偵志望のカッレはもちまえの推理力を発揮して犯人を追いかける。

小学校四年生の夏休み、姉の本棚から『カッレくんの冒険』をとりだして読んでみたが、つまらない。冒頭の赤バラと白バラの戦争ごっこをほんとうの戦争だと思いこんでしまったのだ。それきり手にとらないままま すぎていたが、あるとき、姉がおもしろい探偵の話だと教えてくれた。読んでみると、たちまち夢中になり、友だちにもすすめた。友だちもカッレくんにはまり、六年生の夏休みにふたりは、カッレくんをまねて探偵稼業に精を出した。街の安全を守ると称して早朝こっそり家を抜けだし、あたりを巡回する。怪しい家はないか探偵手帳に記録し、挙動不審な人を追跡する。また、カッレくんたちが駆使した「ろここ」ことばの練習にも励んだ。ことばのあいだに「ろ」と「こ」を入れて話すというものだが、このことばでたがいに意志を通わせ、カッレたちは危機を逃れることができたのだ。

カッレくんの三冊のシリーズは、一二歳から一四歳の夏休みを描いている。当時の私には、カッレたちが年上だということが何よりうれしかった。中学生になった姉を見ていると、あそぶこととはすっかり縁を切っていて、私はあんなふうになるなら中学生にはなりたくないと思っていた。だから、一四歳になってはだしであそんでいてもだれも非難しないスウェーデンに、とても憧れた。

六年生の夏休みがすぎると、私の友だちにはすきな人ができた。そうなると当然、探偵稼業からは足を洗い、意中の人をめぐっておしゃべりが始まる。友だちには二歳下の妹がいて、これまでもいっしょにあそんでいたのだが、恋の話は妹の前ではできない。そこで私たちは、例の「ろここ」ことばでおしゃべりをするようになった。ところが、しばらくするとかしこい妹が、「お姉ちゃんたちが何いってるかわかってるよ。ことばに〝ろ〟と

『カッレくんの冒険』
アストリッド・リンドグレーン文
尾崎義訳
岩波書店

〝こ〟をつけているんでしょ」と鋭く指摘した。私たちは、ぐうの音も出なかった。

私は中学に入ってもカッレくんが大すきだったが、いつのまにか〝あそばない生活〟を受け入れるようになっていた。中学でできた親友もカッレくんがすきで、私たちはカッレくんのことばを引用して笑いあった。待ち合わせに相手が遅れてきたときには「待っているあいだに、少女時代の大部分をすごしてしまった」。これは、アンデスがこっそり友だちの家に忍びこんで父親に見つかりそうになり、外套《がいとう》のうしろに隠れているときの名文の借用である。

32『ライオンと魔女』

田舎の古いお屋敷に疎開した四人の兄妹は、空き部屋にあった大きな衣装だんすのなかから雪の降りしきる森へと入っていく。そこは、けものが口をきき、フォーンやセントールや巨人が活躍する別世界、ナルニア国だった。兄妹は、ライオンのアスランとともに、魔女に支配されたナルニアに自由をもたらすために戦う。

『ライオンと魔女』
C・S・ルイス文
瀬田貞二訳
岩波書店

私は、一学年三〇人ほどのちいさな小学校で、男子も女子も仲よくあそんで子ども時代をすごした。しかし、中学にすすむとたちまち大人数に飲みこまれた。クラスや部活ではそれぞれ友だちやグループができ、小学校時代のともだちといっしょにあそぶことはなくなった。それどころか、廊下ですれちがっても、素通りするほうが多くなっていた。

中学一年の冬、東京に大雪が降って、朝から休校になった。街は雪でおおわれ、車も止まった。ふだんとは一変した景色が、中学生だった私たちを一日だけ無邪気な子どもに返してくれたのだろうか。卒業以来つきあいのなかった小学校時代の友だちが集まって、昔とまったく同じように一日じゅう雪まみれになってあそんだ。雪だるまづくりから始まって、ふたつのグループにわかれてとりでを築いての雪合戦。中学生だからつくるものも大がかりで、立派なとりでができあがった。今度は、それをすべり台に改造してすべってみる。

こんなふうにすごすのは中学生になってはじめてなのに、だれもそれには気づかず、まるであたりまえのように一日あそびまわった。

夕方、友だちと別れて、私は小雪のちらつくなかをひとりで家に向かった。生け垣は一日降り積もった雪で巨大な白い怪獣に成長して、道をふさいでいる。夜目にも明るい雪を踏みしめて歩いていくと、別世界に迷いこんだようだった。あたりは人の気配もなく、しんと静まり返っている。

家の前までくると、街灯の明かりが目にとびこんできた。見あげると、丸く照らされた光のなかをたくさんの雪片が輝きながら音もなく舞っている。暗闇のなかにぽっかり浮かんだ明るい空間に粉雪がキラキラ光っているのを見つめていたら、どこかで見たことがあるという思いがわきあがってきた。同時に、何かとてもよろこばしい出来事が始まるような予感がした。

何だろう？　街灯を見あげて、長いあいだ立ちつくしていた。足元の雪がダイヤモンドのようにキラキラ光っている。このうれしい気持ちは何？　そして突然、ナルニアの街灯の野原だと気づいた。ルーシィが魔法のたんすを抜けてたどり着いた雪の森で見あげた街灯だ。

『ナルニア国ものがたり』にはたくさんの魅力があるが、なんといっても心惹かれるのは、主人公たちがふだんの生活からいきなりナルニアに招かれる瞬間であろう。大海原を走る帆船の絵を見ているうちに絵のなかにさらわれたり、学校の塀にあるドアを開けるとナルニアへの道が続いていたり。日常でも出くわしそうな場面なので、読者もいつか自分の身に同じことが起きるのではと空想することができる。とくに私にとって、わが家のたんすはお屋敷の衣装だんすにそっくりで、ちいさいころはよくかくれんぼで隠れたものだったから、ルーシィのように服をかきわけて奥にすすんでいく感覚は体が覚えていた。ナルニアを読むころには、さすがにたんすに入ることはなくなっていたけれど、学校からの帰り道、あの角を曲がったら突然ナルニアに入れないかなと空想しながら歩いていたものだった。

だから、あの雪の夕方の体験は、私にとって特別な記憶となった。一日じゅう愉快にあそんだあと、ルーシィのように日常から突然ナルニアに呼ばれたような気がしたのだ。長いあいだ行きたいと憧れていたナルニアに、一瞬だけだけれど行くことができたのだ。読書とも空想ともちがうナルニア体験として、記憶に刻まれている。子ども時代の最後の思い出として。

第5章

講師依頼がきたら、がんばろう

図書館に子どもの読書に関する講演や研修の講師依頼がきたら、児童図書館員はぜひ積極的に引き受けましょう。その際、ひとりで悩むのではなく、同じ職場の仲間とともにとり組み、その講義録を文章として残していくようにしましょう。これは、その図書館の財産となり、後輩たちに引き継がれ、さらによりよいものへと磨かれていきます。

講義録があれば、経験の浅い職員であってもそれを参考にしながら、がんばってとり組むことができます。そうすれば、図書館の仕事は個人ではなく組織としてつないでいくことになります。

私は、都立図書館でも、仲間とともに、絵本の読み聞かせや図書館所蔵の貴重な資料、児童資料などについて講義録をつくってきました。

ここでは、職場を離れておこなった研修の記録を掲載します。一度作成した講義案に、何度も追加、訂正、削除を重ねてきたものです。それぞれの地域性や体験などに応じて自分なりにアレンジし、活用してくだされば幸いです。

※なお、この章でとりあげた本は皆さんのご存じのものばかりですので、必要と思われるものにのみ書誌的事項を記しました。

講義案1

講師として子どもの読書の意義を伝える（対象　図書館員）

この講義は、参加者が以下のような演習をしたのちに話したものです。

〈演習〉

読み聞かせボランティアを対象とした講義を想定し、参加者は、あらかじめ各自一冊の絵本を選んで持参します。グループにわかれて、読み聞かせボランティアの前で持参した絵本の読み聞かせを終えたと想定して、その絵本を題材に、ひとり五分間、話をします。

その後、各グループの代表者が全体会で同じ話をします。

はじめに

私たち図書館員は、目下「子ども読書活動推進計画」という名のもとに、仕事に追われています。なかには首をかしげたくなるような仕事もあるにせよ、子どもの読書のたいせつさがようやく社会的に認められたことは、たいへんうれしいことです。

子どもたちに向けて直接おこなう「おはなし会」や「ブックトーク」ももちろんたいせつですが、周囲のおとなたちに広く読書の意義を伝えることも、図書館員の仕事です。急激な勢いで増えている読み聞かせボランティアのかたたちにじょうずに力を発揮してもらうために、どのように支援するかということも、課題のひとつです。

ひとりの図書館員ができることは限られています。子どもに本を手わたすおとながひとり増えるだけで、本と出会える子どもが増えます。ですから、「保護者に、子どもの読書について話をしてほしい」とか、「ボランティアに、絵本の読み聞かせについて研修をしてほしい」といった依頼があったときには、私たちはひるまずに引き受けましょう。「かしこいモリー」のように、元気よく「やってみます」と答えましょう。

私たちは、子どもが本を選び、借りていくようすを、毎日カウンターから見つめています。子どもたちがおはなし会でどんなお話をよろこぶのか、知っています。また、長年積み重ねてきた蔵書をもち、一方で次々と出版される新刊書にふれる機会もあります。図書館員ほど子どもの読書について語るにふさわしい者はいないと思います。

また、話をするために、いろいろ勉強し、調べ、まとめることは、自分の仕事を再確認することにもつながります。どうぞ、図書館に声がかかったときは「いいチャンス」だととらえて、じょうずに生かしてください。

基本的な姿勢

図書館は、子どもたちが楽しみのために本を読む場所です。そこでは、子どもの自由な意思が尊重されます。図書館は、成績や学年とは関係のない場です。大きな子が絵本を読んでいても、ちいさな子がむずかしい本を読んでいても、かまわない。「私たちは、学校の先生や保育士ではない。図書館員という専門の立場なんだ」という視点から話しましょう。絵本から始まった読書が大きくなるにしたがって本格的な読書につながるということを視野に入れて〝本の力を信じる〟立場から話せるのは、図書館員だけです。

まず、基本的な考えかた・姿勢を伝えることが、いちばんたいせつです。それは、「子ども時代が、人の一生の根っこをつくる」ということと、「子どもの読書は、おとなの読書とはまったくちがう」ということの二点です。

最近たまたま読んだ『アルメニアの少女』（デーヴィッド・ケルディアン作　越智道雄訳　評論社）という本で、「子どものときに習ったものは石に彫られる。年をとってから習ったものは氷に彫られる」（四〇ページ）ということわざを知りました。ちょっとどきっとしますが、ほんとうにそうですね。

石井桃子さんはこのことを、

子どもたちよ　子ども時代をしっかりとたのしんでください。
おとなになってから　老人になってから
あなたを支えてくれるのは　子ども時代の「あなた」です。

（杉並区立図書館主催「石井桃子展」二〇〇一年一〇月〜二〇〇二年二月配布資料より）

といっています。また、幸せな子ども時代をすごしたことで有名なリンドグレーンは、インタビューで次のようにいっています。

「これまでの人生、どの時代もよかったけど、一番楽しかったのは子ども時代だったわ。
だから、そこから離れられないのよ」

（『遊んで、遊んで、遊びました　リンドグレーンからの贈りもの』ジャスティーン・ユンググレーン著　うらたあつこ訳　ラトルズ　三〇ページ）

表現のちがいはあれ、おとなはだれも、このようなことを自分の体験から知っています。ですから、読書に関しても、子ども時代に読んだ本がどんなに大きな力を発揮するか、おわかりでしょう。子ども時代の読書というと、私は昔話の「三枚のお札《ふだ》」を思い浮かべます。和尚さんが小僧さんにくれた三枚のお札こそが、本にあたるのではないかと……。

小僧さんが鬼婆に食われそうになったとき、お札は、川になったり火になったりして、必ず助けてくれます。人が困難な一生を生きぬいていくとき、子ども時代に読んだ本は、このお札のようにその人を助け支えてくれるのではないでしょうか。だからこそ、子ども時代に出会う本は、お札のように力のある本でなくてはならない。鬼婆に食われてしまうような力のない本では役に立たない。

そこからおのずと、「人生を始めたばかりの人に、最良の本を手わたす」という考えが生まれてきます。

この子ども時代の読書の意義について、ボランティアのかたにもっとも説得力をもつのが、ご自身の子ども時代を思い出してもらうことです。多くの人が、子ども時代の〝忘れられない一冊〟をもっています。私は以前、「子ども時代の読書体験を語る」という研修会に参加したことがありました。みなさん、じつに生き生きと覚えていらっしゃることには、驚くばかりでした。たとえ本のない環境で育ったというかたでも、おばあちゃんから昔話を聞いたとか、お母さんがお話をしてくれたとか、ラジオで落語を楽しんだとか、何かしらお話を心に刻んでいます。

研修というと、どうかするとハウツーが求められてしまいますが、それよりもこの基本さえ押さえれば、たいていのことに対処することができます。もちろん、読み聞かせのときの本のもちかたとかお話会の設営のしかたなど、知っていれば役に立つことはたくさんありますが、そういったことはポイントを押さえるだけで十分です。

「私は図書館のボランティアとして長いキャリアを積んできた。いまさら基本なんて」と思っているかたもいらっしゃるかもしれません。でも、基本は何度ふり返っても無駄ではありません。キャリアのあるかたほど、基本をふり返ることの意味を知っています。歴史のある団体にも、次々と新しいメンバーが参加し、いつのまにか世代交代がおこなわれています。「仲間同士ではなかなかいえないことでも、図書館の人がいってくれるとあらためて確認できる」という効果もあります。

また、ボランティア団体のかたに会の基本理念を文章で表すことをすすめるのも、効果があります。むずかしく考えず、わかりやすいことばで、たとえば次のように。

私たちの会は、子どもたちが本から受けとるよろこびをたいせつにします。どの子も「これは私の本」といえる一冊に出会えるように、心をこめて本を選び、心をこめて読みます。

何を自分たちの理念にするのか、どんなことばを選ぶのか、おたがいに話しあうなかで共通認識を確認することができます。

この演習で、具体的な絵本について話していただきましたが、具体的な本や子どもの話が力を発揮します。〝どこかの本に書いてあったこと〟ではなくて、図書館員が実際に出会った子どもの話は、読み聞かせをしている人に「そうそう、そのとおり！」と納得してもらえます。立派な理論より、熱のこもった目に見える話が共感を得ます。何より、本の楽しさを聞き手であるボランティアのかたたちとわかちあうことにもなります。

きょうのお話を聞いて、「ああ、私もそうだった」と確認したり、「ほんとに、子どもと本を読むと楽しいね」とうなずきあったり、笑いあったりしましたね。そのことが、とてもたいせつだと思います。ふだんから子どもたちのようすに心をとめておくと、ボランティアのかたに話をするときに、きょうのように説得力のある話ができると思います。

選ぶことをじょうずに伝える

昨年一年間で、二〇〇〇冊を超える絵本が出版されたそうです。そのなかに、子どもに読んであげたいと思った絵本が何冊ありましたか？　一〇年後、二〇年後まで読まれ続ける絵本がどれだけあると思いますか？

みなさんもごぞんじのように、日本には三〇年、五〇年、一〇〇年と読み継がれてきた絵本がたくさんあります。人の暮らしも、家も町並みもすっかり変わってしまうような、移り気で変化の激しいこの国で、変わらず読み続けられている本があるのです。まさに〝不滅の絵本〟です。

余談ですが、最近、岩波書店から『百まいのきもの』を改訂した『百まいのドレス』が出版されましたが、発売日の翌日に書店に行ったら、どこも売り切れていました。五〇年間愛読され続けた結果、新しい版が出たということで買い求める人が大勢いたということです。これって、たいしたことだと思いませんか？
いまの子どもも三〇年前の子どもも、同じように本を楽しみます。ぐりとぐらのカステラに手を出し、『おおきなかぶ』を「うんとこしょ、どっこいしょ」と声をかけて抜きます。子どもたちが「この絵本、大すき」とおとなに訴え続けてくれたことをたいせつにしないで、何をたいせつにするというのでしょう。

この演習に選んでくださった絵本には、こういった定番がたくさんあります。『おおきなかぶ』『三びきのやぎのがらがらどん』『くだもの』『だいくとおにろく』『ちいさなねこ』『ぐるんぱのようちえん』などです。図書館にいると、これらの絵本は飽きるくらい何度も読んでいて、「いまさら……」という思いがあるかもしれません。でも、広い世のなかに十分にいきわたっているとは、いえません。私はよく、中学生が職場体験にくると定番の絵本を見せて、知っている絵本があるかどうかを聞きます。何人かの中学生は、なつかしそうに本を手にとります。でも、多くの子どもは知りません。いちばん知っているのは、『スーホの白い馬』でしょうか。「ドラえもん」はだれもが知っているのに、『ぐりとぐら』はまだまだ知らない子がいるのです。

子どもたちが教えてくれた本のよろこびを次の世代にわたしていくのが、図書館員の役割でもあります。子どもは次々と生まれ、育っています。定番をたいせつにしましょう。

エイキンは、『子どもの本の書きかた』（猪熊葉子訳　晶文社）という著作のなかで、こんなことをいっています。

子どもが子ども時代に読むのはたかだか六百冊なのです。しかも、その六百冊というのは、もうすべてこれまでに書かれてしまっているのです。現代には子どものための本が何百冊もあります。

——その多くは第一級の作品です。それと同様に古典となった作品があります。たとえそのうちのいくらかは捨てられるとしても、多くはどんなことがあっても見捨てられてはならないものなのです。このように多くの本があるのですから、どんな子どもにも本は十分に供給されるでしょう。（四〇ページ）

今回、今年出版されたとか、何年かまえに出版されたという新しい本を選んだかたがいます。この場でその絵本についてとりあげることはできませんが、ボランティアのかたに例として示すなら、定番絵本——先ほど申しあげた〝不滅の絵本〟——であるべきだと、私は思います。

ボランティアのかたがどんな絵本を読んでいるか、それはそのかたたちの自由です。でも、私たちがまずボランティアのかたに示す本は、定番であるべきです。なぜなら、ボランティアのかたはそこを基準に、その後の絵本を選んでいくからです。定番絵本から学び、それを子どもたちがどう楽しむかを知ったうえで、次の本を選んでいくことができるのです。不確かなものよりも、確かなものから出発してほしいのです。

私たちはサービス精神旺盛なので、つい「知られていない絵本を教えてあげよう」と思いがちです。でも、私たちは絵本おたくでも情報通でもありません。ことさら奇をてらわずに、まっとうな、あたりまえの絵本を紹介すればいいのです。

読み聞かせる絵本をどのような視点で選ぶかを伝えるのは、いちばんむずかしいことです。「選書」という仕事が図書館でいちばん重要でありながら、いまだにコンセンサスを得ていないのと同じです。ある人がいいと思った本を否定することはできません。とくに子どもというのは、どんなつまらない本からでも、すばらしい想像力で何かをつむぎだすことができる人たちです。よく図書館に、子ども時代に読んだ本を探しにこられるかたがいます。これこれこんな本で、こんなストーリーで……と熱のこもった話しぶりに、さぞかしすばらしい本だろうと思って実際に手にとってみると、「この本のどこがそんなに魅力なのだろう？」と首をかしげることもあります。子どもの想像力は、そのくらい〝ちいさいものをこんなに大きくできる〟ほどなんですね。子どもが一冊の本からどんなよろこびを受けとるかは、おとなには計り知れないことです。

保護者を対象に読み聞かせについて話す場合には、「読み聞かせは楽しい」のだということを伝えるのがいちばんです。お父さんやお母さんなど身近なおとなが子どもに読み聞かせするときは、極端にいえば「子どもが楽しければ、それでいい」のです。子どもにとって大すきなおとなが読んでくれる、それだけで幸せです。その次に、「同じ読むなら、その本よりもこちらの本のほうがいいですよ」とおすすめすればいいのです。

でも、ボランティアはちがいます。ほとんどの場合、おたがいに交流のないおとなと子どもが顔をあわせるのです。その後のおつきあいはありません。絵本がつながりのすべてです。しかも、大勢を対象にしているわけですから、〝何を読むか〟ということに大きな責任があります。この責任は、きちんと伝えたいと思います。

「この本はだめ」という〝排除の考え〟ではなく、「この本はいい」という〝選択の考え〟が、聞き手には受け入れられやすいと思います。先ほどからいっている〝不滅の絵本〟を中心に選ぶこと、なにより「子どもが楽しめるかどうか」を選ぶ鍵にしてほしいと思います。

しばしば、絵本で〝命の尊さ〟とか〝友だちと仲よく〟といった徳目を教えようとする傾向があります。それが目的の絵本も出版されています。そういったことが帯に刷りこまれているような絵本は、教訓や徳目を非常にせまく、せっかちにとらえて、ストーリーのどこかにはっきりと打ち出しています。「子どもが見逃すことのないように」というわけです。お話としてのおもしろさよりも、教訓のわかりやすさを優先させています。

一方、すぐれた絵本は、どこかで子どもに何かを教えている、伝えていることはたしかです。でも、それとわかるかたちでではありません。読者が本を読んで心を動かし、その結果として成長を助けるところに、力があるのだと思います。

私の友人で学校司書のかたが、二年生に『これはのみのぴこ』を読み聞かせたら、あとでそのクラスの先生が、「あの本はどのように指導すればいいのか」と聞きにきたそうです。どうやら、そのまじめな先生は、教室に帰ってから、学校司書が読み聞かせた絵本から教訓を引き出して子どもたちを指導していたようです。

子どもはかしこいですから、聞かれれば先生の期待にこたえて、教訓をじょうずにことばにするかもしれません。でも、ほんとうのところは何におもしろがっているのかわからない。案外、ごちそうがおいしそうだったとか、全然ちがったことに心を惹かれているのかもしれません。

子どもの反応をどう受けとめるか

子どもがよろこぶ絵本を選ぼうとするとき、「何をもって、よろこんだとするか？」もむずかしいところです。学校で読み聞かせをしているボランティアのかたがしばしば陥りがちなのが、「〝受ける〟絵本がいい」という信仰です。たしかに、子どもが笑ってくれたり、何か反応してくれると、だれもがうれしくなります。自分のまえにやったお母さんが〝受けた〟から、私ももっと〝受ける〟本をといってくるかたもいます。でも、〝受ける〟って、いったいどういうことでしょう。絵本を読んでもらって笑うというのは、大いに健康的で、奨励すべきことです。でも、子どもの笑いを誘いたいがために絵本を選ぶというのは、邪道ではないでしょうか。その場では笑ってもすぐに忘れられてしまうなら、あまり意味のないことです。

最近とくに、主人公がありえない状況やありえない状態に陥って、その意外性に驚いたりよろこんだりする絵本が多いと感じます。今回みなさんが選んだ本のなかにも、そういった本が目立ちました。主人公や状況の意外性が、1、2、**1**、**2**、**1**、**2**とだんだん過剰になって、それが子どもの笑いをますます誘うという作品もあります。もちろん、そういった絵本が読まれてもかまわないのですけれど、たまに一冊読む程度で十分なのではないかと思います。そういった作品は聞き手の子どもに、おもしろい状況を楽しむ↓意外性に驚く――いわば〝対岸の火事〟のような態度を生じさせるように感じます。

子どもの文学の基本は、瀬田貞二さんのいうところの「行きて帰りし物語(注)」です。主人公が課題を抱えて冒険に行き、何事かを果たして、成長して帰ってくる。子どもは、主人公と一体になって、主人公に寄り添って、心を動かし、内的体験をします。だからこそ、物語が子どもに大きな力をあたえるのではないでしょうか。この体験の積み重ねが幼い子どものお話を楽しむ力を育て、やがて本格的な児童文学を読めるようになるのだと思います。

私たちの図書館では、特別支援学校（視聴覚障がい）におはなし会に行っています。子どもたちは、とてもお話を楽しむ力があり、ことばにとびつくように聞いています。先月のおはなし会でも、どの子も主人公になりきって聞いていました。「ミアッカどん」では、トミーの足がちょん切られる場面で高学年の女の子が、「ひえー！」と身をすくめて声を出したくらいです。

終わりに先生が「何かいいたい人」と聞くと、五年生の男の子が勢いよく立ちあがりました。彼はたいへんな読書家で、おはなし会では理想的な聞き手です。立ちあがると、考え考え、「今日のお話はとてもおもしろくて、どの話もとてもおもしろくて……」とことばを切って、自分の気持ちを伝えようと何度も口をあけましたが、とうとう見つからず、「おもしろかったです！」といいました。「何をいうのだろう？」と待ちかまえていた私たちは、思わず笑ってしまいました。彼もいっしょに笑っていました。

絵本を聞き終わったあと、ため息をついてぼおっとしている子どもがよくいます。内的な体験をしたあとで、それを受けとめて<u>いる</u>時間なのだと思います。すぐには、反応したりことばで表したりできない。何も出てこないのです。

子どもの反応に一喜一憂しない――このことを私たち自身も肝に銘じ、またボランティアのかたがたに伝えたいものです。

もうひとつ伝えたいことは、読書は子どもの心に関わる営みだということです。読み手と聞き手に交流がないのに、安易に〝死を扱った本〟や〝人類の非道をとりあげた本〟を読み聞かせるのは避けるべきです。

ある人からこんな話を聞いたことがあります。子どものとき、友だちの家で偶然『ひろしまのピカ』を読んでしまい、怖くてたまらなくなった。家に帰ってお母さんにその絵本の話をしたら、お母さんは、「日本には昔、そういう悲しいことがあったのよ」といって、その子の悲しみと衝撃を受けとめてくれた。そのおかげで、あの衝撃を乗り越えることができたといいます。

お母さんがそういうかたで、ほんとうによかったと思います。そうでない子どもも、大勢います。

しばらくまえ、たまたま二〇代の若い人たちと飲む機会がありました。何かの拍子に子どもの本の話になりました。すると彼らは異口同音に、「子どもの本は悲しい」というのです。そして、驚く私に次々と書名をあげてみせました。『ちいちゃんのかげおくり』『かわいそうなぞう』『ごんぎつね』『大造じいさんとガン』『泣いた赤おに』『スーホの白い馬』……。たしかにそのとおりです。教科書でとりあげられる作品は、それぞれの学習課題があって選ばれているわけですが、それでも私たちおとなは、子どもたちが文句なしに楽しめる本をもう少し手わたしてきてもよかったのではないかと思いました。

最後に、先日亡くなった渡辺茂男さんの著書『心に緑の種をまく　絵本のたのしみ』（新潮文庫）から引用して、終わりにしたいと思います。

すぐれた絵本には、人間が人間であるために、いちばん大事な情緒と想像力と知恵が、いちばん単純な、いちばんわかりやすい、いちばん使いやすい形でこめられています。絵と言葉の織りなす物語が、子どもの心に直接はたらきかけます。（四一ページ）

けれども、幼い子どもにお話をしてあげたり、絵本を読んであげたからといって、すぐに成果が目に見えるものではありません。幼い心に種をまく仕事だからです。おかあさん、どうぞ、幼い心がパソコンのキイボードでふさがれたり、コンクリートで固められたりする前に、自分の手で「緑の種」をまいてあげてください。もちろん、子どもが大好きなお父さんもいっしょに（四二ページ）

絵本が、子どもたちの心に緑の種をまいてくれただけでなく、親の私たちは、絵本の与えてくれる喜びを子どもたちと分かち合う幸せを持つことができました。成人した子どもたちの生き方を見ていると、人生のほんのひとときに過ぎなかった幼年時代の絵本との出会いが、彼らの心に計り知れないほど大きな影響を与えてくれたことが、私たちの心に伝わってきます。子どもたちと絵本との出会いがなかったらと想像すると、絵本に心から感謝したくなるのです。子どもたちがたのしんだ絵本の世界は、生身の私たちが生きた世界より、比べようもなく広く、やさしく、力強い世界でした。（三九〇ページ）

子どもたちが、広く、やさしく、力強い絵本の世界を楽しめるように、また、私たちおとなが、子どもたちと絵本のよろこびをわかちあえるように、緑の種をまいていきましょう。

（注）『幼い子の文学』（瀬田貞二著　中央公論新社）より

講義案2　はじめての読み聞かせ（対象　ボランティア）

おはようございます。

私にあたえられた題は、「はじめての読み聞かせ」です。はじめて学校で子どもたちに読み聞かせをするかたに向けて、基本的な姿勢や考えかたをお話ししたいと思います。

みなさんがたのなかには、もう何年も読み聞かせをしているというかたもいらっしゃると思います。そういうかたは、「復習」だと思って聞いてください。

まず、読み聞かせを始めるには、三つのポイントがあります。

ここにおられるみなさんは、きっと本がすきだろうと思います。「三度の飯よりすき」とはいわないまでも、時間があればすきな本を読んだり図書館に行ったり、新聞やテレビで紹介された本をチェックしたり……いろいろなかたちで本に親しみ、「本を読むことが自分の生活や心を広げてくれる、豊かにしてくれる、楽しませてくれる」と信じておられることでしょう。本がすきであること、本はいいものだと信じていることが、まず読み聞かせの第一のポイントです。

じつは、子どもも本が大すきです。自分の子どもに本を読んであげたことがあれば、このことはよくわかります。

私には子どもが三人いるのですが、ちいさかったころには、毎晩寝るまえに、いつもふとんに入って絵本を読んでやりました。

いちばん下の子は、常に私のとなりを確保しています。その反対側を、一番めと二番めが争っています。

まず、末っ子がもってきた絵本を読む。となりには一番めの子と二番めの子が、自分の本をしっかりもって待ちかまえている。最初の本を読み終わると、末っ子が「もっかい（もう一回）」という。二番めの子は、「ぼくの番だ」と金切り声をあげる。一番めの子も不満の声をあげる。末っ子は「もっかい（もう一回）、もっかい」と本をふりまわし、本の角でいやっというほど頭をたたかれたり……。本も、時には凶器になることを実感しました。みなさんも、こんな経験がおありでしょう。

幼い子は、本を読んでもらうのをストレートによろこびます。小学生は、ストレートに表現しなくても、やっぱり本を読んでもらうのが大すきです。本は、いまいるこの場を遠く離れて、知らない世界へ連れていってくれます。主人公といっしょにどきどきする冒険をしたり、おかしなことに笑ったり。いまのこの現実を忘れて、思いもかけない世界を体験させてくれる本は、〝心の冒険〟です。冒険がきらいな小学生が、いるでしょうか？

「子どもは本がすきだ」と実感をもって信じられること、これが読み聞かせの第二のポイントです。

そして三つめのポイントは、「子どもの読書はおとなとはちがう」ということを、広い視野に立って理解し、共感することです。

アルメニア共和国（黒海とカスピ海のあいだにある、旧ソ連領の国）には、「子どものときに習ったものは石に彫られる。年をとって習ったものは氷に彫られる」[1]ということわざがあるそうです。ほんとうにそうですね。

この「習ったもの」を「本」に置き換えてみてください。子どものころに読んだ本は、細部にいたるまでよく覚えています。全部のあらすじはいえなくても、ある場面だけは克明に覚えていたり、むずかしい唱えことばをすらすらいえたり……。それにひきかえ、おとなになってから読んだ本の印象の薄いこと。ときには、しばらく読んでいるうちに「これ、まえにも読んだことがあったっけ……」と、やっと気づくということもあります。すくなくとも、私にはよくあることです。

〝成長する〟ことを〝仕事〟にしている子どもたちにとっては、毎日の体験、時間の流れが、私たちおとなとはまったくちがう、濃密なものになっているのでしょう。本だけではありません。人は、子ども時代に体験したことを一生、心に抱えて生きていくといえます。

夫の母は九二歳になり、義兄夫婦といっしょに住んでいます。その義母がいちばんよく話すことは、最近のことでもなければ、若いころのことでもありません。子ども時代のことです。関東大震災に遭ったことや、小学校でドッジボールの大会に出たこと、女学校入学のお祝いにお父さんにミシンを買ってもらったこと――そのミシンはいまも現役ですが――など、「その話はもう聞いた」ということばかりをくり返します。九〇歳を越える義母の心のなかで、いまもなお子ども時代が生き生きと生きていることに驚きます。

新しいことを受け入れにくくなったお年寄りを支えているのは、幸せな子ども時代なのです。そうだとしたら、「幸せな子ども時代は、幸せな老後に通じるのだ」ということができましょう。

だれもが幸せで安定した子ども時代をすごしておとなになったら、社会はどんなによくなることだろうと思います。しかし、残念ながらすべての子どもが幸せな環境で育つとは限りません。人は親や環境を選べないからです。でも、本は選ぶことができます。

子どもが自分の力で選ぶこともできます。しかし、多くはおとなの手助けが必要です。みなさんも、「先生が本を読んでくれて楽しかった」とか、「お父さんに買ってもらった本がすきだった」などという思い出があるでしょう。子どもは、自分だけの力ではなかなかふさわしい本に出会えません。そこで、今度はみなさんが、子どもにかわって本を選び、読み聞かせてあげる番です。

この「子ども時代の読書は特別だ」ということを実感するには、グループをつくって、各自が子ども時代を思い出し、体験を語りあうといいと思います。多くの人が、子ども時代の〝忘れられない一冊〟をもっています。たとえ本のない環境で育ったというかたでも、「おばあちゃんから昔話をきいた」とか、「ラジオで落語を聞いた」とか、何かしらの〝お話〟を心に刻んでいます。

自分で文字を読まなくても、読み聞かせは聞き手にとっての読書体験になります。「本なんか、めんどうくさくて読みたくない」という子には、読み聞かせもまた貴重な〝読書体験〟になります。子どもが読んでもらって楽しい思いをすることは、文句なしにいいことです。

それっきり内容を忘れてしまう子もいるでしょう。でも、何人かは覚えていて、どこかでその本に再会して手にとるかもしれません。

「本はおもしろいものだ」と親しみを感じるのも、読み聞かせの大きな効果のひとつです。そのときに読んであげられるのはたったの一冊ですが、子どもたちを〝読書へと続く小道〟に誘うことができるのです。

では、読み聞かせに何を選んだらいいのでしょうか?

「何を読むか」が、じつはいちばんたいせつなことです、読み聞かせの成功も失敗も、すべてがこの点にかかっています。「これを読めばまちがいない」という本はありません。逆に、「けっして読んではいけない」という本もありません。絶えず「成長していく子どもたちにふさわしい本は何だろう?」と迷い、考え続けることがたいせつです。

ここ数年、図書館では、中学生たちが職場体験できたり、大学生が司書課程の図書館実習でくるなど、従来の利用者とはちがったかたちで若い人たちを受け入れています。学校での読み聞かせが盛んになり、大学生のなかにも「小学校でボランティアの人に読み聞かせてもらった」という人が出てきています。職場体験でくる中学生や図書館実習でくる大学生に書架のまえで絵本を見せると、「親に読んでもらって、すきだった」とか、「小学校で読み聞かせてもらった」など、読み聞かせてもらった絵本のことを確実に覚えています。

どんな絵本を覚えていると思いますか?

『ぐりとぐら』は、とても多くの子どもたちが読んでもらっていて、例外なく「すき」と答えます。黄色いカステラがほんとうにおいしそうだったといいます。

おもしろいことに、カステラではなくホットケーキだと思っている人が大勢います。きっと、カステラは自分の家ではつくらないけれど、ホットケーキはこんなふうにフライパンで焼いた経験があるので、そう思いこんでしまうのでしょう。『ぐりとぐら』は、描かれてから四〇年以上たっても、いまだに多くの子どもたちに支持され、若者には忘れられない絵本になっています。

『ちいさいおうち』や『いたずらきかんしゃちゅうちゅう』も、根強い人気があります。

「ちいさいおうち」は、リンゴの木とヒナギクに囲まれた田舎で幸せに暮らしていました。ところがある日、道路工事が始まり、車が走るようになります。それからあっというまにビルが立ち並び、電車が走り、地下鉄が通り、「ちいさいおうち」は高層ビルの陰になって、だれも住まなくなってしまいます。そんなある日、この「ちいさいおうち」を建てた孫の孫のそのまた孫の人が、この家に目をとめます。自分のおばあさんが子どものころに住んでいた家にそっくりだというのです。孫の孫の孫は、この「ちいさいおうち」が気に入って住むことにします。トレーラーにおうちを乗せて、田舎へ引っ越しです。「ちいさいおうち」は、再び田舎で静かに暮らすことになります。

子どもは、「ちいさいおうち」になりきってヒナギクやお日さまを楽しみ、「ちいさいおうち」の不幸な運命に心を寄せ、幸せな結末にほっと安心します。ただただ、まっすぐにお話を受けとめます。けれども、大きくなってこの絵本に再会すると、この本のもつ多様で深い世界に驚きます。この絵本の主人公は、〝おうち〟であると同時に〝時間〟でもあります。文明の進歩と自然という、人類の大きな問題を訴えています。同時に、一種のアメリカの歴史でもあります。

子どものころにこの絵本が大すきだったという学生さんにこんな話をすると、「へえ、こんなすごい絵本を、子どものころに読んでいたんだ！」とびっくりします。おとなとして、この絵本への評価をあらためると同時に、その人の心のなかにはいまも子ども時代に刻まれたちいさいおうちが鮮やかに残っているのがわかります。

『てぶくろ』も、とても人気があります。だれもが、てぶくろの家がどんどん変わっていくのがおもしろかったといいます。ある人は、「こんなてぶくろがほしかった」といいます。たしかに、皮のミトンは身近にはありませんよね。

これはウクライナの昔話で、人間のてぶくろに次々と動物が入って暮らすという、実際にはありえないお話です。ネズミやウサギならともかく、イノシシやクマまで入ってしまう。空想の世界でしか受けとめられないお話を、ラチョフという画家は目に見える絵で表したのです。てぶくろの絵を見て、

「これ、へんだ」という子どもはいません。だれもが、「素敵な家だなあ」と納得します。

このように、つい数年まえまで子どもだった若者から学ぶことは、彼らが生き生きと覚えている絵本は、例外なく長年読み継がれてきた絵本なのだということです。

日本で本格的な絵本の出版が盛んになって四〇年。毎年、何千冊という絵本が出版されています。そして一年に一冊か二冊、傑作が生まれ、それが長年読まれ続けられるようになります。つまり、長年読み継がれてきた絵本というものは、四〇年分の〝ベストリーダー〟なのです。

まずはこういった絵本を読んで、そこから選ぶことをおすすめします。そういった絵本は、すぐれたブックリストに載っていますし、図書館でもリストを作成しています。信頼のおける図書館や団体が作成したものがいいでしょう。(2)

まず、「長年読み継がれてきた絵本から選ぶ」ということが、「何を選ぶか」という問いにたいするひとつめの提案です。

ふたつめの提案は、「協同で本を選ぶ」ということです。みなさんは、個人で活動なさっているのではなく、PTAや読み聞かせボランティアなどのグループで活動なさっていると思います。個人個人がそのときどきに絵本を選ぶより、みんなで一度集まって、たがいに読み聞かせをしながら選ぶといいと思います。

ひとりで選んでいると、どっちの本がいいか、わからなくなってしまいます。でも、だれかに読んでもらうのを聞くと、よし悪しがわかります。

ひとつのクラスに一年間読み聞かせをするなら、あらかじめプログラムをたてることができます。四月はやさしい絵本からスタートし、だんだん読みごたえのある本を選んでいく。季節感をとり入れるとか、バラエティに富んだものにするなどは、一年間のプログラムをみんなで決めてこそできることです。

ひとりひとりがタコつぼ式で選ぶと、選んだ本に自信がなくなったり、子どもの反応に一喜一憂してしまいがちです。「○○ちゃんのお母さんが選んだ本は子どもに受けたから、私も受けなくては……」ということになってしまって、刺激のある本に走ってしまうという話もよく聞きます。協同で選ぶこと、子どもの読書が楽しいものになるようにみんなで考えることから出発すると、まちがいはすくなくなります。

三つめは、絵本だけでなく物語や昔話など絵のない本を読み聞かせようという提案です。絵本も楽しいけれど、絵のない、ことばだけでお話を聞くのも、別の楽しみがあります。ことばだけをたよりにお話をたどっていくと、深い体験ができます。絵がないだけに、不思議な話は不思議さの度合いが増します。主人公の旅は、絵本よりさらに遠く感じられます。

また、教室だと遠い席の子には絵本の絵が見えにくくても、読んでもらうなら席の遠い近いは関係なく、同じように楽しむことができます。

耳で聞いたことばだけで楽しむには、昔話がいちばんふさわしいでしょう。昔話は、私たち人類が代々語り伝えてきたものです。先祖たちは、炉端や焚き火を囲んで、年寄りが若い人や子どもたちに語って聞かせました。月日がすぎて若者や子どもたちが年寄りになったとき、今度は自分たちが語り手になります。そのとき、おもしろかった話は子孫に伝えられ、つまらなかった話は忘れ去られます。時間による自然淘汰が起こっているのです。ですから、いまに伝わる昔話は、先祖たちが選びに選び抜いたものなのだといえます。

現代の子どもたちに昔話なんて、古くさいと思うかもしれません。でも、実際に聞かせると、驚くほど集中して聞きます。昔話は、短いなかに人生のすべてが入っています。人間の誕生も、死も、老いも、成功も失敗もあります。子どもたちは、昔話をとおして人の一生を知ることができます。そこには、いいことも悪いことも、すべてがふくまれています。また、そこでは、主人公の悲しみもよろこびも、ねたみやそねみも、いじわるもやさしさもというように、プラスの感情もマイナスの感情も、隠すことなく語られます。そこに描かれる感情は、だれもが理解できます。

子どもは、主人公に身を寄せて話を聞きます。たいていの場合、主人公はちいさくて何ももっていないけれど、強い大きなものに勝ちます。また、他人に親切にした者は報われます。全体として「人の世は生きるに値する」と、〝生への賛歌〟に満ちています。もちろん、そうでない昔話——たとえばわるがしこいものが勝利をおさめる話——も伝わっていますが、杓子定規でなく幅があるのが、民衆のもつエネルギーだと思います。

子どもたちに昔話を読んであげてください。調子のいい唱えことばなど、とてもよろこびます。『鳥呑爺』では、こんな歌がくり返し出てきて、子どもたちをうれしがらせます。

「あやちゅうちゅう、こやちゅうちゅう、にしきさらさら、ごよのさかずき、もってまいろうか、びびらびん」

子どもたちに昔話を読んであげると、ひとりで読んでいたときには気づかないおもしろさを教えてもらえます。ぜひ挑戦してみてください。

同じ昔話でも、テキストによっては、耳で楽しく聞けるものとわかりにくいものとがあります。また、昔話を変えてしまっているものもよくあります。

みなさんは、「三匹の子ブタ」の昔話を知っていますか？　みなさんが知っているお話では、一匹めの子ブタと二匹めの子ブタは、煉瓦の家をつくった三匹めの子ブタの家に逃げこむとなっていませんか？　ほんとうの昔話では、一匹めの子ブタも二匹めの子ブタも、オオカミに食べられてしまいます。だからこそ、三匹めの子ブタが必死になって知恵を使ってオオカミを退治するという結末に納得できるのです。三匹めの子ブタは、オオカミを夕食に食べてしまうんですよ。また、本来の昔話では、三匹めの子ブタとオオカミは、知恵比べを三回します。どんなお話か知りたいかたは、『イギリスとアイルランドの昔話』を読んでください。

テキストとしては、東京子ども図書館で出している『おはなしのろうそく』がいいでしょう。実際に子どもたちに語って聞かせた実践から生まれた本なので、そのままテキストとして使えます。巻末には、どのくらいの年齢の子どもによろこばれるかや、語るときの注意なども書いてあります。そのほかに、こぐま社から出ている『子どもに語るグリムの昔話』や『子どもに語る日本の昔話』などもおすすめです。そしてみなさんも、自分で、またグループで、ブックリストをつくることをおすすめします。

あらかじめ冊数を決めて、まず一〇〇冊くらいではどうでしょうか？　そこに選ばれた本は、グループに参加している全員が読みましょう。

冊数はむやみに増やさないで、新しく加えたい本があれば、リストからどれかを削るようにします。そのとき加える本と削る本とを読み比べることによって、質が維持されます。

おさらいしますと、読み聞かせを始めるには、三つのポイントがあります。

第一のポイント　本がすきであること、本はいいものだと信じていること。

第二のポイント　「子どもは本がすきだ」と、実感をもって信じられること。

第三のポイント　子どもの読書・子どもの本については、「おとなとはちがう」ということを広い視野に立って理解し、共感すること。
そして、できるなら仲間と協同でとり組むこと。

みなさんの住んでいるさいたま市には、子どもの本に関して誇るべきことがふたつあります。ひとつは、石井桃子さんが浦和に生まれ育ったということです。またもうひとり、ゆかりのかたがいます。瀬田貞二さんです。『三びきのやぎのがらがらどん』『ナルニア国ものがたり』『指輪物語』の訳者としても有名な児童文学者ですが、このかたも浦和にお住まいでした。

おふたりは、私たちにすばらしい絵本や物語、昔話の数々を遺してくださいました。その業績については ここで申しあげませんが、ともに、子どもたちをたいへん信頼されていました。「子どもにはいいものを見抜く力がある。最良のものこそ、子どもたちにふさわしい」と。

石井桃子さん、瀬田貞二さんゆかりの地で活動するみなさんには、どうかこの信念を継いでいただきたいと思います。最後に、石井桃子さん一〇〇歳記念展のときのメッセージを送ります。

本は　一生の友だち
本は友だち。一生の友だち。
子ども時代に友だちになる本、
そして大人になって友だちになる本。
本の友だちは一生その人と共にある。
こうして生涯話しあえる本と
出あえた人は、仕あわせである。

（教文館ナルニア国の「石井桃子さん一〇〇歳おめでとう！」フェア（二〇〇七年）のときにナルニア国に寄せられたメッセージ　『ミセス』二〇〇八年三月号　文化出版局より）

図書館の仕事はもとより、皆さんの活動によって多くの子どもたちが生涯の友だちになる本と出会えることを願って、私の話を終わりにします。

（1）『アルメニアの少女』（デーヴィッド・ケルディアン作　越智道雄訳　評論社　四〇ページ）
（2）『絵本の庭へ』東京子ども図書館など。調布市立図書館の『このほんよんで！』『このほんよんで！　追録版』、都立多摩図書館の『読み聞かせＡＢＣ』（都立図書館ホームページにも掲載）は一般に頒布している。

講義案3　児童サービスのレファレンス（対象　図書館員）

1　子どもにたいするレファレンス

まず、子どもにたいするレファレンスの特性についてあげたいと思います。

子どもはまったく興味のないことを調べる。

これは、ほんとうにおかしなことです。質問を聞いて、「どうしてこの子がこんなことを調べたいのだろう?」と不思議に思うことがあります。ほんの気まぐれとか、何かをしなくてはいけなくて、最初の思いつきにとびついてしまうということがあるようです。ですから、このテーマはむずかしいとか、資料がないという場合には、うまく案内して、テーマを変えてあげることもたいせつです。「世界でいちばんはじめに石油を発見した人はだれか、調べたい」といってきたら、個人の名前ではなく、どこでいつごろ石油を使っていたかに変える、「日本の火山の数は?」といってきたら、おもな火山の名前を調べさせるなど、じょうずに案内したいものです。

子どもは、「すぐに専門家になれる」「何でも理解できる」と思っている。

これは子どもの楽天性で、これがなくては子どもなんかやっていられません。いずれ世の中の複雑さにおそれいるときがくるのです。でも、図書館の側でわざわざ手助けして〝己の無能さ〟に気づかせる必要はありません。わざわざむずかしい本を出してきたり、何冊もの本を積みあげるようなことは、避けるべきでしょう。相手の力量を見て、資料を紹介することです。

子どもは、図書館の人には質問しない。質問してもいいということさえ知らない。

これは、図書館員ひとりひとりの対応に問題があります。

子どもは、自分の興味があることであれば、積極的にとり組む。

鉄道や恐竜などについて、おとな顔負けの知識をもっている子がたくさんいます。

先日の読売新聞に、「恐竜検定」に合格した五歳の男の子の記事が載ってました。五歳でも、興味があれば、図書館で図鑑を見たり、自宅でビデオを見たりして、知識を高めることができるのです。

2　子どものレファレンスにたいする基本的な姿勢

ひとりの利用者としてむかえる

まず、子どもをひとりの人間、ひとりの利用者としてむかえてください。公共図書館は、ひとりひとりの利用者にたいしてサービスします。学校図書館では、子どもたちはどうしても「何年生」といった集団として扱われます。子どもにとって公共図書館の存在意義は、「個としてたいせつにされる」場所だということです。最近、学校図書館との連携が重要視されています。そのこと自体はいいのですが、学校図書館との連携のまえに、ひとりひとりの子どもをたいせつにする視点を失いたくないと思います。

どこの図書館にも、春になると毎年のように、五年生の子どもたちが「米」のことを調べにきます。私たちはつい「またきた」と思ってしまうのですが、調べにきた子どもにとってみれば、今年が最初です。

また、毎年のように三年生が図書館にきて、「本は何冊ありますか?」「何人の人が働いていますか?」などと聞いてきます。私たちは「またか」と思いますが、その子にとってははじめての図書館利用かもしれません。

私たちがおはなし会で絵本を読むときには、同じ本を何度も読む場合でも、毎回心をこめて読みます。けっして、「まただ」と手を抜いて読んだりはしません。それと同じように、新しい質問として、誠実に、ていねいに答えるようにしたいものです。

図書館の人に聞くには勇気がいる→気軽に聞ける雰囲気をつくる

「職員に気軽に聞ける雰囲気をつくろう」というのは、図書館全体の目標です。おとなでも、カウンターにいる職員に聞いてはいけないと思っている人がいます。ましてや子どもが図書館員に何かを聞くには、相当な勇気がいります。

カウンターに座っている人のなかに、利用者からよく質問される人と、まったく聞かれない人がいるというのを、皆さんは体験的に知っていることでしょう。よく聞かれる人は、「見た目が優しい」などといったことではなく、「聞いてください」という気持ちが大いにあって、それが体全体から出ている——一種のオーラが出ている——のです。私たち児童図書館員も、全身から「私に聞いて、聞いて！」オーラを出すことです。子どもが入り口から入ってきたら、「私のお客がきた！」と思ってください。

質問があるのになかなか聞けないという子は、よく見ているとわかります。こちらをちらちらと見たり、カウンターの前を何回も素通りしたり……。声をかけるとほっとしたように聞いてくる子もいますが、そのまま「なんでもない」というように去ってしまって、あとで書架整理をしていると寄ってきたりします。おとなでも、カウンターにいる職員よりもフロアにいる職員に声をかけてきます。

夏休みは、子どもも聞きたいことがたくさんある時期ですが、その時期に私たちが忙しくなってしまうのもなんとかならないかと、いつも思います。

子どものレファレンスに興味をもつ→子どもから学ぶ

子どものレファレンスに興味をもつこと。それだけで、いろいろなことが見えてきます。子どもがどうやって本を探すか、あるいは探せないか。どういうところを読んで、どういうところを読まないか。どんなテーマを選ぶか……子どもの力量もわかります。

・聖武天皇について調べにきた子が、目の前に「大仏建立」という本があっても手を出さない。書名がズバリでないと手にとらない。

・世界の〝じゃんけん〟について調べにきた子が、図書館員が児童書を探しているあいだに、さっとおとなの書架からじゃんけんに関する本を探してくる（そんな、目ざとい子もいます）。

・百科事典を、索引から引かない（まあ、『ポプラディア』は索引を引かなくても大丈夫なように工夫されているからかもしれませんが）。
・ほとんどの子が、地図の索引の意味をまったくわかっていない。
・子どもは、絵を写すことはできるが、写真から描き写すことはできない。
――どれも、私が子どもたちから学んだことです。

また、時間感覚のちがいも、子どもたちから教えられました。私のような年配者には、「昔」というと「第二次世界大戦まえ」というイメージがありますが、いまの子にとっては、四〇～五〇年まえまでくらいをさし、白黒テレビやテープレコーダー、洗濯機のローラー型絞り機などが「昔の道具」ということになります。

ひとりの子どもを知るということは、普遍的な子どもを知ることに通じます。それは、選書やブックトーク、書架の工夫など日々の仕事に生きてきます。

一歩ふみだして対応する→おせっかいになる

おとなにたいしてもレファレンス・インタビューはむずかしく、なかなか求めていることがわからなかったり、こちらが勘ちがいしてしまうことがあります。ましてや子どもがうまくいえないのは、当然です。子どもに対応するとき、私たちは何でも、おとなにたいするよりも一歩ふみだす必要があります。つまり、少々〝おせっかい〟になるのです。それは、レファレンス・インタビューでも、回答するときでも同じです。

いまでも忘れられない勘ちがいがあります。

若いころ、子どもに「さびの本」といわれて、「合点承知！」とばかりに金属の酸化の本を並べました。そうしたらその子が、本の山を見ながら「オレ、さびの本じゃなくて、カビの本がほしいんだけど」といいました。「もっとはやくいってよ」と内心で思いましたが、これは十分たしかめなかった私が悪いのです。「さびの本」といわれたときに「金属がさびること？」とでも聞いておけば、まちがいがわかったと思います。

質問には、必ずことばをつけ加えて復唱しましょう。「デンキの本」といわれたら、「人の一生のこと？　それとも、明かりがつく電気のこと？」などと聞き返します。

おとなの場合、職員にたずねるということは、自分の個人情報の一部を伝えることになります。たとえば交通事故被害と補償について調べたい人は、事故のことは知られたくないので、「法律の本はどこですか？」などと聞いてきます。交通事故は3類の「法律」ではなくて6類の「交通」なので、ほしい資料が見つからない。利用者が自分からはっきり質問をいうとは限らないことに注意しましょう。

インタビューのなかで質問の細部がすこしずつはっきりすることがあるし、それを明らかにしたくない利用者もいます。そのことにも配慮しながら、利用者がもっている情報をできるだけ引き出し、調査に役立てることがレファレンス・インタビューですが、子どもの場合は、自分でも調べたいことが明確になっていない場合があるので、会話のなかで誘導尋問的とまではいわないまでも、明確化してあげることが必要な場合もあります。

子どもが「コインの本」というので、「古い時代のコイン？　それとも、いまのコイン？」と聞いたら、「汚くなったコインをぴかぴかにしたい」と答えました。それなら、経済の本ではなく科学あそびの『コインの実験』に出ています。必ず一歩ふみこんで聞くことです。

子どもが聞いてこなくても、「何か聞きたそうだな」と感じたり、グループ学習などでもめていたら、「何か、探してる?」などと聞いてください。「別に」と冷たく答えられても、それはそれ。そんなときにはすばやく、何をやっているかを観察してみてください。困っている本人よりもいっしょにいる友だちが、「こいつ、モルディブ共和国について調べてるんだけど、本が見つからないんだって」などといってきたりします。

子ども室の書架でうろうろしている子がいたら、どんどん声をかけてください。「探している本、見つかった?」とか「大丈夫?」と聞くと、「大丈夫」という答えが返ってくることもあれば、ほっとしたように聞いてくる子もいます。

おとなの場合はなかなか〝御用聞き〟をするわけにはいきませんが、子どもの場合には、時間があれば見まわって、声をかけてあげたいものです。

3　レファレンスに答える

子どものエネルギーを本に向ける

「子どものレファレンスに答えるときには、調べかたを教えましょう」というのが、鉄則になっています。つまり、「調べる必要に迫られたときには、調べかたを教わると身につく」というわけです。

図書館には分類があって、同じ主題の本はまとまって置かれているので、その前後の棚を見るといい。でも、いつもいつもまとまっているわけではなく、ひとつのテーマでも家畜と動物、植物と園芸や農業のように、あちこちの書棚にわかれていることもある。参考書は索引から調べる。目次で本の全体がわかる。資料の検索はこうやる……などなど。

けれども最近になって、そうやって教えるのはたいせつなことではあるけれど、もっとたいせつなことがあると思うようになりました。それは、「子どもたちには、本を読むことにいちばんのエネルギーを使ってほしい」ということです。積極的にすすんで調べたいという子なら、調べかたを教えてあげれば、きっとよろこんでとり組むことでしょう。でも、多くの〝しかたなくやってきた〟子どもは、ともかく本を手にとって、開き、中身を見ることがいちばんたいせつ。私たちは、そこをあと押ししてあげたいと思うのです。

たとえばイヌイットの家の図を求められたときに、職員が地理や建築の本をかたっぱしから探しているのに、子どもはボケっと立っているだけで探そうとしない。そんなときには、「私はこの本を見るから、あなたはこれを見てね」と本を手わたし、どこを見ていったらいいのか、目次などを示して調査に参加させます。

あるとき、二年生の子が「ウサギは一羽、二羽と数えるけれど、そんなふうにめずらしい数えかたを調べたい」といってきました。『もののかぞえかた絵事典』を出してあげると、しばらくしてまたやってきて、「あの本にはめずらしい数えかたはないので、もっと別の本がいい」というのです。「よく見た?」と聞くと、「よく見た」と答えます。そんなはずはないと思って、いっしょに見てみました。すると、「イカは一杯、二杯」と数えるとか、「たんすは一棹、二棹」「タマネギは一玉、二玉」と数えるなど、知らない数えかたがたくさん出てきました。その子は、中身を読むことが調べるということだとわからなかったのではないかと思います。

ですから、調べかたを教えるよりも、「この本はこんなにおもしろいよ」とか、「ここに、こんなことが書いてあるんだよ」「ここを見ればいいんだよ」と、興味を誘うように紹介するほうがたいせつです。

図書館では、レファレンスを受けつけないものとして「病気の診断」「法律相談」「身の上相談」、回答をあたえないものとして「骨董の鑑定」「系図の作成」「宿題」「クイズ」があります。その禁止事項を意識するあまり、図書館員が「あまり親切に教えてはいけない」と自らを規制しているように思います。答えの書いてある本を見せても、ここが答えだよと教えても、それを読んで、理解し、ノートに書くなりするのは、子どもなのです。少し自己規制をはずして一歩ふみこんでもいいのだと、私は思います。

回答はケースバイケースで

子どものレファレンスは、大きくふたつにわかれます。おもに家庭で自分の興味から自発的に湧きあがってきたレファレンスと、学校の課題から発生したレファレンスです。

子どもが自分の興味や趣味から求める場合というのは、「恐竜の本が読みたい」「自分でお手玉をつくりたい」「モルモットをもらったから、飼育法を知りたい」など、いずれも自発的な活動や読書につながるレファレンスです。

それから、親がわが子の質問に答える場合もあります。この例で圧倒的に多いのが、学齢前後の「地球はどうして丸いの?」「月が満ち欠けするのはなぜ?」「どうして一年は三六五日なの?」などといった、耳学問で聞いたことと自分の感覚とのちがいから世界の不思議を問うというケースです。これは、毎年のように何人かの親御さんから聞かれます。まだ抽象概念の育っていない子に、理屈で月と地球と太陽の関係を説明しても、理解することはできません。

これらはいずれも、自由な楽しみとしての読書につながります。

学校の学習の一環としてのレファレンスというのは、おわかりと思いますが、「○○について調べてきなさい」という宿題や調べ学習、夏休みの自由研究などです。

　前者は子どもの自主的な行動ですが、後者には「しかたなく」という子もふくまれます。したがって、子どものとり組みかたもいろいろです。

「宿題はしたいけれど、できるだけかんたんにすませたい」というタイプ。グループのなかに最低ひとりは、こういう子がいますね。何を聞いても答えない。あるいは、ふざけている。でも、せっかくきてくれたのだから、宿題でもなければ図書館にはこないのだから、たいせつにしたい。「図書館にきてよかった」という〝お得感〟をもって帰ってもらえるように面倒をみてあげたいと思います。

「子どもは無気力、親はやる気」。このタイプは最悪ですね。みなさんも経験があると思います。親が質問してくるので、子どものほうを向いて問いかけても、答えは親から返ってくる。何度試みても、子どもはひとこともいわない。必ず親の割りこみがあって、子どもと一対一の会話ができない。

　これをなんとかしたいと、これまでいろいろやってみましたが、はっきりいって無駄でした。この親子の問題は、図書館の場ではなく親子のありかたそのものなのですから、いまこの場でどうこう変えることはむずかしい。無駄と知りつつも、せいぜい子どもに向かって問いかける、子どもに向かって本を手わたすということを試みるくらいです。

「志はあるけれど、課題が理解できていない」。こういう事例の多くは、先生に原因があります。何を調べてくればいいのか、子どももわかっていないし、先生自身が本で調べたことがない場合もあります。こんな子が図書館の職員に何か聞いて、「またか」といやな顔をされたり、せっかくきたのに目的の本を探せなかったりしては、本ぎらい、図書館ぎらいになることもありうるでしょう。せっかく意欲はあるのだから、当初の課題とはちがっても何かをもって帰ってもらいたいと思います。

　こういったさまざまなタイプのレファレンスや子どものタイプを想定して、私たちはどのように対応すべきかを考えましょう。

子どもの理解力（年齢）を考慮する→ことをむずかしくしない。その子なりに納得する本を提供する

絵本や物語を紹介するときに、私たちは年齢を考慮します。『ライオンと魔女』がどんなにいい本でも、小学校一年生にはすすめません。レファレンスで手わたす本も同様です。子どもの理解力（年齢）を考慮し、ことをむずかしくしないことです。

子どもの前にこれでもかというほど本を積みあげるのも、よくありません。その子にいちばんふさわしいと思われる本を選んで数冊並べる程度にしたいと思います。

先ほどお話しした事例でいえば、学齢まえの子どもに「どうしてお月様は満ち欠けするの？」と聞かれたときに「４４０」の天文学のやさしい本を見せても、抽象的な概念が育っていない幼児には理解できません。そういうときには、「お月さまの話」（おはなしのろうそく25）や『月おとこ』『月はどうしてできたか』のような昔話を紹介すれば、その子の理解にかなっているかもしれません。

小学校の低学年の子が、「むいたリンゴがしばらくすると色が変わるのはなぜ？」という質問をしてきました。なぜそうなるのかが書かれた本は何冊もありますが、いずれも物質の変化を述べたもので、子どもが「ああ、そうか！」と腑におちるものではありません。おとなだってよくわからない化学的変化について書いてあるのですから、低学年では理解できなくて当然です。

それよりも、リンゴなら色が変わる。ナシではどうか？　レモンは？　バナナは？　あるいは野菜では？　ナスは？……といった事実を調べたほうが、子どもの理解力にあっています。

お話を聞くときも、おとなは「なぜ」にこだわりますが、子どもは「それからどうなったか」にこだわります。ですから、抽象的な理屈より目の前の現象に興味をつなぐことがたいせつではないかと

思います。

子どもの質問を尊重すると同時に、こだわらない

子どもが聞いてきたことは、まず尊重して、受け入れなければいけません。でも、「本ではけっしてその質問には答えられない」ということがあります。とても子どもらしい質問だといえます。

たとえば、小学校高学年の女の子が、「赤や青などの色の名前をつけた人は、どこの何という人か」と聞いてきたことがあります。はじめは、「赤はなぜ赤というのか」といった語源の話かと思ったのですが、その子は、何度聞いても「だれが〝赤〟という名前をつけたのか、知りたい」というのです。そのときは、色の本を出したり、百科事典で調べたりして、そういうことが書いていないことを事実で見せました。そのうちその子は、紹介した本のなかにあった『サインとマーク』が気に入って、結局マークについて調べることにしました。これは、本を見せて「あなたの調べようとすることは、できない」ということを伝えたわけです。

最近、五年生が地震や火山について調べにきていると思います。私の職場近くの小学校では、各自が課題を見つけて調べているのですが、そのうちのひとりが「世界の火山について知りたい」というので世界地図に火山が書きこんである本を見せたら、すべての火山が書いてなくてはいやだというのです。できるだけ詳しそうなものを見ても、当然、すべての火山について書いてある本なんてありません。そこで、『日本活火山総覧』を見せて、「日本だけでも五〇〇ページあるんだよ」と示すと、おそれいって納得していました。

答えの出ない質問には、「むずかしい」あるいは「不可能だ」ということをじょうずに伝えて、子どもの課題を別な方向にもっていってあげるほうが、いたずらに時間をかけて失望させるよりもずっ

といいと思います。

子どもの知りたい気持ちは年齢を越える

先ほどの恐竜検定の子もそうですが、図書館のおなじみの男の子で、仏像が大すきな子がいました。三歳くらいなのですが、仏像の写真を見て、すらすらと名前をいえるのです。子ども室では「汽車のえほん」なんかを読んでもらっているのですが、同時に仏像の本も借りていました。

このように、子どもが自分で「知りたい」と思うと、相当のことをやってのけます。

数年まえ、日比谷図書館に高学年の女の子四人がやってきました。彼女たちは、検索パソコンの前に座って押しあいへしあいしながら検索して、わいわいやっています。そのうち『彰義隊と白虎隊』といった古い本を出納するので、「この本、古い貴重書だけど、いいの?」と聞くと、「えっ、貴重書だって!」と大よろこびするのです。「手伝おうか?」と声をかけても、「大丈夫」と答えるだけで、何やら検索したり、本を見てがっかりしたりしていました。

昼になると出ていって、食事をしたらしく、またもどってきました。そこでいろいろしつこく聞いてようやくわかったのが、その子たちは『ふしぎ遊戯』というマンガ本を読んで、図書館に調べにきたのだということでした。

『ふしぎ遊戯』は一九九〇年代のはじめに「少女コミック」に連載されたものですが、いまでもアニメなどで人気があります。中学生の女の子が都立中央図書館に行って、「一般者閲覧禁止図書」という部屋に入って『四神天地書《ししんてんちしょ》』という本を読む。すると、主人公は突然中国的な異世界へ行き、冒険が始まる――というマンガです。

子どもたちは、その『四神天地書』を読みたいというのです。『四神天地書』は、読み終えると願いがかなうというのですから、だれだって読んでみたいですよね。それで、マンガに出てくる「白虎」とか「朱雀」といったことばで検索して、それが貴重書だといわれて「キャー！」と叫んでいたのです。

『国書総目録』を見ましたが、『四神天地書』なんてありません。子どもたちは、すでに都立中央図書館に行って入館を断られ（当時、中央図書館は一五歳以下は入館できませんでした）、それから国会図書館に電話して「そんな本はない」といわれて、それでもあきらめきれずに日比谷図書館にきたのでした。

このままでは帰せないと思って電話番号を調べ、版元の小学館に電話をするようにいいました。子どもたちはおたがいに押しつけあっていましたが、なんとか編集部に電話をして、『四神天地書』という本は実際にはないということを教えてもらいました。

あの子たちはもう、おとなになっていると思います。どこからきたのか知りませんが、この半日がかりの〝冒険〟は、いまでも子ども時代のたいせつな思い出になっているのではないでしょうか。

知りたい、調べたいという気持ちを支援し、子どものよろこびや驚きに共感する

現在は、手軽に情報が入ってしまう時代です。知りたいと思わないような情報までもが、いやおうなく入ってきます。子どもたちがすすんで知りたいと思い、本にとり組んでいくという姿は、なかなか見られなくなりました。だからこそ、できるだけ子どものよろこびや驚きに共感したいと思います。

子どもに本を手わたす

レファレンスをとおして課題を解決するということもたいせつですが、もう一歩進んで、子どもが

本と出会うきっかけになればいいと思います。あるいは、調べものにきたけれど、ついでにすきな本を借りていくということもあるでしょう。

調べもののなかから本との出会いがあったらすばらしいと思いますが、現実はなかなかそううまくはいきません。子どもたちは多くの場合、セットものの調べる本を使います。そういう本には、本としての魅力はありません。調べて、写して、ハイ終わりです。項目ごと、もっとはっきりいえば見開きごとにまとまった情報になっている。さらに、レイアウトで細かいコマワリになっていて、そこにミニ情報やコメントがちりばめられている。知識がひとつながりのものとしてまとまってはおらず、切れ切れの情報になっている。そのため、「おもしろい」「興味深い」という思いを継続してもち続けることができなくなっています。

著者が最初から最後まで意図をもってまるまる一冊書きとおした本を読んでこそ、本のおもしろさが実感できます。調べ学習が盛んになればなるほど、子どもと本との出会いがかえって減っているような気がしてなりません。

ふさわしい資料がない場合は、次につなぐ。手ぶらでは帰さない

おとなのレファレンスの場合、自館に資料がないときには、「県立図書館からとり寄せる」「隣の市町村の図書館を紹介する」「専門機関を紹介する」など、いろいろな方法があります。でも、相手が子どもの場合は、〝次〟はありません。隣の市の図書館に行くということは、子どもの場合はほとんどできないし、「いま貸出中だから、来週まで待って」といっても待ち切れなかったり……。自分の手元にきたころには、〝課題〟の締め切りも終わってしまっていますからね。

次善の策としては、それが子どものレファレンスに直に答えるものではなくても、その周辺の本を

わたすとか、課題をすこし変えるとかして、解決に導くようにしてください。図書館に調べものにきた子どもに〝報われて〟ほしいからです。図書館にきた子は、先生に「えらい」とほめてもらえたらいいなと思います。そうすれば、今回は〝ファウル〟でも次はきっと〝ヒット〟が打てると思えます。すくなくとも、「図書館の人は親切だ」という感想をもってもらうだけでも、次につながります。

4　地域資料

典拠は学習指導要領

児童担当者にとって、地域資料を知ることは必須です。自分の地域でとりあげられる課題は、たいてい決まっています。たとえば、私の職場の都立多摩図書館の付近では玉川上水と玉川兄弟、ウド、車人形、青梅街道など。また、私が住んでいるさいたま市では見沼代用水と井澤弥惣兵衛、中山道浦和宿・大宮宿というように。みなさんの地域でも、子どもたちが決まって学ぶことがあります。それは、学習指導要領に明記されていることのどれかに該当します。

一般的な調べ学習の場合、何を調べにくるかはわからないけれど、ほとんどの場合、資料はあります。一方、地域関係の調べ学習は、何を調べるかは予想がつくのだけれど、子ども向けの資料がすくないという悩みがあります。

いちばん多いのが社会科なので、みなさんも一度、社会科の学習指導要領に目をとおしておくといいでしょう。『小学校学習指導要領解説　社会編』第二章第二節には、三、四年生の郷土学習の内容として、

ア　身近な地域や市の地形、土地利用、公共施設などの様子

イ　地域の生産や販売に携わっている人々の働き
ウ　地域の人々の健康な生活や良好な生活環境を守るための諸活動
エ　地域の人々の安全を守るための諸活動
オ　地域の古い道具、文化財や年中行事、地域の発展に尽くした先人の具体的事例
カ　県の地形や産業、県内の特色ある地域

の六つの項目があげられています(1)。

子ども向けの地域資料を収集する

かなりの市町村で、市史のダイジェストや、文化財散歩のガイドブックなどを発行しています。また、教育委員会からは、地域に関する副読本が作成・配布されています。子どもたちが図書館に調べにきたときには、たいていその学年以上の内容が求められるので、小学生には中学生の、中学生には高校生の副読本が役立ちます。

また、市の統計課や議会事務局から年に一回発行される市勢要覧や報告書をチェックして、揃えておきます。公的機関――たとえばリサイクルセンター、環境部、水道部、税務部など――が、子ども向けの業務案内をパンフレットや小冊子にまとめることがあります。これらの機関には、市町村レベル、県レベルのものがあります。

環境部のものには毎年「ごみの処理経費」などが載っているので、役立ちます。それは、「環境」とか「ゴミ」といったファイルに入れておいてもいいし、継続して所蔵している逐次刊行物なら、所定のところに置いてデータをとっておくという方法もあります。つまり、「ゴミ問題はどの資料に載っているかをデータ化しておく」のです。子どもはほんとうに数字がすきなので、数字が記載されて

いる資料は便利です。

消防局のパンフレットには、最新の消防自動車などの写真が掲載されていることも多く、レファレンスに関係なくよろこばれています。

県立や市町村立の博物館の展示図録は、とくに役立ちます。

また、子どもたちが姉妹都市や林間学校、夏の家などに行くときには目的地の情報を調べにきますから、そちらの子ども用の地域資料も用意しておきたいものです。姉妹都市などは、地域関係の資料（副読本など）を交換するのも有効ではないでしょうか。

地域資料を図書館でつくる

最近では、自分のところで子ども向けの地域資料を作成している図書館も増えてきました。

東京都北区立中央図書館では、地域資料担当者を中心に、二〇一〇年に北区の歴史を学ぶ初学者や小学生を対象にした『北区の歴史はじめの一歩　赤羽東地区編』を作成しました。該当地区の小学三年生への配布や区民への頒布をおこなって好評だったため、以後「王子東地区編」「滝野川東地区編」「滝野川西地区編」「赤羽西地区編」「浮間地区編」「王子西地区編」を発行しています。

武蔵野市立図書館では、小学校高学年から中学生を対象に『子ども武蔵野市史』（井上孝著　二〇一〇年）を作成し、市民にも頒布しています。

中央区立京橋図書館では、小学生を対象に『Jr.中央区文化・歴史ずかん』（二〇一三年）を発行しています。区内の小学校などへの配布のみで一般頒布はしていませんが、図書館のホームページで一部を見ることができます。

これらの本はいずれも、写真やイラストを豊富に使って楽しく学べるように工夫されています。

小学校の社会科研究会のような団体で発行している資料もあります。東京都小学校社会科研究会では、『楽しく調べる東京の歴史』『楽しく調べる東京の地理』『楽しく調べる東京の社会』（日本標準）の三部作を発行しています。

ホームページをじょうずに使って、子ども向けに地域資料を作成している図書館もあります。稲城市立図書館では、こどもページに「いなぎのこと」というメニューを設けています。たとえば「稲城という地名になったわけ」では、矢印をクリックすることで「一つ目の説」「二つ目の説」「ことばの説明・参考資料」と進む仕組みになっていて、見やすく楽しいものになっています。

自館で地域関係の資料やホームページをつくろうとするときには、これまで紹介した本やホームページの構成やつくりを参考にすると、いいものができあがると思います。

その場で提供することがたいせつ

先日も、子どもたちが市内のコンビニの数を調べにきました。市の統計資料だと、「小売業」で一括されていて、よくわかりません。神社や寺の数も、よく調べにくるもののひとつです。県レベルの『宗教法人名簿』などで調べることができますが、中央館に問い合わせたり資料をとり寄せたりと時間がかかるようでは、子どもには向きません。

自館に適切な資料がなくてすぐに調べられない場合には、手元にある資料の活用が大事です。コンビニの数や寺の数を調べたいときには、電話帳のタウンページが役に立ちます。神社は無人のところも多いのでだめですが、寺にはだれかが住んでいるので、必ず電話があります。電話帳は正確さに欠ける面もありますが、子どもが本で調べて何かを得たということをたいせつにしたいと思います。子どもには、「〇年〇月現在の電話帳にはこう書いてあった」ということだけでも意味があります。

子どもは、数字と〝いちばん〟がすき

三年生が図書館調べにくることもよくあります。これは、指導要領の「身近な地域や市（区、町、村）の特色のある地形、土地利用の様子、主な公共施設などの場所と働き、交通の様子、古くから残る建造物など」に該当します。これまで一度も図書館にきたことがない子どももやってくるので、チャンスです。いろいろ話をして、〝手土産〟ももたせてあげましょう。子ども向けの図書館要覧や、図書館や本に関する小冊子などをつくります。

図書館訪問では、「図書館ってどんなところ？」「何冊あるの？」「何人働いているの？」という質問のほか、「いちばん読まれている本は？」など図書館でいちばん○○なものや数を聞かれます。三、四年生の子どもはほんとうに数にこだわり、〝いちばん〟大きい・小さい・多い・すくないというのが大すきです。「わかった」という気がするし、発表するのも楽にできるからでしょう。世界でとか日本でいちばんというのは調べがたいものもありますが、「この図書館では」ということでしたら、すぐ調べられます。

たとえば、いちばん短い書名『あ』（大槻あかね作　福音館書店）、長い書名では『悩みも迷いも若者の特技だと思えば気にすることないですよ。皆そうして大人になっていくわけだから。ぼくなんかも悩みと迷いの天才だったですよ。悩みも迷いもないところには進歩もないと思って好きな仕事なら何でもいい。見つけてやって下さい。』（横尾忠則著　勉誠出版）など。

大きい本とちいさい本を見比べるのも効果的です。『はらぺこあおむし』の普通版と大型絵本、ミニ絵本、外国語版を用意して、比較します。大きさのちがいに驚いたあと、版によって絵がちがうことや、世界じゅうの子どもに読まれていることなど、話題を広げることができます。

5　レファレンス事例の共有化

職員間で子どもの話をする

職員のあいだで日常的に子どもの話をすることは、とてもたいせつなことだと思います。「きょう、○○ちゃんがこんなことを聞いてきた」とか、「おはなし会でこんな反応があった」「○年生が課題でやってきたが、明日もくるらしい」など、職員のあいだで大いに子どもの話をしてほしいと思います。ひとりの職員が知ったことをみんなで共有できるし、おたがいに知識や情報を伝えていくこともできます。ふだんから話していれば、問題があったときでも共通理解に達しやすいでしょう。みなさんの職場では、子どもの話をしていますか？

レファレンス事例の蓄積

これは、「いうは安し、おこなうは難し」です。しかし、聞かれたこと、答えたことをそのままにせず、メモでいいですから書きとめておいて、月に一回でも職員に回覧すれば、それだけでも役に立つと思います。

おなじみのレファレンスに備える

毎年、時期になると聞かれるレファレンスがあります。ブックリストをつくるなど、あらかじめ準備しておくのもいい手だと思います。

毎年、小学生が点字やバリアフリーのことを聞きにくるので、私の図書館では、福祉の本の棚に点字絵本や布の絵本を並べています。ホームページのこどもページに「としょかんのひみつ」というコーナーがありますが、そこでも四回にわたって、視覚障害者サービス、点字の絵本、点字の道具などをとりあげています。「点字について調べたい」とか「読みあげソフトについて知りたい」という子どもには、ホームページを見るようにすすめています。

6　おとなからのレファレンス

ここでとりあげるレファレンスは、読書相談のようなものです。親から「子どもにどんな本を読んであげたらいいのか」とか、読み聞かせのグループから「どんな絵本を読んだらいいか」とか、学校の司書教諭や先生から「学習に必要な本をそろえてほしい」といわれるなど、提供した資料のエンドユーザーが子どもの場合をさしています。みなさんも、日々こういったレファレンスに遭遇していると思います。図書館の力量を見せるいいチャンスですから、できるだけじょうずに答えたいものです。

子どもと本に関わる人に、専門家として対応する

こういった質問をしてくる人のなかには、長い文庫経験をおもちのかたもいらっしゃいます。経験豊かな学校の先生もいらっしゃいます。けれどもみなさんは、どんな利用者にも図書館の専門家として対応してください。みなさんは、図書館でさまざまなジャンルの本を見ています。一般サービスの豊富な経験をおもちのかたもいるでしょう。

どんなに長く文庫をやっているかたでも、レファレンスブックとか調べかた、出版界の状況などは、みなさんのもっている知識にはおよびません。読書教育のベテランの先生より、分類についてはよく知っているはずです。ですから自信をもって、専門家として対応してください。

エンドユーザーの子どもに視点を据える→子どもの幸せを第一に

次にたいせつなことは、エンドユーザーが子どもの場合、「子どもに視点を据える」ということです。その子どもが満足するであろう本を手わたすということです。と同時に、目の前の質問者であるおとなをも納得させなくてはなりません。さらにいえば、図書館への信頼感をもってもらわなくてはならない。したがって、子どもが直接質問してきた場合よりも二重にむずかしくなります。

おとなが求めてくるものは、本来子どもの読書で求めてはならないことが多いという傾向があります。「命の尊さを伝える」絵本とか、「友だちにいやといえない子なので、いやといえる子になる」ような本とか、「おしっこ」がいえるようになる絵本……。みなさんも、よく聞かれることでしょう。

こういった要望をかなえるために本を読ませるということは、かえって子どもから本を遠ざけることにつながるのではないかと思います。読書は、読んだ人がどのように受けとめても自由だからこそ、大きな価値があるのです。こう読まねばならないとか、これを教えてやろうなどといったおせっかいな心根は、読書とは対極にあるものです。

どんな要求もいったんは受け入れる

しかし、どんな要求をされてもいったんは受け入れるのが、私たちの仕事です。内心、「そんな本はない」と思っても、相手の要求をいったん受け入れてから、じょうずに答えましょう。

たとえば、幼児づれのお母さんからよく、「おしっこがいえるようになる絵本」とたのまれます。赤ちゃんがおまるに座っている絵本——たとえば『みんなうんち』や『サムぼうやのおまる』など——をわたしてから、その赤ちゃんがよろこびそうな絵本をいっしょに紹介します。

『おつきさまこんばんは』を見せて「これを読むと、お月さまを見ると『おつきさまこんばんは』っていうようになるんですよ」とか、『もこもこもこ』を見せて「ちいさい子も大きい子も大すきです。外国の子もよろこびますよ」とか。

せっかく聞いてきてくれたのですから、おしっこの本だけで終わらずに、もうひとつ何かを手わたしてください。

小学校二年生の子どものなかよしの友だちが引っ越しをすることになり、「お別れに本を贈りたいが、別れてもいつまでも友だちだよ、忘れないよというお話はないか」という質問もありました。ちょっと考えれば、そんな本をもらっても子どもがよろこぶとは思えません。もし思い出をたいせつにしたいなら、子どもたちがいっしょに楽しんだ本があればそれを贈ってもいいし、友だちの本などはきっとふさわしいと思います。それで『こぎつねコンとこだぬきポン』『ふたりはともだち』『やかまし村の子どもたち』など友だちをテーマにした楽しい本を紹介したら、とてもよろこんでくれました。

学童クラブの指導員からの相談も受けたことがあります。一年生をむかえるので絵本を読み聞かせるのだが、「学童で楽しくすごしている」絵本を紹介してほしいというのです。学童を舞台にした本は『さくらんぼクラブにクロがきた』くらいしかありませんが、読み聞かせには向きません。それに、「学童は楽しいよ」と書いてある本を読むよりも、学童そのもので子どもたちが楽しい思いをすれば、目的は達成できるのです。それなら、みんなが楽しめる本を読んでもらうのがいちばんではないでしょうか。それを伝えると、指導員のかたは納得してくださいました。

おとなが頭で考えるような、注文どおりの本はありません。たとえあったとしても、それを聞き手の子どもがよろこぶとは限りません。読書は〝心の冒険〟なのですから、読むことによってどんなことが起こるかはまったく予想もつかないし、自由に感じることにこそ、いちばんの価値があるのです。

みなさんは、そのことをよくご存じだと思います。でも、世間では——とくに学校では——本は特効薬のように思われている節があります。じょうずに、「注文どおりの本はない」「たとえあったとしても、どう受けとるかは、子どもの自由だ」ということを伝えてください。その場合、のっけから相手を否定するのではなく、相手の気持ちを受け入れて、できるだけふさわしい本を紹介し、チャンスがあればこちらの意見を伝えます。

先日、小学校の先生から、学校で命のたいせつさを理解できるような本をひとりずつ紹介するのだが、何かいい本はないかと聞かれました。そのとき何気なく「本というものは、何を感じるかは読者の自由ですから」といったら、先生はそのことばにとびつくように、「そうですよね。私もそう思います」とおっしゃいました。先生がたのなかには、私たちと共感してくださるかたもいらっしゃるのですね。

いってみれば〝釣り〟のようなものですから、相手を見ながらじょうずにこちらのことも理解してもらうように、押したり引いたり、ひとつひとつ工夫していくしかないと思います。

読み聞かせグループ

読み聞かせグループなどから、読み聞かせに向く絵本のリストとか、入門書などをたずねられることがあります。図書館ですからいろいろな本があっていいのですが、職員は一応、そのリストや入門書に目をとおしておく必要があります。本によって考えかたがまったくちがい、ブックリストなどでも、掲載している本は千差万別です。子どもの受けのいいものや新刊本を重視しているもの、子どもたちが推薦した本をメインにしたものなど、多く出まわっています。

私がすすめたいと思ういくつかのリストは、どれも同じ本ばかりが掲載されていて新鮮味がありませんが、それは何年も図書館や文庫などで読まれ続けた古典を中心においているからです。

それぞれの図書館でつくるのも、いいことだと思います。五〇冊なら五〇冊、一〇〇冊なら一〇〇冊というように掲載冊数を決めてつくるといいでしょう。安易に冊数を追加せず、新刊でリストに入れたい本が出たら、落とす候補の本と入れたい本を比較検討する。このことによって、リストの質を維持することができます。

最近は、特別支援学級からの読み聞かせの依頼もあるかと思いますが、原則は変わりません。ただ、対象の子どもたちがどんなようすか、先生からあらかじめよく聞いておく必要があります。絵本の質もたいせつですが、その場での子どもたちにどうやって手わたすか、どうやれば受け入れてもらえるかに、工夫が求められます。

たとえば、知的障がいのある子どものなかには、ことばのリズムに反応する子がたくさんいます。『コッケモーモー!』のように動物の愉快な鳴き声がくり返されると、その音のおもしろさに声をあげてよろこぶ子どもがいます。そのとき、幼い子どもへの読み聞かせのように、おもしろがったところを「コッケブーブー、コッケブーブー」のようにくり返し読んであげると、さらにいいと思います。

また、中学部などの生徒は、生活経験が長く、年齢への意識もありますから、子どもっぽいものは避ける必要があります。『ちいさなねこ』のように彼らも楽しめる話で、絵は写実的で子どもっぽくない絵本がよろこばれます。(2)

児童館や学校図書館などの蔵書相談

児童館や学校図書館などから蔵書の相談を受けることもあります。児童館では、本の貸し出しをせずにその場だけで読むことが多いので、長編読みものよりも絵本、科学絵本、図鑑、短編、昔話などその場で読み切れるものや、みんなでいっしょに見て楽しめるものを中心にそろえるといいでしょう。迷路やなぞなぞ、ことばあそび、折り紙、工作、科学あそびなど、あそびを豊かにする本が次々と出版されています。そういった情報も提供すると、よろこばれます。

学校図書館では、以前は絵本を購入していないところが多かったのですが、読み聞かせの活動が盛んになるにつれて、しっかりそろえる学校が増えてきました。

現在は、良質の幼年童話が不足する傾向にあります。学校では、教材以外では複本をあまり購入せず、新刊から選びがちです。とくに蔵書目録がそろっていないところでは複本調査ができないので、どうしても既刊書を避け、絶対に重複しない新刊書を購入するようです。

幼年童話は、学級文庫として低学年のクラスに分散されたり、よく読まれてボロボロになると買い替えをせずにそのまま廃棄してしまい、基本的なものがなくなりがちです。高学年は自分で公共図書館にも行けるので、学校図書館では、教科学習に必要な調べ学習用資料と幼年童話に注目するといいでしょう。

7　資料を知る

基本的な資料を読む→いいノンフィクションとは

児童図書館員のみなさんは、先輩から、あるいは研修会で、耳にたこができるほど「本を読みなさい」といわれていると思います。絵本や物語はけっこう読んでいても、「0」から「8」のノンフィクションとなると手が出ないというかたが多いのではないでしょうか？　利用者に聞かれても、その分野の棚を見ればなんとか乗り切れるからです。

でも、絵本や文学と同じように、ノンフィクションも読んでください。ただし、次々に出てくる新刊ばかりを読んでいても、本を見る目は育ちません。それは絵本や物語と同じです。まず基本となるノンフィクションをたくさん読み、自分のなかに評価基準を育ててから、新刊にとり組むといいと思います。

京都科学読み物研究会から出た『本から自然へ　自然から本へ』は、古い本から新しい本までテーマ別にまとまって紹介してあります。こういった本を参考にして同じテーマの本を読むと、ノンフィクションのさまざまな手法やよし悪しがわかるようになります。すこし古くなりますが、日本図書館協会の『図書館でそろえたいこどもの本3　ノンフィクション』も参考になります。

いいノンフィクションの条件のひとつは、ことの本質に迫り、加不足なく書いてあるということです。テーマを大きな視野で俯瞰すると同時に、子どものことを理解している著者だけが、ことの本質に迫って書くことができると思います。これでもかとばかりに情報をてんこ盛りにしている本もあれば、子どもは文字を読まないとでも思っているのか、簡単な説明やイラストを載せてことたれりとしている本もたくさんあります。

ふたつめは、読者である子どもが、自分の実体験と結びつけられるということです。実際に見たことを本のなかに発見したり、本で知ったことを実物で確認したくなる。それが、ノンフィクションを読む醍醐味だと思います。知識を教えて頭でっかちにしたり、それ知ってる、それも知ってるという「豆博士」に仕立てることが目標ではありません。本で読んだことを自分でたしかめられる、実感として知っていることがたいせつだと思います。

つまり、「ほんとう」ということがノンフィクションの力であり、それは、フィクションが子どもにもたらすことのできない〝感動〟であり〝驚き〟なのです。

「ほんとう」ということは、年長の子どもには、ときには自分の知っている世界がひっくり返るような、新しい見方を示されたような衝撃をあたえます。科学的なことだけではなくて社会的なことでも、それは起こります。〝知らなかった自分〟と〝知った自分〟とでは、何かがちがってくるはずです。

三つめは、不思議だと驚く気持ち、なぜと思う気持ちを育てることです。この〝驚く〟という気持ちがいちばんたいせつだと思います。子ども時代は、よろこびに満ちた驚きをたくさん体験できる時代です。優れた本は、ただ知識をあたえるのではなく、子どもに驚異の念を抱かせることができます。私たちおとなもその驚きに共感し、驚異の念をたいせつに育てたいと思います。

調べる本と読みとおす本

少々乱暴なわけかたをすると、知識の本にはふたつの種類があります。「読みとおす本」と「調べる本」です。

「読みとおす本」というのは、子どもが興味を引きそうなテーマをとりあげ、子どもがまるごと読みとおすことによって、楽しんだり、驚いたり、新しいことを知ったりする本です。どちらかというと、自分の趣味や楽しみのための読書といえます。

「調べる本」は、通読するのではなく、必要な箇所だけを読んで情報や知識を得る本で、知りたいところだけ読んでもわかる仕組みになっています。どちらかというと学習課題を果たすための本ですが、一概にそうともいえません。たとえば昆虫図鑑は調べる本ですが、虫ずきの子にとっては、楽しみのための読書となります。

同じテーマであっても、福音館書店の「たくさんのふしぎ」とポプラ社の「月刊ポプラディア」では、手法がまったくちがいます。前者は「読みとおす本」、後者は「調べる本」といえます。同一のテーマの「たくさんのふしぎ」と「月刊ポプラディア」を比較して読むと、それがよくわかります。

前回の学習指導要領の改訂（二〇〇二年）では、「自ら学び自ら考える力の育成を図る」ことが方針に掲げられ、「総合的な学習の時間」が始まりました。以前は、圧倒的に読みとおす本が多かったのですが、総合学習が始まってからは、出版社をあげて「調べる本」の出版にとり組んでいます。「読みとおす本」が、個人の著者が「このことを子どもに伝えたい」とか「私はこれをおもしろいと思うよ」という姿勢で執筆しているケースが多いのにたいして、「調べる本」は、出版社の方針にしたがって編集者が事務的に仕上げるという傾向が強いように感じます。

当初は総合学習が何をやるのかよくわからなかったため、子どもたちの授業風景をまとめた本がずいぶん出ました。でもこれは、先生がたには参考になったかもしれませんが、子どもの調べ学習にはあまり役立ちませんでした。その後、国際理解、環境問題、ボランティア、バリアフリーと続き、これからは、文字・活字、伝統、健康、食育といった本が出はじめています。さらに、他社で出していないテーマを〝隙間産業〟的に出す出版社もあります。

これらの本について、きちんと評価をしている機関や個人はたいへんすくないといえます。新聞の書評にも載らないし、日本児童文学者協会や科学読物研究会、そのほかの関連団体でも、評価はしていないようです。唯一、全国学校図書館協議会が、数点を『学校図書館基本図書目録』に掲載しています。それでいながら、ほとんどの学校図書館が非常にすくない予算のなかから購入し、公共図書館でも調べ学習用に備えています。そして、子どもたちに手わたされています。

まず、調べ学習の本を読んでみてください。目次などから全体の構成がわかるか、索引があるか、見開きでひとつのテーマを扱っているなら、そこを読んだだけで理解できるか、過不足なく書かれているかなどに注目すると、いろいろな問題にぶつかります。

盛りこみすぎの本と内容が薄い本の両極端があります。過剰に情報を盛りこむ本では、ページのなかにあちこち独立したコラムをつくって、情報や知識を小わけにしています。子どもの知識の本の鉄則は「ことをむずかしくしないで、本質に迫ること」ですが、そういう判断ができず、著者があれもこれもと書きこんでいます。これでは、子どもは結局何も読まないということになるのではないでしょうか?

一方で、紙面は大きいのに内容はスカスカ、白紙が目立ったり、異様に大きいイラストを入れた本もあります。

セットものは、最低でも三冊、多い場合には六冊、一〇冊とまとめて購入するようにつくられています。あるテーマについて、一冊ですむものを何冊にもわけて薄い内容で出したり、逆に、冊数が多いために「そこまで詳細な情報はいらない」と思われるようなことをとりあげている本もあります。

図書館員や子どもにとって、調べ学習の本の評価は「調べたいことが載っているかどうか」で決まってしまいます。私にも、「おめでたい色とおめでたくない色は何色か」という質問を受けたときに、Q&A形式の本にまったく同じ質問があり、「助かった!」と思った経験があります。答えさえ得られれば、その書きかたがわかりにくくても、内容が不適切でも、それでよしとしてしまいがちです。でも、それでいいのでしょうか?

一九五一年に発刊された平凡社の『児童百科事典』は、まえがきで次のように謳っています。

もし、ここに、若い人たちが偶然めくったページに読みふけってしまうほどの、おもしろい百科事典があったら、また、いやいや勉強のために引いた項目から、すぐさまはげしい好奇心をそそられ、志をよびさまされるほどの、たのしい百科事典があったらどうだろう。家にも、学校にも、図書館にも、目にふれ、手にとれるところに、そのような百科事典を送りだしたいものだ。

調べ学習の本のなかにも優れているものが出てきてはいますが、全体としては無味乾燥で、「偶然めくったページに読みふけってしまう」ほどの本は非常にすくない。なによりも、美しさに欠けると思います。瀬田貞二さんが六〇年以上前にめざしたように、「すぐさまはげしい好奇心をそそられ」る調べ学習の本こそいま必要なのだと、強く思います。

イラストと写真

子どもの本の場合、イラストと写真が大きな力をもっています。いいイラストと写真は、子どもの理解を助けるだけでなく、見て楽しく、興味を抱かせます。最近はいいイラストがすくなくなり、紙面をふさぐだけとしか思われないような無意味なイラスト、アニメや図案集のような絵が増えています。

調べ学習用の本は文章より図解が多く、イラストや写真を多用しています。イラストも写真も情報のひとつなのに、その役割を果たしていなかったり、魅力に欠けているものが多いのが現状です。

いいイラストとは、芸術として優れていること、生き生きしていて、子どもによろこびと親しみの気持ちをあたえ、正しい知識を伝えるものです。それは、写真ではなしえない、イラストだけができることです。

子どもたちが、「世界の花の絵をノートに描いてくる」という宿題で図書館にやってくることがあります。花の写真を見せても子どもはそれを描き写すことができませんが、不思議なことに、絵だと写すことができるのです。

写真は、三次元に咲く花をカメラの力で二次元に移し変えたものです。被写体として、〝個〟の花を映しています。一方、イラストは、三次元の世界を人間の目で処理して、二次元に移し変えているのです。省略するべきところは省略して、〝個〟としての花ではなく〝種《しゅ》〟としての花を描いています。ですから子どもは、イラストは写せても写真を絵にすることがむずかしいのだと思います。

文章

いい文章というのは、単純にいえば「読んでわかりやすい」ものです。この世の森羅万象を子どもにわかりやすく伝えるというのは、非常にむずかしいことです。子どもの本だからかんたんに書けるだろうと思うかもしれませんが、大まちがいです。よくよく読んでみるとじつにいい加減な文章や、わかりにくい文章、異常に長い文章があったりします。声に出して読むと、文章のよし悪しが自然にわかります。

8　インターネットから発生した質問

レファレンス・インタビューでは、質問者にどこでその情報を見つけたのかを聞きますが、近年、インターネットからというケースが多くなっています。インターネットから情報を仕入れるのはいいのですが、なかには「ガセネタ」とでもいうようないいかげんなものがあります。いったんネットに流れると、それが真実であるかのように独り歩きし、増殖することが多く、「それはない」「それはちがう」という否定の場合、回答の証拠を示すことがむずかしくなります。

たとえば、

一つの言葉で　けんかして、一つの言葉で　なかなおり
一つの言葉で　頭が下がり、一つの言葉で　笑い合い
一つの言葉で　泣かされる、一つの言葉は　それぞれに
一つの心をもっている、
きれいな言葉は　きれいな心　やさしい言葉は　やさしい心、
一つの言葉を　大切に　一つの言葉を　美しく

という詩の作者が谷川俊太郎かどうか確認したいという質問を数年前に受けました。ネットで調べてみると、この詩にはすこしずつ異なったバージョンがあり、学校でもよく使われていることがわかりました。作者も、当時は谷川俊太郎、北原白秋、宮沢賢治、中国の高僧などさまざまに出ていました。谷川俊太郎や北原白秋の詩に散々あたったのですが、結局見つかりませんでした。現在、ネット上では、作者は不詳と明記されている場合が多いようで、正しい情報が反映されたことになります(3)。

インターネットに掲載された昔話について質問を受けることもあります。ネット上にはさまざまな昔話のサイトがあり、なかにはストーリー展開や結末、主人公の性別を変えていることを明言しているものもあります。また、オリジナルの創作まで「昔話」として載せているといっているサイトもあります。

昔話の場合、「正しい伝承」かどうかの判断はたいへんむずかしいものがあります。古典的な書物に収められているものや伝承者の語りから書きとめられたもののように出典がはっきりしている昔話以外は、個人が書き換えてしまってもわからないことが多いからです。それに、創作まで昔話としてネット上に流されてしまえば、ますます昔話は混乱してしまいます。非常に危機感を覚えています。

9　おわりに

ある年の八月末に、小学校三、四年生ぐらいの男の子が子ども室にやってきました。お母さんに「はやくしなさい」とせかされて、どうしていいかわからず半泣きになっています。どうやら、夏の自由研究が決まらず、せっぱつまって図書館にきたようです。

ちょうどその直前に図書館で『よわいかみつよいかたち』の科学あそびをしたばかりだったので、私は男の子に声をかけて、『よわいかみつよいかたち』の冒頭を読んで、実験を紹介してみました。その子の顔は見る見るうちに明るくなり、「これ、やってみる」といって、本を抱えてお母さんのところへとんでいきました。

「子どものレファレンスに答えるということは、子どもを知り、子どもの本を知り、子どもに本を手わたすことにつながるのだ」と実感できた経験でした。おはなし会がそうであるように、レファレンスにとり組むことは、子どもと本を結びつけ、同時に児童図書館員を育ててくれます。

（1）『小学校学習指導要領解説 社会編』（二〇〇八年）は文部科学省ホームページに掲載

（2）『特別支援学校での読み聞かせ　都立多摩図書館の実践から』は都立図書館ホームページに掲載

（3）「一つの言葉で」の事例は、国立国会図書館の「レファレンス協同データベース」にもあり

初出一覧

※全体にわたって削除・加筆・訂正を行い、書誌・書影は可能なかぎり新しいものとした。

第1章　児童サービスにかかわる人へ

がんばれ！ 児童図書館員（『こどもの図書館』二〇一三年一〇月号　児童図書館研究会）

子どもと本との出会いの場、図書館（特別展図録『本にえがかれた子どもたち　町の子ども・村の子ども』所収　白根記念渋谷区郷土博物館・文学館）

子どもの読書を見つめて　日比谷図書館児童室（『暮しの手帖』三世紀第九六号　通巻三一八号　二〇〇二年二月号　暮しの手帖社）

心に刻まれる読書（キラキラ読書クラブ編『キラキラ子どもブックガイド』所収　原題「あとがき」玉川大学出版部）

児図研の「周助くん」へ（『こどもの図書館』二〇一二年四月号　児童図書館研究会）

第2章　子どもの本を知るために

幼年文学（『児童図書館サービス2』所収　日本図書館協会）

児童文学（『児童図書館サービス2』所収　日本図書館協会）

ノンフィクション　知識の本（川端有子著『児童文学の教科書』所収　玉川大学出版部）

第3章　児童サービスのレファレンス

公共図書館のレファレンス（『こどもの図書館』二〇一一年六月号　児童図書館研究会）

レファレンス記録から（『こどもの図書館』二〇一一年七月号〜二〇一三年一〇月号　児童図書館研究会）

忘れられないレファレンス（『国際子ども図書館の窓』第4号　二〇〇四年　国立国会図書館国際子ども図書館）

書誌をつくりながら考えたこと　都立図書館の児童書研究資料を生かすために（『こどもとしょかん』一〇八号　二〇〇六年冬号　東京子ども図書館　原題「東京都立図書館の児童書研究資料を生かすために」）

第4章　子どもは本をどう読むか

絵本とともに　成長の記録（『こどもの図書館』一九八五年六月号　児童図書館研究会）

絵本とともに　その後（書き下ろし）

子どもはお話をもっている（書き下ろし）

本の国から（『日本経済新聞』一九九九年四月～二〇〇一年三月金曜日夕刊）

第5章　講師依頼がきたら、がんばろう

講義案1　講師として子どもの読書の意義を伝える（対象　図書館員）

講義案2　はじめての読み聞かせ（対象　ボランティア）

講義案3　児童サービスのレファレンス（対象　図書館員）

※本書内での出版社表記のうち、学習研究社（学研）については、学研教育出版などの表記もあるがすべてを「学研」に統一した。

あとがき

学生時代に、新聞の書評欄でふと見つけた『図書館の発見』(石井敦・前川恒雄著　日本放送出版協会)。この本が、図書館という職場の存在を教えてくれました。その後、『子どもの図書館』(石井桃子著　岩波書店)と出会い、児童図書館員こそ私がやりたい仕事だと思うようになりました。これは、私と同年代の児童図書館員に共通する志望動機ではないでしょうか。

そして、幸運にも図書館に職を得て子ども室のカウンターに座ったときのうれしかったこと。でも、そのときでさえ、三八年間の図書館勤務のほとんどを児童サービスにたずさわれるとは思ってもいませんでした。

小河内芳子さんをはじめ児童図書館研究会の諸先輩がたや仲間に教えられて、これまでなんとか務めることができました。

都立図書館に勤めはじめたときに、まっ先に児童サービスの先輩として声をかけてくださった中多泰子さん、国際子ども図書館の館長として現場の声をたいせつにしてくださった富田美樹子さん、常に児童サービスを祝福してくださった都立多摩図書館長の小澤智恵さんをはじめ、お世話になった多くのかたに深く感謝します。

これまで、私よりはるかに優秀で熱意あふれる児童図書館員が、無念の思いで、次々と児童サービスから、図書館から去っていく姿を見送ってきました。いまでもその仲間たちのことを思うと、私がずっと児童図書館員でいてよかったのかと自問してしまいます。

正規の児童図書館員であることの責任を感じ、精いっぱいとり組んできましたが、力およばないことばかりでした。退職にあたり、若い児童図書館員へのエールのつもりで、これまで書いてきた原稿をまとめました。

最後になりましたが、本の世界の楽しさをわかちあってくれた大勢の子どもたちに深く感謝します。

夫杉山英夫の叱咤激励と無私の協力がなければ、この本は日の目を見なかったと思います。また、本作り空の檀上啓治さんと檀上聖子さんには編集作成面で、ひとかたならぬお世話になりました。深く感謝申しあげます。

二〇一四年三月吉日　杉山きく子

東京子ども図書館からの発行にあたって

本書は、当初自費出版だったため、一部の書店に置いてもらうだけで入手しづらい本でしたが、類書が少なかったせいもあり、多くの仲間から「この本を読んで励まされた」という、ありがたいことばをいただきました。再版の声もありましたが、自費出版では限界もあると思っていたところ、東京子ども図書館より声がかかり、お願いすることとなりました。本書の、編集・校正等に並々ならぬ協力をいただいた、株式会社本作り空より版を提供していただき、このたび公益財団法人東京子ども図書館から刊行されることになりました。

なお、この機会につぎの二点を付記いたします。

91ページの「スイカにはなぜ縞模様があるの？」のレファレンスに関連して、二〇一四年九月六日の朝日新聞に「スイカのしま模様なぜあるの？」という記事が掲載されました。品種改良とともに濃くなったという説が、初めて文献で確認できました。

138ページ、長男の読書記録にあげた『でんしゃがはしる』（山本忠敬作　福音館書店）が、約四〇年ぶりに復刊されました。

二〇一六年四月吉日

杉山きく子

著者――杉山きく子（すぎやま　きくこ）

1976. 5　東京都立江東図書館 入職
日本図書館協会 入会
児童図書館研究会 入会
1982.12　第Ⅵ期 お話の講習会（東京子ども図書館）修了
1987. 4　東京都立中央図書館
1994. 4　東京都立日比谷図書館
1995.10　第 15 回児童図書館員養成講座（日本図書館協会）修了
1999. 4　東京都立中央図書館
2000. 4　国立国会図書館・国際子ども図書館
2003. 4　東京都立多摩図書館
2011. 6　児童図書館研究会運営委員長 就任
2014. 3　東京都立多摩図書館 退職
2015. 6　公益財団法人東京子ども図書館理事 就任
さいたま市在住

おもな著書
2006. 2　『キラキラ読書クラブ　子どもの本 644 冊ガイド』
共編著　日本図書センター
2006. 3　『日本児童図書研究文献目次総覧 1945-1999』
共編　遊子館
2009. 3　『キラキラ応援ブックトーク　子どもに本をすすめる 33 のシナリオ』
共著　岩崎書店
2012.12　『キラキラ子どもブックガイド　本ゴブリンと読もう 360 冊』
共編著　玉川大学出版部
2014.11　『キラキラ読書クラブ　改訂新版　子どもの本 702 冊ガイド』
共編著　玉川大学出版部

編集・制作：本作り空 Sola
装画：むらかみひとみ
装丁：中浜小織（annes studio）

がんばれ!　児童図書館員《じどうとしょかんいん》

2016年4月30日　初版発行

著　者――――杉山きく子

発行所――――公益財団法人東京子ども図書館
〒162-0023　東京都中野区江原町1-19-0
TEL 03-3565-7711　FAX 03-3565-7712
http://www.tcl.or.jp
印刷・製本――株式会社 ユー・エイド

ISBN978-4-88569-223-9　C0000
＊本書は、2014年に株式会社本作り空Solaより発行されたものに、あとがきを加筆したものです。